Stefan Ineichen

# PRINCIPESSA MAFALDA

Stefan Ineichen

# PRINCIPESSA MAFALDA

Biografie eines Transatlantikdampfers

Verlag Klaus Wagenbach Berlin

NAVIGAZIONE GENERALE ITALIANA

SOCIETÀ RIUNITE

FLORIO RUBATTINO E LLOYD ITALIANO

**PRINZESSIN MAFALDA** 7
*Der kleine König jagt Ziegen*

**IN DER DRITTEN KLASSE NACH BUENOS AIRES** 17
*Lucia Nebbiolo und der Brillantring*

**WIRELESS** 33
*Guglielmo Marconi lässt Drachen steigen*

**DER GESANDTE DES PAPSTES** 47
*Pater Giovanni Genocchi und die Kautschuk-Sklaven*

**SCHIFFE VERSENKEN** 69
*Venedig im Mondlicht*

**1919, ZURÜCK IN RIO** 85
La mia bella Anarchia

**WEINGARTNER IM WINTERGARTEN** 101
*Felix Weingartner und Richard Strauss auf der* Principessa Mafalda

**ALLES GERINNT ZUR ERINNERUNG** 121
*Carlo Emilio Gadda und der kleine Faschist*

**HARRY GRAF KESSLER FÄHRT NACH BARCELONA** 137
*Die Schönheit der Welt*

**DIE BEIDEN SIZILIANER VOR DEM LÜFTERKOPF** 147
*Carlos Gardel überrascht Luigi Pirandello im Café Tortoni*

**KNALL IM KIELWASSER** 163
*Schwarze Bestie, Schlagseite, verdorbenes Fleisch*

**COMANDANTE, ANDEMO A FUNDO** 181
*Undichte Schotten, lecke Boote*

**MARCIA REALE** 197
*Presse und Prozesse*

**MIT GÖRING AUF CAPRI** 207
*Von Bulgarien nach Buchenwald*

**Anmerkungen** 225

**Literatur und Quellen** 239

**Personenverzeichnis** 249

»Die Klippe der ›Grotten‹ und im Hintergrund die Insel Montecristo«: Blick von Giglio, wo 2012 das Kreuzfahrtschiff *Costa Concordia* auf Grund lief, auf die 43 Kilometer entfernte Nachbarinsel Montecristo.

# PRINZESSIN MAFALDA

*Der kleine König jagt Ziegen*

Eine Vorahnung bewog den italienischen König im November 1902, seinen Jagdaufenthalt auf der Insel Montecristo vorzeitig abzubrechen und nach Rom zurückzukehren, wo er gerade noch rechtzeitig zur unerwartet frühen Geburt seiner Tochter Mafalda eintraf.

König Vittorio Emanuele III hielt sich gerne auf der rund zehn Quadratkilometer großen Insel auf, die im Süden von Elba und westlich von Giglio liegt. Noch als Kronprinz besuchte er 1894, im Alter von fünfundzwanzig Jahren, Montecristo auf Einladung des damaligen Besitzers Graf Piero Ginori Conti zum ersten Mal, im folgenden Jahr kam er erneut auf die Insel. Nach der Heirat mit Elena von Montenegro unternahm das junge Paar im Sommer 1897 eine Kreuzfahrt im westlichen Mittelmeer, die es auch für einige Tage nach Montecristo führte. Während der Hochzeitsreise waren die beiden zu Gast in Ginoris Villa, die 1852 vom früheren Eigentümer der Insel, einem reichen Engländer, errichtet worden war, der einen Garten mit exotischen Gehölzen angelegt hatte und unter anderem Götterbäume asiatischer Herkunft pflanzen ließ, die mittlerweile die heute unter Naturschutz stehende Insel zu überwuchern drohen.

Damals wie heute war Montecristo weitgehend unbewohnt. Die felsige Insel, deren höchste Bergspitze sich 645 Meter über den Meeresspiegel erhebt, zeigt neben Mauerresten einer mittelalterlichen Festung nur wenige Spuren früherer Besiedlung. Massive Ruinen erinnern an ein Kloster, das vom frühen Mittelalter bis zum Jahr 1553 bestanden hatte, als der türkische Pirat und Admiral Dragut, der Schrecken der Christenheit, Montecristo überfiel und die Mönche versklavte.

Vittorio und Elena fuhren nach ihrer Hochzeitsreise immer wieder auf das einsame Eiland. Elena pflegte bei ihren Besuchen auf Montecristo den kiesigen Strand vor der Villa entlangzuspazieren, im Meer zu schwimmen und zu tauchen, bekleidet von einem Badeanzug, der nur die Arme frei ließ. Sie angelte gern und gewandt. Graf Ginori überließ Vittorio Emanuele schließlich die Insel, die zum exklusiven königlichen Jagdgebiet wurde.

Als Vittorio Emanuele Ende Juli 1900 im Alter von einunddreißig Jahren seinem Vater auf den Thron folgte, übernahm er ein Königreich, das kaum älter war als er selber. Die Bildung des italienischen Nationalstaats im Zuge des Risorgimento – der »Wiedergeburt« eines vereinten Italiens – war die Folge eines Prozesses, an dem Revolutionäre, Demokraten, bürgerliche Liberale, Republikaner und Monarchisten beteiligt waren und der schließlich unter Mitwirkung der europäischen Großmächte in Form einer Ausdehnung des piemontesischen Königreichs auf ganz Italien seinen Abschluss fand.

In der Mitte des neunzehnten Jahrhunderts zählten neben dem Piemont und Savoyen bereits Ligurien und Sardinien zum Herrschaftsbereich der in Turin residierenden Könige aus dem Hause Savoyen. Mit französischer Unterstützung gelang 1859 die Erweiterung des Staatsgebiets um die zuvor österreichische Lombardei, im Gegenzug mussten jedoch Nizza und Savoyen an Frankreich abgetreten werden. Bald darauf schlossen sich die Toskana und andere mittelitalienische Herzogtümer dem wachsenden Gebilde an. 1860 sollte die große Stunde Garibaldis mit dem »Zug der Tausend« schlagen.

Giuseppe Garibaldi, ein Seemann aus Nizza und begeisterter Verfechter republikanisch-nationalistischer Ideen, hatte 1834 die piemontesische Marine ohne Erlaubnis verlassen, um an einem Aufstand teilzunehmen, der dann doch nicht ausbrach, war in Abwesenheit zu Tode verurteilt worden und auf seiner Flucht schließlich nach Südamerika gelangt, wo ihm italienische Emigranten einen begeisterten Empfang bereiteten. In Brasilien, wo Garibaldi die Separatistenbewegung von Rio Grande do Sul, der südlichsten Provinz des Landes, unterstützte, und in Uruguay, wo er als Kommandant einer italienischen Legion Montevideo gegen argentinische Angriffe zu verteidigen half, erwarb Garibaldi unter härtesten Bedingungen Erfahrungen in militärischer Strategie und Taktik, im Guerillakampf und in offener Schlacht zu Wasser und zu Land, in Städten, Ebenen und Wäldern. 1848, als in Europa republikanische Aufstände ausbrachen, kehrte Garibaldi nach Italien zurück.

Im Mai 1860 kaperte eine Truppe von rund tausend mit roten Hemden bekleideten Freiwilligen unter Garibaldis Führung zwei Dampfschiffe des Genueser Reeders Raffaele Rubattino, der allerdings dem Unternehmen wohlwollend gesinnt war, landete in Marsala im Westen Siziliens, eroberte in wenigen Wochen die ganze Insel, setzte aufs Festland über und nahm bis zum Herbst, teilweise unterstützt von neu angeworbenen Kämpfern, das ganze Königreich südlich des vom Papst regierten Kirchenstaats ein, um das Königreich beider Sizilien schließlich dem piemontesischen König Vittorio Emanuele II zu übergeben, der damit zum König von Italien wurde.

Der östliche Teil des Kirchenstaats, der sich von Rom bis Bologna und Ferrara erstreckte, wurde nun ebenfalls Italien angegliedert. Sechs Jahre später konnte mit Hilfe Preußens, das mit Österreich Krieg führte, das habsburgische Venetien übernommen werden, 1870 endlich Rom und der Rest des Kirchenstaats mit Ausnahme des Vatikans. Damit entsprach das Territorium des neu entstandenen Landes bis auf die Gebiete um Triest, Trient und das Südtirol, die erst nach dem Ersten Weltkrieg zu Italien stießen, dem des heutigen Staatsgebiets.

Schnell erwies sich, dass sich die Lebensbedingungen breiter Bevölkerungsschichten mit der Bildung des Nationalstaats, der sich aus Regionen mit völlig unterschiedlicher Geschichte, politischer Tradition und Wirtschaftsstruktur zusammensetzte, kaum verbesserten. Als konstitutionelle Monarchie verfügte das Land im Gegensatz zu den meisten Staaten, aus denen es hervorgegangen war, immerhin über eine Verfassung, doch vorerst hatten bloß zwei Prozent der Bevölkerung ein Mitspracherecht, da das Wahlrecht nur für Männer mit einem bestimmten Mindesteinkommen galt. 1882 erhöhte sich dieser Anteil dank einer halbherzigen Wahlrechtsreform auf sieben Prozent. Zudem folgten die Bürger teilweise dem Papst, der als Reaktion auf den Verlust seines Staatsgebiets den Katholiken die Erlaubnis verweigerte, am politischen Leben Italiens teilzunehmen.

Im landwirtschaftlich geprägten Süden stützte sich das neue Königreich auf die Kooperation mit den alteingesessenen Großgrundbesitzern, deren Rechte unangetastet blieben. Schon während Garibaldis Feldzug der Tausend machte sich die Enttäuschung der weiterhin Unterprivilegierten in Aufständen Luft, die von Garibaldis Generälen in den eroberten Gebieten erbarmungslos unterdrückt wurden. Die »als ›Briganten‹ bekannt gewordenen Sozialrebellen im Süden« bildeten, schreibt der Historiker Hans Woller, »im Grunde die kriminelle Spitze eines Millionenheeres verzweifelter Hungerleider ohne Perspektive«. Auch der regulären italienischen Armee gelang es erst nach einem mehrjährigen Bürgerkrieg, an dem phasenweise 100 000 Soldaten beteiligt waren, die Aufstände zu ersticken. Die Brigantenkriege im jungen Italien forderten mehr Todesopfer als die Unabhängigkeitskriege.

Auch wenn in den Städten des Nordens die industrielle Entwicklung forciert wurde, arbeitete noch zur Jahrhundertwende die Mehrheit der Erwerbstätigen in der Landwirtschaft. Diese war jedoch in weiten Teilen des Landes dem Druck der Modernisierung und der Konkurrenz durch ausländische Importe nicht gewachsen. Billiges Getreide aus Amerika drängte die einheimischen Erzeugnisse aus dem Markt und führte – besonders im Süden – den Zusammenbruch der Produktion herbei.

Als die Brotpreise infolge der während des Spanisch-Amerikanischen Krieges zurückgegangenen Getreideimporte im Frühjahr 1898 anstiegen, flammten in fast allen Regionen Italiens Proteste auf. Sie verstanden sich als Revolten gegen einen Staat, dessen Vertreter sich weit mehr um eigene Privilegien kümmerten als um das Wohl der hungernden Massen. Der Sozialist Walter Mocchi, der in Neapel an den Aufständen beteiligt war, stellte fest, dass es sich sowohl bei Marchese di Rudinì, dem Ministerpräsidenten dieses Staates, als auch bei seinem Finanzminister um mächtige Großgrundbesitzer aus dem Süden handelte, die die Einfuhrzölle für Getreide aus eigenem Interesse hoch hielten – auf Kosten derjenigen, die sich Brot, ihr wichtigstes Nahrungsmittel, kaum mehr leisten konnten. In Ancona ging der Anarchist Errico Malatesta, der während der Brotrevolten aus der protestierenden Menge heraus verhaftet wurde, aufs Ganze und versuchte die rebellierenden Frauen und Männer davon zu überzeugen, dass es nicht einfach »daran liegt, dass Rudinì ein Verbrecher ist, wenn das Brot teurer wird, sondern an einem ganzen Zusammenhang gesellschaftlich bedingter Ursachen, die sich nur durch die Organisation der Massen, durch die Umwandlung des Eigentums beseitigen lassen«.

Selbst bürgerlichen Beobachtern wurde klar, dass sich die Revolten, die in Mailand zu einer »förmlichen Revolution« ausarteten, nicht einfach mit der Agitation anarchistischer Kreise erklären ließen: »Freilich«, meint etwa die *Neue Zürcher Zeitung* vom 9. Mai 1898, »auch der anarchistische Geist, der in den großen italienischen Städten herrscht, erklärt nicht zur Genüge die Aufstände in den italienischen Städten und die Revolution in Mailand. Es ist vielmehr die allgemeine Unzufriedenheit über die herrschenden wirtschaftlichen und politischen Zustände, welche hier wieder einmal zum Ausbruch gekommen ist.«

König Umberto I – Vater von Vittorio Emanuele III und Sohn von Vittorio Emanuele II, des ersten Königs von Italien – und seine Regierung reagierten mit Repression. Versammlungs- und Pressefreiheit wurden aufgehoben, republikanische, sozialistische und sogar katholische Organisationen aller Art verboten, unzählige Oppositionelle, Journalisten, Abgeordnete und andere Politiker verhaftet – darunter Walter Mocchi und Errico Malatesta – und in fadenscheinigen Prozessen mit Gefängnis und Verbannung bestraft: »Ein Staatsstreich zugunsten des Bürgertums und gegen das Volk«, kommentierte der Chefredakteur des ebenfalls verbotenen *Corriere della Sera*.

In Neapel und anderen großen Städten wurde der Belagerungszustand ausgerufen. In Mailand, das im Mai 1898 durch Streiks, Straßenkämpfe, umgeworfene Tramwagen, Barrikaden und Plünderungen lahmgelegt wurde, eröffneten Infanterie, Kavallerie- und Artillerieverbände unter dem Kommando des Generals Fiorenzo Bava Beccaris das Feuer auf die Aufständischen. Nach offiziellen Angaben kamen dabei 81 Menschen ums Leben, 502 wurden verletzt und 2000 verhaftet.

Wenige Wochen später verlieh König Umberto dem General für seine Verdienste bei der blutigen Niederschlagung der Mailänder Brotunruhen und der anschließenden Säuberungswelle das Großkreuz, den höchsten militärischen Verdienstorden, und ernannte ihn auf Lebenszeit zum Mitglied des Senats, der kleinen Parlamentskammer des Königreichs.

Diese Ereignisse schlugen Wellen bis nach Amerika. Als Gaetano Bresci, der seit dem Frühjahr 1898 in New Jersey in einer Seidenfabrik arbeitete, vom Massaker in Mailand und der Auszeichnung des für das Blutbad verantwortlichen Generals erfuhr, beschloss er, den König umzubringen. Bresci, geboren in Prato bei Florenz am 10. November 1869 – einen Tag vor Vittorio Emanuele III –, hatte als zweiundzwanzigjähriger Fabrikarbeiter zum ersten Mal an einem Streik teilgenommen und war mehrmals in Haft gesetzt worden. Schließlich hatte er sich entschieden, nach Amerika zu emigrieren, nachdem er aus der Verbannung auf der zwischen Sizilien und Tunesien gelegenen Insel Lampedusa entlassen worden war.

Ferien am Meer: der »kleine König« mit Prinz Umberto und den beiden Prinzessinnen Jolanda und Mafalda.

Im Vorfeld des Attentats entspannen sich in den anarchistischen Zirkeln von Paterson (New Jersey) hitzige Auseinandersetzungen über Sinn und Unsinn eines Anschlags auf den italienischen König. Sowohl in Italien wie in Amerika bildeten die Anrchisten einen wesentlichen Teil der sozialistischen Bewegung. Sie verabscheuten doktrinäre Haltungen und waren dementsprechend oft uneins. Einigkeit herrschte in der Ablehnung von Herrschaft und Staat, von Ausbeutung und gewaltsamer Unterdrückung. Die Anarchisten hielten Abstand sowohl zu reformistischen und sozialdemokratischen Genossen, die mit Parteivertretern der herrschenden Kreise kooperierten und sich durch parlamentarische Arbeit einer idealen Gesellschaft anzunähern versuchten, als auch zu den Marxisten, die zwar ebenfalls auf bewaffnete Aufstände setzten, deren Vorstellungen von Parteidisziplin und Diktatur des Proletariats den libertären Anarchisten jedoch ein Graus waren.

Errico Malatesta nahm an den Debatten der Italoamerikaner um den Königsmord teil. Wie Bresci war Malatesta im Anschluss an die Brotunruhen nach Lampedusa verbannt worden. Es gelang ihm zu fliehen, indem er eines Nachts zu einem Fischerboot schwamm, wo ihn ein

Genosse erwartete und nach Tunesien brachte. Von Nordafrika aus gelangte der Flüchtling via London nach New York.

Malatesta nahm *gegen* politische Morde Stellung und hielt es für »wesentlich und fraglos zweckdienlicher, nicht etwa die Person eines Königs zu töten, sondern sämtliche Könige – die der Höfe, der Parlamente, der Betriebe –, und zwar in den Herzen und Köpfen der Menschen, den Glauben also an das Prinzip der Autorität auszurotten, dem ein großer Teil des Volkes huldigt.« Als ein militanter Verfechter der »Propaganda der Tat« Malatesta erschießen wollte, schlug ihm Bresci den Revolver aus der Hand und rettete Malatesta das Leben.

Bresci kaufte sich einen Trommelrevolver, übte schießen, ging nach Italien und erschoss König Umberto I am 29. Juli 1900 bei einem Turnfest in Monza.

Vittorio Emanuele befand sich mit Elena auf einer Kreuzfahrt im östlichen Mittelmeer, als er erfuhr, dass er die Nachfolge seines Vaters anzutreten hatte.

Der neue König richtete sich im Quirinalspalast, dem Regierungssitz in der Hauptstadt Rom, eine vergleichsweise bescheidene Wohnung ein, deren Zuschnitt ein Verwandter mit der Bemerkung kommentierte, dass Vittorio Emanuele offenbar beabsichtige, ein demokratischer König zu werden. Der Hofstaat wurde stark reduziert, die entlassenen Höflinge anderweitig beschäftigt. Vittorio Emanuele verstand sich eher als Staatsoberhaupt denn als prunkvoller Monarch, konzentrierte sich auf seine Arbeit, vermied pompöse Anlässe und zeigte sich nur ungern in der Öffentlichkeit. Diese mit Seriosität gepaarte Zurückhaltung entsprach, wie Camille Barrère, der französische Botschafter in Rom, feststellte, nicht den Erwartungen, die an einen König gestellt wurden: »Dieses Volk liebt Luxus und Schauspiel und möchte einen Herrscher, der klar zu erkennen gibt, dass er ein König ist.«

Auch politisch grenzte sich Vittorio Emanuele III von seinem Vater ab. Als der letzte noch von Umberto I eingesetzte Ministerpräsident im Februar 1901 zurücktrat, bestimmte der neue Regent zum allgemeinen Erstaunen nicht wiederum einen konservativen Parteigänger zu dessen Nachfolger, sondern einen liberalen Politiker. Damit leitete er ein Jahrzehnt einer reformorientierten Politik ein, die in der Abgeordnetenkammer zeitweise selbst von den Vertretern der Sozialistischen Partei gestützt wurde – je nachdem, ob im Partito Socialista Italiano gerade die Reformisten das Sagen hatten oder die Maximalisten, die einen revolutionären, radikalen Umbruch für eher zielführend hielten als Zugeständnisse des bürgerlichen Staats. Immerhin wurde den Arbeitern von der liberalen Regierung in den ersten Jahren des Jahrhunderts das Recht zu streiken zugesichert, ohne dass wie bisher Militäreinsätze befürchtet werden mussten. Die tägliche Arbeitszeit für Frauen wurde auf zwölf Stunden beschränkt, die Beschäftigung von Kindern unter zwölf Jahren offiziell verboten.

Als sich der junge König im Herbst 1902 vor Mafaldas Geburt auf Montecristo aufhielt, jagte er Ziegen.

Auf Montecristo besteht nämlich seit vielen Jahrhunderten eine Population von vermutlich verwilderten Ziegen, die der im westlichen Asien vor rund 10 000 Jahren domestizierten Wildform sehr ähnlich sehen – meist bräunliche Tiere mit einem schwarzen Aalstrich, der sich über den Rücken zieht, und weißem Bauch. Andere Farbvarianten deuten darauf hin, dass die Bestände der Inselziegen gelegentlich durch die Einfuhr weiterer Tiere aufgefrischt werden sollten, so 1898, als neben Ziegen auch Wildschweine und Mufflons auf Montecristo ausgesetzt wurden, die unterdessen jedoch wieder verschwunden sind. Die Ziegen ernähren sich von Gräsern, Kräutern und Sträuchern, verhindern die Wiederbewaldung der Insel durch Steineichen, die dem Fraßdruck nicht standhalten, und fressen auch die Blätter und Zweige des asiatischen Götterbaums, der die Vegetation auf Montecristo stellenweise dominiert.

Der König liebte es, alleine als Jäger unterwegs zu sein. Er galt als ausgezeichneter Schütze. Als er seinen Jagdausflug kurz vor Mafaldas Geburt abbrach, segelte ihn seine Jacht an einen Strand in der Nähe von Rom. »Da sich dort keine geeignete Landestelle fand, wurde Ihre Majestät auf dem Rücken der Seeleute ans Ufer getragen«, berichtet die *New York Times*.

Dies fiel den Matrosen nicht schwer, denn der König war nur anderthalb Meter groß. Ein Auto fuhr den kleinen König, wie er oft genannt wurde, zum Quirinalspalast, wo er noch vor dem Arzt eintraf, der die Geburt begleiten sollte, und, wie er später dem französischen Botschafter erzählte, die Nacht damit verbrachte, Badewasser für das Neugeborene zu wärmen.

Mafalda kam am 19. November 1902 um zwei Uhr früh zur Welt. Zur großen Freude des Königs waren Mutter und Kind wohlauf. Es stellte sich heraus, dass die Geburt nicht verfrüht erfolgte, sondern aufgrund eines Berechnungsfehlers zu einem späteren Termin erwartet worden war. Der Name der Prinzessin – ihr voller Name lautete Mafalda Maria Elisabetta Anna Romana di Savoia – nimmt Bezug auf die portugiesische Form des Namens Mathilde und erinnert an eine savoyische Prinzessin, die im zwölften Jahrhundert mit dem König von Portugal verheiratet war, sowie an deren gleichnamige Enkelin, die als Heilige verehrt wird.

Mafalda war die zweite Tochter des Königspaares. Im Sommer des Vorjahres war bereits die ältere Schwester Jolanda geboren worden. »Die Geburt einer weiteren Prinzessin anstelle eines Kronprinzen«, bemerkt die *New York Times*, »bedeutet für die Öffentlichkeit eine große Enttäuschung.« 1904 folgte mit Umberto dann doch noch ein Stammhalter. Er blieb der einzige männliche Nachkomme von Vittorio und Elena – ihre beiden jüngsten Kinder, Giovanna und Maria, waren wiederum Mädchen.

S. A. R. – Sua Altezza Reale: »Ihre Königliche Hoheit, das Prinzesschen Mafalda« in Matrosenbluse.

Trotz des immensen Reichtums – der König verfügte über zahllose Ländereien und Immobilien, erhielt eine großzügige Lebensversicherung, die sein Vater vor seinem Tod abgeschlossen hatte, und bezog jährlich fünfzehn Millionen Lire aus der Staatskasse – führte die Familie ein vergleichsweise bescheidenes Leben. Sowohl der König als auch seine Gattin fühlten sich am wohlsten im Kreis der Kleinfamilie. Bis 1911 hatte die königliche Familie ihren Wohnsitz im Quirinal, dann zog sie in die Villa Savoia in einem der größten Parks der Stadt, der nach einer früheren Besitzerin unter dem Namen Villa Ada bekannt ist. Der König begann seinen schon fast kleinbürgerlichen Tagesablauf um 5.30 Uhr, spazierte durch den Park, pflückte seiner geliebten Gemahlin einen Blumenstrauß, fuhr in seinem Auto Marke Fiat um 7 Uhr zur Arbeit im Quirinal, kam zum Mittagessen, das Elena gelegentlich persönlich nach italienischen oder montenegrinischen Rezepten zubereitete, nach Hause, legte sich für genau zehn Minuten zur Ruhe, ging schließlich wieder zur Arbeit, um nach Feierabend in seinem spartanisch eingerichteten Zimmer historische Bücher zu lesen oder sich seiner Münzsammlung zu widmen. Von seiner Tätigkeit als Regent sprach er im Familienkreis kaum.

Den Sommer verbrachte die Familie auf ihren zahlreichen Landsitzen. Mit den größeren Kindern unternahmen die Eltern Ausritte, der Vater erklärte den Mädchen auf Spaziergängen die Namen der Pflanzen und die Mutter fotografierte die Kinder mit ihrem Kodak-Apparat und entwickelte die Bilder in den Dunkelkammern, die sie sich in den Sommersitzen hatte einrichten lassen.

# IN DER DRITTEN KLASSE NACH BUENOS AIRES

## *Lucia Nebbiolo und der Brillantring*

Wie die anderen Mitglieder der königlichen Familie ist Mafalda von Geburt an eine nationale Ikone. In den illustrierten Zeitungen setzt der Bilderreigen mit Darstellungen ein, die zeigen, wie Roms High Society zu Fuß und in Kutschen zum Quirinal strömt, um ihre Glückwünsche zu Mafaldas Geburt zu deponieren, gefolgt von Bildern der Taufe der *Principessina*, auf denen das Wickelkind in der vielköpfigen Schar der Ehrengäste erst auf den zweiten Blick auszumachen ist. Mit der frisch geborenen Königstochter wird auf Postkarten auch ihre Amme verewigt, andere Ansichtskarten präsentierten die Prinzessin als Kleinkind mit Pagenschnitt und als heranwachsendes Mädchen, alleine oder im Kreis ihrer Geschwister. Als Hoflieferant ließ ein italienischer Nahrungsmittelhersteller sogar Werbepostkarten drucken, die Mafalda mit Schwester Jolanda und Bruder Umberto ordentlich nebeneinander sitzend bei Tisch zeigen: Ihre Königlichen Hoheiten löffeln Gluten-Suppennudeln von Buitoni.

Mafaldas Name adelt bis heute Straßen und Plätze, Bäder, Schulen und Kindergärten. 1903 – wenige Monate nach der Geburt der Prinzessin – erhielt eine Gemeinde in der Region Molise die Erlaubnis, sich zu Ehren der Königstochter *Mafalda* zu nennen. Auf der Rennbahn von San Rossore bei Pisa, wo die Savoyer einen ihrer Sommersitze besaßen, galoppierten Pferde für den *Premio Principessa Mafalda* um die Wette, und bald verkehrte im Golf von Neapel eine nach der Prinzessin benannte Dampffähre, die *Mafalda di Savoia*, die die süditalienische Metropole mit Capri verband.

Im Herbst 1908 schließlich lief die *Principessa Mafalda* vom Stapel – der bis dahin schönste und schnellste italienische Transatlantikdampfer.

Die treibende Kraft hinter dem Bau des Schiffs war Senator Erasmo Piaggio, einer der führenden Wirtschaftskapitäne des Königreichs. Er verkörperte laut der italienischen Universalenzyklopädie *Treccani* »un-

Ihre Königlichen Hoheiten Jolanda, Mafalda und Umberto löffeln Gluten-Suppennudeln von Buitoni.

terschiedliche wirtschaftliche Funktionen vom Topmanager einer großen Aktiengesellschaft über den Unternehmer, der innovative Aktivitäten lancierte, bis zum Finanzexperten, der sich bemühte, Bankinstitute zu stabilisieren – eine vielfältige Tätigkeit, geleitet von dem inspirierenden Prinzip eines wirtschaftlichen Nationalismus, der sich in Tuchfühlung mit der politischen Macht entwickelte.«

Piaggio stammte aus einer Genueser Reederfamilie. Er nahm als Einundzwanzigjähriger 1866 als Angehöriger von Garibaldis Truppen am Krieg gegen Österreich teil, der dank Preußens Hilfe zum Anschluss Venetiens ans Italienische Königreich führte. Nach dem Tod seines Vaters übernahm Erasmo Piaggio 1875 die Leitung der Reederei, deren Kerngeschäft im Transport von Emigranten nach Südamerika bestand. Früher als andere Genueser Schifffahrtsunternehmen hatte diese Reederei ihre Segelschiffe durch Dampfer ersetzt.

Im Verlauf der Zeit kamen zum Geschäft mit der Schifffahrt die Kontrolle von Werften, elektromechanischen Betrieben sowie Banken hinzu, die die nötigen Kredite bereitstellten. Der Reeder nahm Einfluss auf die Erneuerung des Hafens von Genua und auf die für den Schiffsbau unerlässliche Stahlproduktion. Darüber hinaus stieg er frühzeitig in den Handel mit Immobilien ein, als die wachsende Hafenstadt die Hänge der umliegenden Hügel einzunehmen begann, und investierte in Zucker-, Seifen- und Papierfabriken.

Da der Aufbau einer italienischen Flotte als Aufgabe von nationalem Interesse galt, genossen Stahlindustrie, Werften und Reedereien staatliche Unterstützung. Doch das Geschäft mit der Schifffahrt blieb hart umkämpft. Piaggios Konkurrent Raffaele Rubattino, dessen Schiffe Garibaldis tausend Rothemden nach Sizilien gebracht hatten und der mit seiner Niederlassung in Assab den Grundstein für die Bildung der italienischen Kolonien in Ostafrika legte, fusionierte 1881 mit der palermitanischen Reederei Florio zur Navigazione Generale Italiana (N.G.I.), die für lange Zeit die italienische Schifffahrt dominieren sollte. Piaggio reagierte auf die Fusion, indem er sich mit Edilio Raggio zusammenschloss, einem weitern Genueser Reeder; doch als der erhoffte Erfolg ausblieb, verkauften Piaggio und Raggio ihre Flotte 1885 an die N.G.I. und erhielten Aktien dieser Gesellschaft. Piaggio gewann innerhalb der Navigazione Generale Italiana eine einflussreiche Position und übernahm 1894 die Geschäftsführung. Nachdem ein 1901 erlassenes Gesetz die Rahmenbedingungen für die Schifffahrt verändert hatte und es Uneinigkeiten über die Erneuerung der Flotte der N.G.I. gab, entschloss sich Piaggio, zu demissionieren und 1904 wieder eine eigene Reederei zu gründen: den Lloyd Italiano.

Für den Lloyd Italiano ließ der Reeder in Ligurien die *Florida* und drei weitere Dampfer bauen, die fast völlig auf den Transport von Emigranten ausgerichtet waren und neben 1600 Passagieren dritter Klasse gerade einmal 25 Fahrgästen erster Klasse Platz boten. Die neuen Schiffe des Lloyd Italiano entsprachen nicht nur den Vorschriften des italienischen Gesetzes von 1901, sondern genügten auch den verhältnismäßig strengen Bestimmungen, die die Vereinigten Staaten an die Einwandererschiffe stellten. Die von Piaggio kontrollierte Werft in Riva Trigoso, das bei Sestri Levante auf halbem Weg zwischen Genua und La Spezia liegt, bekam zudem den Auftrag, zwei Einheiten zu konstruieren, die für die Linie Genua–Buenos Aires bestimmt waren: die *Principessa Jolanda* und die *Principessa Mafalda*.

Die beiden mit effizienten Vierfach-Expansionsmaschinen und zwei Antriebsschrauben ausgerüsteten Zweischornsteindampfer sollten die ersten italienischen Ozeanliner werden, die hinsichtlich Geschwindigkeit und Komfort mit den modernen englischen und deutschen Schiffen mithalten konnten, auch wenn sie mit einer Länge von rund 150 Metern deutlich kleiner waren als die für die Nordatlantikroute gebauten Ozeanriesen der ausländischen Konkurrenz. Mit großen Transportkapazitäten für Auswanderer und einer luxuriösen Ausstattung der Räumlichkeiten für die gehobenen Klassen spiegelte das Konzept der beiden »Prinzessinnen« das wirtschaftliche Gefälle zwischen Argentinien und Italien wider: Einerseits blieb die südamerikanische Republik ein beliebtes Ziel für die Emigration großer Teile der italienischen Bevölkerung, andererseits war es möglich, auf eine anspruchsvolle, begüterte argentinische Oberschicht zu zählen, die sich komfortable Europareisen leisten konnte und wollte.

Die *Principessa Jolanda* lief im September 1907 vom Stapel. Um Zeit und Geld zu sparen, war sie – was nicht üblich war – schon weitgehend ausgebaut worden, bevor sie ins Wasser glitt – unglücklicherweise mit einseitiger Gewichtsverteilung. Kaum im Meer, bekam das festlich bewimpelte Luxusschiff Schlagseite, begann sich zum Entsetzen des Publikums so weit backbord zu neigen, dass durch die Luken im Rumpf, deren Scheiben noch fehlten, Wasser eindrang und das Schiff zwanzig Minuten nach seinem Stapellauf unwiederbringlich unterging.

Das Schwesterschiff, dessen Stapellauf am 22. Oktober des folgenden Jahres im Rohbau stattfand und ohne Zwischenfälle verlief, legte am 30. März 1909 zu seiner Jungfernfahrt ab: von Genua nach Buenos Aires. Mit einer Höchstgeschwindigkeit von mehr als 18 Knoten konnte die *Principessa Mafalda* die argentinische Hauptstadt in sechzehn Tagen erreichen, schneller als alle anderen Schiffe auf dem Weg vom Mittelmeer nach Südamerika.

Der »Windhund des Meeres«, wie der neue Liner bald genannt wurde, war schnell und dabei wohlproportioniert. Über dem schwarzen Rumpf, der von einer weißen Plattenreihe abgeschlossen wurde, ragten vorne und hinten zwei Masten in die Höhe. Der dreistöckige Aufbau mittschiffs umfasste die Kabinen der Luxusklasse und die im Louis XVI-Stil dekorierten und möblierten Gesellschaftsräume der zwei teuersten Klassen und trug die beiden Schornsteine. An der Stirnseite wurde er von der Kommandobrücke gekrönt.

Achtern folgte ein weiterer, einstöckiger Aufbau, der als Speisesaal der zweiten Klasse diente. Die weiteren Räumlichkeiten waren im

Die *Principessa Jolanda*, das Schwesterschiff der *Principessa Mafalda*, kenterte beim Stapellauf am 22. September 1907.

Schiffsbauch untergebracht, die Schlafsäle der Drittklasse-Passagiere etwa lagen im dritten Geschoss unter dem Hauptdeck, direkt über den Maschinen- und Frachträumen. Zusätzlich zu den Passagieren führte die *Principessa Mafalda* auf jeder Fahrt mehrere hundert Tonnen Frachtgut mit.

»Jedes Schiff«, heißt es 1918 in der italienischen Zeitschrift *La Cultura Moderna*, »stellt gewissermaßen einen repräsentativen Mikrokosmos der sozialen Hierarchie dar. Zuoberst, auf der Brücke, die Führung; auf dem Deck dann die Reichen, Mächtigen, vom Schicksal Begünstigten; anschließend die Kleinbürger, in luft- und lichtarme Räume zweiter Klasse mit fadenscheinigen, abgetragenen Teppichen und Vorhängen aus Kunstseide gepfercht; zuunterst beim Laderaum der armselige, dicht gepackte menschliche Ballast, der über die Tiefen schrammt und Fundament und Schwergewicht des Schiffs bildet.

So ist das auf allen Dampfern – in Übereinstimmung mit der logischen natürlichen Ordnung, die unumstößlich scheint.«

Die *Principessa Mafalda* – im Italienischen, das den Schiffen männliches Geschlecht zuweist, *il Principessa Mafalda* – bot zur Beförderung der Passagiere wie einige andere Transatlantikdampfer sogar vier Klassen an, die sich in ihrer Ausstattung stark voneinander unterschieden: Luxusklasse, erste, zweite und dritte Klasse.

Den – maximal – 98 Gästen der Luxusklasse standen wahlweise Kabinen oder Mehrzimmerwohnungen mit eigenem Bad zur Verfügung. Der Speisesaal, die Halle, die geräumige Galerie und der mit einem Flügel bestückte Musiksalon, das À-la-carte-Restaurant und der mit Wandornamenten im pompejanischen Stil geschmückte Rauchsalon nahmen die Höhe zweier Decks ein. Die luxuriösen Gesellschaftsräume waren auf dem Salondeck von einer Promenade umgeben, die für die Passagiere der teuersten Klasse reserviert war. Weitere Räumlichkeiten der Luxusklasse waren auf andere Stockwerke verteilt: Der Wintergarten war auf dem über dem Salondeck liegenden Bootsdeck, dem Deck 1, zu finden, das Kinderzimmer bei der Eingangshalle auf dem Hauptdeck, dem Deck 3.

Die Kabinen der ersten Klasse, die 71 Passagiere fassen konnten, lagen nicht im Aufbau, doch immerhin im Mittschiff, dem ruhigsten Teil des Dampfers. Der einstöckige Speisesaal der ersten Klasse befand sich auf dem Hauptdeck, ebenso das Musikzimmer, in dem sich vorwiegend Damen aufhielten, sowie der Rauchsalon für die Herren. Die Promenaden auf dem Hauptdeck waren entlang des Aufbaus den Passagieren erster Klasse vorbehalten, während Heck und Bug den Reisenden der zweiten beziehungsweise der dritten Klasse zugeordnet waren.

Speisesaal und Fumoir der 130 Reisenden zweiter Klasse lagen achtern in einem einstöckigen Aufbau ebenfalls auf der Höhe des Hauptdecks, die Kabinen in den Decks darunter. Fahrkarten für die zweite Klasse waren ab 475 Lire erhältlich, Tickets erster Klasse ab 700 Lire.

Die Dritte-Klasse-Passagiere, für die insgesamt 1079 Schlafplätze zur Verfügung standen, hatten keine Salons und keinen Speisesaal. Sie hielten sich in riesigen, stickigen Schlafsälen knapp über der Wasserlinie auf oder bei angenehmer Witterung tagsüber auf dem Vordeck, wo ihnen der Aufenthalt im Freien erlaubt war.

Eine Passagierin, die den Atlantik mehrmals in der dritten Klasse auf der *Mafalda* überquerte, war Lucia Nebbiolo Gonella, deren Erinnerungen 1983 in der Zeitschrift *movimento operaio e socialista* veröffentlicht wurden. Lucias Familie stammte aus der Gegend von Asti (im Piemont) und emigrierte 1901 nach Buenos Aires, wo sie eine Osteria betrieb, die immerhin so gut lief, dass Lucia meist zusammen mit ihrer Mutter alle ein bis zwei Jahre ihre alte Heimat besuchen konnte. Dabei lernte sie zahlreiche italienische und auch spanische Transatlantikdampfer kennen. An ihre erste Überfahrt mag sich die 1899 geborene Lucia nicht erinnern, jedoch an die Rückreise nach Argentinien im Sommer 1906, als der Zug, der sie am 2. August vom Piemont nach Genua bringen sollte, mit beträchtlicher Verspätung im Bahnhof Piazza Principe eintraf. Lucias Familie und all die andern Emigranten unter den Zugpassagieren rannten zum Hafen hinunter, um hinter der Mole gerade noch den Rauch zu Gesicht zu bekommen, den der Schornstein der *Sirio*, die sie nach Amerika hätte bringen sollen, ausstieß. Während die *Sirio* in Richtung Barcelona dampfte, wo weitere Auswanderer an Bord gingen, suchten sich die meisten der Zurückgebliebenen in Genua einen Schlafplatz irgendwo im Freien, da sie sich kein Bett in einem Gasthaus leisten konnten. Lucias Familie begab sich zu einer Tante, die im Genueser Vorort Sampierdarena wohnte, und wartete auf eine nächste Gelegenheit, nach Argentinien einzuschiffen.

Am Morgen des 5. August, als sich die Familie in Sampierdarena die Füße vertreten wollte, vernahm sie von einem *cantastorie*, der singend die neusten Nachrichten zum Besten gab, dass die *Sirio* untergegangen war.

Am Vorabend war der über zwanzigjährige Dampfer der N.G.I. auf halbem Weg zwischen Barcelona und Gibraltar unweit der spanischen Küste in der Inselkette der Ameisen-Inseln auf ein Riff gelaufen, woraufhin Wasser in den Rumpf eindrang und der Heizkessel explodierte. Das Schiff ging nach wenigen Minuten unter. Mindestens dreihundert Menschen kamen ums Leben.

Die Überfahrt kostete zu Beginn des Jahrhunderts, soweit sich Lucia Nebbiolo erinnert, rund hundert Lire – wie im italienischen Volkslied, wo eine Tochter ihre Mutter um diesen Betrag bittet, um nach Amerika zu fahren:

*Mamma dammi cento lire*
*che in America voglio andar.*

Doch die Mutter winkt ab:
*Cento lire te le do*
*ma in America no no no.*

Und nachdem sich die Mutter doch hat erweichen lassen, geht das Schiff mit der Tochter unter.

Ein Taglöhner verdiente um 1900 eine Lira oder höchstens ein paar wenige Lire, ein Arbeiter etwas mehr, Benito Mussolinis Monatslohn als Volksschullehrer betrug 1906 73 Lire, 1912 erhielt er als Chefredaktor der sozialistischen Zeitschrift *Avanti!* immerhin 500 Lire im Monat. Bei geringen Einkommen beanspruchten die Nahrungsmittel über die Hälfte des Salärs, zudem betrug die Jahresmiete für die Unterkunft ohne weiteres mehrere hundert Lire. *Fare la Merica* – sein Glück in Amerika zu versuchen – war nicht allen vergönnt. Häufig wurde vorerst einem Familienmitglied die Überfahrt finanziert, das im günstigen Fall später Geld überweisen konnte, um der restlichen Familie das Überleben in der Heimat zu erleichtern oder gar die Nachreise zu ermöglichen. Emigranten sollen jährlich gegen eine Milliarde Lire ins Vorkriegsitalien gesandt haben. Wer den Sprung über den Ozean geschafft hatte, konnte sich den Fahrpreis für die Überquerung des Atlantiks eher leisten, denn in Argentinien waren die Durchschnittslöhne höher als in Italien und die Lebenshaltungskosten vergleichsweise niedriger.

Lucias Mutter kaufte vor der Abfahrt im Hafen Zitronen, Sardellen und Brötchen, da sie der Verpflegung auf dem Schiff nicht traute. Auf dem Schiff erhielten Lucia und ihre Mutter dann die Nummern ihrer Betten zugeteilt und Blechgeschirr und Besteck ausgehändigt: Suppenteller und Henkeltasse, Gabel und Löffel, kein Messer. Das Essen wurde jeweils für Gruppen von sechs Personen ausgegeben, die eine sogenannte Backschaft (*rancio*) bildeten, deren Leiter (*caporancio*) jeweils vor der Küchentür Schlange stehen musste, um eine Schüssel Suppe oder Pasta zu erhalten und das Essen daraufhin unter den Mitgliedern seiner Backschaft zu verteilen. Mutter und Tochter wurden laut Lucias Bericht von einer Gruppe von Männern gefragt, ob sie sich ihnen zur Bildung einer gemeinsamen Backschaft anschließen möchten:

»Ja, wir sind zu zweit.«

»Wir sind zu viert.«

»Wir sind glücklich, wenn ihr uns aufnehmt.«

Und die Männer waren auch zufrieden.

Lucia schmeckte das Essen. Tische und Stühle gab es nicht, gegessen wurde auf dem Vordeck »auf einem Schiffstau, auf irgendeiner

Die *Principessa Mafalda* vor der Abfahrt im Hafen von Genua.

Bank, einige hatten auch einen Klappstuhl bei sich«. Für die Erwachsenen gab es Wein und Kaffee, für die Kinder Milch.

1911 erließ das Ministerium für auswärtige Angelegenheiten Vorschriften zur Verpflegung der Passagiere dritter Klasse: Zu Mittag wie am Abend hatten die Mahlzeiten aus zwei Gängen zu bestehen, einer Vorspeise – Suppe oder Pasta – und einer Hauptspeise, die sich ebenfalls auf einmal schöpfen ließ und Fleisch oder Fisch enthalten musste, Thun-, Stock- oder Klippfisch (*baccalà*). Das Ministerium veröffentlichte zwei Menüpläne, die für jeden Wochentag vorgaben, was serviert werden sollte – den einen für Schiffe mit vorwiegend süditalienischer Kundschaft, den andern für solche mit mehrheitlich norditalienischen Passagieren. Die beiden Varianten stimmten nur teilweise überein, den Passagieren aus dem Norden waren etwa *minestrone alla genovese* oder *pasta asciutta col pesto* vorbehalten, während für die Reisenden aus dem südlichen Italien am Mittwochabend *pasta* mit Olivenöl, Knoblauch und Sardellen vorgesehen war.

Der erste Hafen, den die *Mafalda* und die anderen Schiffe auf der Südamerikaroute üblicherweise anliefen, war Barcelona. Lucia erinnert sich, dass die Passagiere eines Morgens vor der katalanischen Hauptstadt von der Festung Montjuïc, die auf einem Hügel hinter dem Hafen liegt, die Schüsse hörten, denen der Reformpädagoge Francisco Ferrer zum Opfer fiel. Ferrer wurde beschuldigt, für den Ausbruch eines Aufstands im Sommer 1909 verantwortlich zu sein, der als »Tragische Woche« in die Geschichte einging und ausgebrochen war, als 40 000 Männer für einen Kolonialkrieg in Marokko eingezogen werden sollten. Nur mit einer hohen Geldsumme konnte man sich vom Militärdienst freikaufen. Als sich die in Barcelona stationierten Truppen weigerten, Demonstrationen, Streiks, Brandstiftungen und Straßenkämpfe zu unterdrücken, wurden Armeeinheiten aus anderen Landesteilen herangeschafft, die den Aufstand in einem Blutbad erstickten, das mehrere hundert Tote forderte. Wie in Italien und Südamerika bestand auch die Linke, die in Spanien den antimilitaristischen und antikolonialistischen Kampf während der Tragischen Woche anführte, mehrheitlich aus Anarchisten. Ferrer war kein Freund gewalttätiger Aktionen, vertrat jedoch mit seiner Escuela Moderna eine libertäre Linie, die Distanz zur klerikalen und monarchistischen Erziehung hielt, Knaben und Mädchen gleich behandelte, auf Strafen, Prüfungen und Belohnungen bewusst verzichtete und somit für die herrschenden Kreise ein rotes Tuch war. Seine willkürliche Verurteilung durch ein militärisches Schnellgericht und die Hinrichtung am 13. Oktober 1909 lösten weltweite Empörung aus. In Sampierdarena wurde umgehend der Platz, an welchem Lucias Tante wohnte, in Piazza Francesco Ferrer umbenannt.

Der Schnellkurs der *Principessa Mafalda* hielt nach dem Passieren der Meerenge von Gibraltar im westafrikanischen Dakar, wo sie Kohle bunkerte: »Unnötig zu sagen«, berichtet Lucia, »dass wir dabei in einen Nebel von Kohlestaub eingehüllt wurden. Wir waren komplett schwarz, und da es heiß war, weil wir in einem heißen Land waren, waren wir verschwitzt und weiße Schweißtropfen liefen uns über die schwarze Haut.« Wasser war rar, waschen konnten sich die Passagiere der dritten Klasse nur mit Meerwasser, was den Gebrauch von Seife, die sich in Salzwasser kaum löst, unmöglich machte.

Lucia genoss die Seereisen. Während sie schon als Kind in Buenos Aires bis zu zehn Stunden in der *osteria* der Eltern mitzuarbeiten hatte, konnte sie auf dem Schiff tun und lassen, was sie wollte. Sie spielte mit Kindern, die aus allen möglichen Ländern stammten. Von ihren griechischen Spielgefährtinnen lernte sie Griechisch, die Kinder aus Frank-

Der libertäre spanische Pädagoge Francisco Ferrer wurde 1909 Opfer eines Justizmordes. Die Italoargentinierin Lucia Nebbiolo, die mehrmals auf der *Mafalda* den Atlantik überquerte, berichtet, sie habe als Kind vom Schiff aus die Schüsse gehört, als Ferrer in der Festung Montjuïc bei Barcelona getötet wurde.

reich erlebte sie als wenig gesellig, die spanischen dagegen als herzlich und fröhlich. Die Kinder waren froh, wenn die See ruhig war, schauten den Möwen zu, denen Köche und Kellner Speisereste zuwarfen, oder lehnten sich über die Reling, um die kleinen Fische zu beobachten, die übers Wasser flogen und aus Silber zu bestehen schienen. Manchmal folgten Delfine dem Schiff. Und einmal rammte die *Mafalda* einen vielleicht vierzehn oder fünfzehn Meter langen Wal und schnitt ihn mit dem Bug entzwei. Alle weinten.

Bei ruhiger See wurde am Abend gesungen, musiziert und getanzt, bis die Passagiere in die Schlafsäle geschickt wurden. Die Napolitaner sangen traurige Lieder, die Spanier tanzten am schönsten: »Mir gefielen sie sehr«, meint Lucia Nebbiolo, »sie waren so fröhlich und speziell gekleidet, es war ein Wunder.«

Bei hohem Seegang dagegen verkrochen sich alle in die Schlafsäle, schrien, stöhnten und weinten. Die Säle lagen im dritten

Untergeschoss der *Principessa Mafalda*. Frauen, Mädchen und kleine Knaben schliefen im hintern Teil des Schiffs, Männer und Knaben ab sieben Jahren im Vorschiff, dem normalerweise unruhigsten Teil des Dampfers. »Wir waren fünfhundert, fünfhundert Frauen und Mädchen«, erzählt Lucia.

Im Gegensatz zu älteren Auswandererschiffen waren die Betten in der *Mafalda* gemäß dem Königlichen Dekret von 1901 nur noch zwei- und nicht mehr dreistöckig übereinandergestapelt. Das Reglement schrieb ferner vor, dass die Bettgestelle aus Eisen konstruiert sein mussten, die Betten ein Mindestmaß von 1,8 mal 0,56 Meter aufzuweisen hatten, voneinander abgetrennt und mit einer klar ersichtlichen Nummer versehen sein sollten. »Keine Bettwäsche, nichts ... eine Decke und *basta*, sonst nichts«, erinnert sich Lucia Nebbiolo. Vielen der Frauen ging es schlecht – »sie waren zum ersten Mal auf dem Meer, das erste Mal auf einer Reise. Nun, die Ärmsten litten sehr, es ging ihnen dauernd schlecht, sehr schlecht. Meine Mutter nahm sieben, acht Kilo ab, ich nicht, ich habe alles gegessen, was sie mir gegeben haben.«

Die Passagiere dritter Klasse hatten nichts zu suchen in jenen Bereichen des Schiffs, die den begüterten Fahrgästen vorbehalten waren. Neugierigen Kindern wie Lucia gelang es jedoch immer wieder, verbotene Teile des Dampfers zu erkunden. Sie benutzte jede Gelegenheit, sich auf dem Schiff umzusehen, und bekam gelegentlich von einem Kellner ein Stück Torte oder einen anderen Leckerbissen. Vom Deck blickten die armen Leute zu den noblen Reisenden hoch, die in sicherer Distanz vom Salondeck auf das Gewimmel unter ihnen hinabschauten – laut Lucia hochelegante Damen erster Klasse, die Madonnen zu sein schienen, schön und gepflegt, Blondinen und Wasserstoffblondinen. Gelegentlich kam sogar eine hinunter und schenkte den Kindern eine Orange oder eine Banane.

Einmal sah Lucia auf ihren Entdeckungstouren im Reich der Reichen einen Gegenstand auf die Planken fallen, der wie ein Stern glitzerte. Es war ein großer Brillantring, der einer wunderschönen Gräfin, die mit ein paar Herren oder Offizieren bei Tisch saß und gestikulierend mit den Händen sprach, vom Finger geglitten war und durchs offene Fenster geschleudert wurde. Lucia hob den Ring auf und brachte ihn der Besitzerin. »Sie sagte: ›Danke, mein Kind, bist Du ein braves Mädchen!‹ Sie hätte auch sagen können: ›Ich gebe Dir fünf Lire, zehn Lire,

Die *Principessa Mafalda* in der Dársena Norte von Buenos Aires. Das Deck auf dem Vorschiff ist für die dritte Klasse reserviert. In der rechten Bildhälfte Hafenkräne und Lagerschuppen am Kai auf der Westseite des Hafenbeckens.

fünfzig Lire‹, etwas in der Art, nicht? Nichts Derartiges. Heute würde ich den Ring behalten«, meint die Achtzigjährige im Rückblick auf die Zeit, als sie ein kleines Mädchen mit langen Zöpfen war.

Auf der tagelangen Fahrt zwischen Dakar und Brasilien überquerte das Schiff den Äquator. Auch in der dritten Klasse wurden die Passagiere, die zum ersten Mal die Südhalbkugel erreichten, in eine Wanne gestellt und von Neptun getauft, der einen Eimer Meerwasser über ihren Kopf ausleerte. Zur Äquatortaufe verkleideten sich Kinder und Erwachsene, löffelten ein vergleichsweise festliches Essen aus ihren Blechnäpfen und feierten mit Musik und Tanz.

Schließlich näherte sich der Dampfer Buenos Aires. Vor der Ankunft gaben die Auswanderer ihr Blechgeschirr zurück, zogen sich saubere Kleider an und warfen die schmutzigen Reisekleider ins Meer, die Bettdecken ebenfalls: »Innerhalb einer Minute sogen sie sich mit Wasser voll und gingen unter«, beobachtete Lucia. Im gelben, schmutzigen Wasser des Río de la Plata zwischen Montevideo und Buenos Aires schwammen Äste, Blätter und Körbe. Auf dem letzten Stück des Weges über den Atlantik übernahm ein Lotse die Begleitung des Dampfers, der von einem Schlepper in das Hafenbecken der Dársena Norte gezogen wurde.

Die Passagiere der dritten Klasse wurden nach Ankunft in das am Hafenbecken gelegene Hotel de Inmigrantes geschleust, das argentinische Pendant zu Ellis Island vor New York. Argentinien förderte die Einwanderung – seit der zweiten Hälfte des neunzehnten Jahrhunderts galt die Devise *Gobernar es poblar* – Regieren heißt bevölkern. Im 1911 eröffneten Gebäudekomplex wurden Papiere, Alter und Gesundheit der Ankömmlinge kontrolliert. Wer im Gastland keine Bleibe hatte, erhielt fünf Tage Unterkunft und Verpflegung im Hotel de Inmigrantes und bekam eine Arbeitsstelle vermittelt.

Lucia Nebbiolo und ihre Mutter wurden vom Vater abgeholt, der mit einer kleinen Karre kam, um das Gepäck heimzubringen. Stolz führte er die beiden zu einer Hütte, die er während ihrer Abwesenheit aus Brettern gebaut hatte. Die neue Behausung mit Blechdach lag im von Italienern dominierten Quartier La Boca im südlichen Bereich der Küstenlinie der Hauptstadt. Zuvor wird die Familie Nebbiolo wie viele andere italienische Familien ein Zimmer in einem der zahlreichen *conventillos* bewohnt haben – länglichen, gelegentlich zwei- oder dreistöckigen Wohngebäuden mit gemeinschaftlich benutzten Brunnen, Küchen und Bädern.

Die wachsenden Städte brauchten Bau- und Industriearbeiter, Handwerker und Hausangestellte. In der Anderthalbmillionenstadt Buenos Aires war 1914 fast die Hälfte der Bevölkerung Ausländer, die hauptsächlich aus Italien und Spanien stammten. Doch auch die Landwirtschaft war auf Arbeitskräfte aus Europa angewiesen, besonders während der Erntezeit. Da Weizen und Mais auf der Südhalbkugel während des europäischen Winters geerntet wurden, kamen besonders im Monat November viele italienische und spanische Wanderarbeiter nach Südamerika, einige nur für die einträgliche Ernte, um danach wieder zurück in ihre Heimat einzuschiffen, wo sie sich für die dortige Erntezeit verdingen konnten. Zehntausende solcher *golondrinas* – Schwalben – fuhren jährlich als Saisonarbeitskräfte über den Atlantik und wieder zurück, einige blieben aber für ein paar Jahre in der neuen Welt und suchten sich über Winter jeweils eine Stelle in einer Stadt.

In den *conventillos* in La Boca und andern Quartieren von Buenos Aires mieteten sich Immigrantenfamilien eines der Zimmer, die wie die Zellen eines Klosters (*convento*) um einen Hof angeordnet waren.

Im Hotel de Inmigrantes wurden die Neuankömmlinge in einem Ausstellungsraum mit den hiesigen Landwirtschaftsmaschinen bekannt gemacht. »Da war eine Menge reicher Leute«, berichtet Lucia, »Eigentümer, besonders Landbesitzer, die kamen, um Arbeiter abzuholen, eher noch Landarbeiter, die ins Landesinnere gebracht wurden, wo sie in Betrieben mit Obst, Gemüse, Getreide und auch Vieh zu arbeiten hatten.«

Manche der Emigranten, die länger in Argentinien gelebt hatten, kehrten nach Jahren wieder zurück. Lucia Nebbiolo Gonella ließ sich – nach unzähligen Besuchen in der alten Heimat – 1960 schließlich endgültig in Italien nieder.

Guglielmo Marconi war maßgeblich an der Entwicklung der drahtlosen Telegrafie beteiligt, dank der Hochseeschiffe mit der übrigen Welt in Verbindung bleiben konnten. 1910 unternahm er auf der *Principessa Mafalda* Experimente, um die Reichweite seiner Anlagen zu testen.

## WIRELESS

*Guglielmo Marconi lässt Drachen steigen*

In einem der Salons der *Principessa Mafalda* beugten sich Elisa Roca, Augustine Marco und die Herren Olivier, Sacerdotti, Osten und de la Serna, deren Vornamen nicht überliefert sind, über ein Schachbrett. Sie waren am Zug, nachdem die mit den weißen Figuren spielende gegnerische Partei die Partie mit dem Vorrücken des Königsbauern um zwei Felder auf e4 eröffnet hatte.

Die zwei Damen und die vier Herren werden nicht lange gezögert haben und antworteten mit der spiegelbildlichen Bewegung des schwarzen Königsbauern auf e5.

Überraschender als dieser klassische Eröffnungszug war die Tatsache, dass sich die Spieler, die die weißen Steine führten, meilenweit entfernt von ihrem schwarzen Gegenüber befanden, auf einem anderen Dampfer nämlich, der *König Friedrich August,* die ebenfalls auf der Südatlantikroute verkehrte. Wie das italienische Schiff verfügte der Dampfer der deutschen Hamburg-Amerika-Linie (HAPAG) über eine Funkstation. Der Sender auf der *Principessa Mafalda* hatte – laut der allerdings zu Übertreibung neigenden Eigenwerbung – eine Reichweite von 1000 Kilometern und empfing »Radiogramme« aus einer Entfernung von bis zu 4000 Kilometern, was fast der Distanz zwischen Paris und Dakar entspricht.

Wenige Tage nach der auf dem Ozean »per Funkentelegraphie« gespielten Partie verfolgten Zeitungen auf dem Festland deren Verlauf. Gemäß dem Bericht, der in der Wiener *Allgemeinen Sport-Zeitung* vom Sonntag, 15. Mai 1910, erschien, dauerte die während der Nacht und den Essenszeiten unterbrochene Partie vom 9. bis zum 11. Mai. Nach einunddreißig Zügen bot das Team auf der *Mafalda* Remis an. »Weiß nahm die Offerte an«, heißt es im Bericht, »trotzdem er etwas besser steht, da die Entfernung zwischen den Dampfern sich vergrößerte und die Erledigung der Partie erschwerte.«

Wie die Schachspalten vermerkten, beruhte das Interesse, das die Partie erregte, nicht auf der Meisterschaft der Beteiligten, sondern auf ihrem »historischen Wert« als spielerisches Zeugnis einer Technologie, die es Crew und Passagieren auf Dampfern in ozeanischer Abgeschiedenheit neuerdings erlaubte, mit Partnern weit außerhalb der Sichtweite zu kommunizieren.

Wenige Jahre zuvor waren Hochseeschiffe noch völlig auf sich gestellt. Sobald sie den Hafen verlassen hatten, abgeschnitten vom Rest der Welt, verschwanden sie, ohne irgendeine Möglichkeit zur Kontaktnahme, in geringer Entfernung vom Festland vollständig von der Bildfläche, um nach langer, einsamer Fahrt über das leere Meer an einer anderen Stelle des Planeten wieder in Erscheinung zu treten und anzudocken – falls sie nicht irgendwo sang- und klanglos untergegangen waren, ohne Spuren zu hinterlassen.

Die Entwicklung des Seefunks ist eng mit dem Namen des geschäftstüchtigen Erfinders Guglielmo Marconi verbunden. Die 1900 in London gegründete Marconi International Marine Communication Company und die Compagnie de Télégraphie sans Fil mit Sitz in Brüssel boten Passagier- und Transportschiffen ein Servicepaket an. Neben der Einrichtung einer Funkstation umfasste dies auch geschultes Personal. Parallel zur Ausrüstung der Dampfer mit drahtloser Telegrafie errichtete die Gesellschaft Küstenfunkstationen, die die Kommunikation mit dem Festland ermöglichten. Der erste Ozeandampfer, der eine Sende-Empfangsstation erhielt, war 1900 die *Kaiser Wilhelm der Große* des Norddeutschen Lloyd, damals das schnellste Schiff auf der Nordatlantikroute.

Zwei Jahre später nutzten bereits siebzig Hochseeschiffe aus Großbritannien, Deutschland, den Vereinigten Staaten und weiteren Ländern die neue Kommunikationstechnologie und konnten untereinander oder mit inzwischen fünfundzwanzig Küstenfunkstationen Nachrichten austauschen. Zunächst betrug die Reichweite der Funkanlagen kaum mehr als fünfzig Meilen. Die Telegrafie diente aber nicht nur der Sicherheit der Schifffahrt, sondern stand auch privaten Nutzern zur Verfügung, um geschäftliche oder persönliche Kontakte zu pflegen. Ein Kurztelegramm von zehn Wörtern kostete allerdings rund ein halbes britisches Pfund. Das Monatsgehalt der Marconi-Funker betrug je nach Dienstgrad zwei bis vier Pfund.

Der unschätzbare Wert der »Wellentelegrafie« für die Rettung von Menschenleben wurde zu Beginn des Jahres 1909 beim Zusammenstoß der *Florida* mit der *Republic* im dichten Nebel vor der Insel Nantucket bei Cape Cod, Massachusetts, unter Beweis gestellt.

Die *Florida*, eines der neuen Auswandererschiffe des Lloyd Italiano – der Reederei, die auch die *Principessa Mafalda* betrieb –, war von Palermo nach New York unterwegs und hatte mehrere hundert Menschen an Bord, die nach dem Erdbeben von Messina obdachlos geworden waren und in Amerika eine neue Heimat finden wollten. Dem Beben am 28. Dezember 1908 war mehr als die Hälfte der etwa 130 000 Einwohner und Einwohnerinnen der sizilianischen Stadt an der Meerenge zwischen der Insel und dem kalabrischen Festland zum Opfer gefallen.

Am frühen Morgen des 23. Januar 1909 tastete sich die *Florida* nahe der nordamerikanischen Ostküste langsam durch den Nebel vor. Aus geringer Entfernung ließ sich, wie der neunundzwanzigjährige Kapitän Angelo Ruspini einige Tage später der *New York Times* erzählte, das Nebelhorn eines anderen Schiffs vernehmen. Plötzlich tauchte unmittelbar vor dem Bug der *Florida* »etwas wie ein Berg« aus dem dichten Nebel auf. Wenige Sekunden später rammte der italienische Dampfer frontal die Flanke des White-Star-Liners *Republic* auf der Höhe des Maschinenraums. Die *Republic* war auf dem Weg von New York ins Mittelmeer, hatte die Mitglieder einer Thomas-Cook-Reisegruppe an Bord, die im ägyptischen Alexandria eine Orientreise anzutreten beabsichtigten, und transportierte im Frachtraum tonnenweise Hilfsgüter für die süditalienischen Erdbebenopfer.

Beim Aufprall kamen drei Passagiere der *Republic* und drei Seeleute auf der *Florida* um, darunter der vierzehnjährige Salvatore D'Amico. Der Schiffsjunge befand sich auf seiner ersten Fahrt. Er stammte aus dem Erdbebengebiet und hatte beim wenige Wochen zurückliegenden *terremoto* seine Familie verloren.

Beide Schiffe konnten sich nach der Kollision vorläufig über Wasser halten. Der Funker der *Republic* sandte umgehend den damals üblichen Notruf CQD –.–. ––.– –.. aus – die prägnantere Morsezeichenkombination SOS ... ––– ... hatte sich noch nicht durchgesetzt: »CQD! An alle! Seenot! *Republic* von unbekanntem Dampfer 26 Seemeilen südwestlich von Nantucket gerammt.«

Die *Florida* hatte keine Funkstation.

Der Hilferuf der *Republic* wurde von der Marconi-Station von Siasconset auf der Insel Nantucket empfangen und weiterverbreitet. Bald erreichte, informiert durch den Funkspruch, ein Boot der Küstenwache die Republic. Da sie zu sinken drohte, wurden die Passagiere in Rettungsbooten der beiden Liner auf die *Florida* und den Kutter der Küstenwache gebracht.

Am Nachmittag traf die ebenfalls durch den Notruf alarmierte *Baltic*, ein weiterer White-Star-Liner, bei den leck geschlagenen Schiffen ein. Auf der *Baltic* gelangten die Schiffbrüchigen schließlich nach New York. Die *Florida* schaffte es später aus eigener Kraft bis zum Pier von Brooklyn. Die *Republic* war nicht mehr zu retten und sank in der Nähe der Unglücksstelle.

Die Rettung mehrerer hundert Schiffbrüchiger im dichten Winternebel vor Nantucket dank des Seefunks war eine Sensation.

»Am 25. Januar brachten alle Zeitungen der Welt, mit erschütternden Einzelheiten, die Nachricht von der aufsehenerregenden Rettung der Passagiere und der Besatzung des großen Dampfers *Republic* durch den Funk«, schreibt Luigi Solari in seinem Erinnerungsbuch *Marconi im Privatleben und bei der Arbeit*. »Der Name Marconi eilte damals in einer Aureole des Ruhms um die Welt.« Wie bei späteren Unfällen auf hoher See, wo Menschenleben dank Funk gerettet werden konnten, wurde der Schiffsfunker, der »Marconi man«, in Zeitungsberichten als Held gefeiert. Wenige Monate nach der Rettungsaktion erhielt Guglielmo Marconi, der über keine höhere Schulbildung verfügte, den Nobelpreis für Physik.

Für Marconi war die Entwicklung des Seefunks von großer Bedeutung – nicht zuletzt deshalb, weil die drahtlose Telegrafie auf See ihre Leistungsfähigkeit demonstrieren konnte, ohne wie auf dem Festland gegen gut eingespielte Kabelnetze bestehen zu müssen. Auch Inseln und Kontinente waren zu Marconis Zeit bereits durch Telegrafiekabel verbunden. Das erste wirklich funktionierende Transatlantikkabel war 1866 in Betrieb genommen worden und hatte die Übermittlungsgeschwindigkeit von Nachrichten zwischen Europa und den USA um einen Faktor 10 000 erhöht.

Doch Marconi hatte sich größere Ziele gesteckt als die Ausrüstung von Hochseeschiffen mit Funkstationen. »The man who networked the world«, wie ihn sein Biograf Marc Raboy nennt, arbeitete zielstrebig am Aufbau eines Weltfunknetzes.

Obwohl an der Entwicklung der drahtlosen Telegrafie und Telefonie sowie des Rundfunks zahlreiche Forscher, Erfinder und Firmen beteiligt waren, gelang es Guglielmo Marconi, durch das Angebot brauchbarer und damit kommerziell erfolgreicher Lösungen einen zentralen Platz in der Geschichte der Kommunikation mittels elektromagnetischer Wellen zu besetzen.

Marconi begann 1894 als Zwanzigjähriger auf dem Dachboden der väterlichen Villa Griffone in Pontecchio bei Bologna mit seinen physikalischen Experimenten. Ausgangspunkt war eine von Heinrich Hertz entwickelte Versuchsanordnung, die dem Nachweis von elektromagnetischen Wellen diente. Dabei wurde die Funkenentladung zwischen zwei Polen eines primären Stromkreises – des Senders – auf einen benachbarten, jedoch gänzlich getrennten zweiten Stromkreis übertragen – den Empfänger. Anders als Hertz interessierte sich Marconi dabei nicht für die Erforschung der elektromagnetischen Wellen, sondern für die Nutzbarkeit der Anlage zur Übertragung von Information. Er verstand sich nicht als Theoretiker, sondern als Praktiker und testete Veränderungen und Verbesserungen mit dem Ziel, die Reichweite der Schwingungen zu vergrößern. Dabei entdeckte er beispielsweise, dass eine Antenne – ein Begriff, der auf Marconi zurückgeht –, wenn sie geerdet wird, eine Übertragung auf größere Entfernungen ermöglicht als die Hertzsche Empfangseinrichtung.

Bald wurde der Dachboden dem jungen Erfinder zu eng, sodass er seine Versuche im Garten der Villa fortsetzte. »Was die Besorgung des Materials betrifft, das ich für die Versuche brauchte (Kupferdraht, Spulen, Batterien, Akkumulatoren, Zinkblech, Kupferblech, Glasröhren usw.)«, lässt Solari Marconi erzählen, »so zog ich jeweils mit einem jungen Esel nach Bologna und ging dann wieder an meine einsame Arbeit in Pontecchio.«

Schon nach einem Jahr konnte Marconis Apparatur Distanzen von mehr als einem Kilometer überbrücken. Die Übertragung gelang nun sogar, wenn der Empfänger hinter einem Hügel versteckt war, was Guglielmos Bruder nach Empfang des Signals mit einem Gewehrschuss bestätigen musste. Nachdem der italienische Minister für Post- und Telegrafenwesen wenig Interesse an Marconis System gezeigt hatte, reiste Guglielmo mit seiner Mutter, die aus einer begüterten irischen Familie stammte, im Februar 1896 nach London, wo er seine Erfindung patentieren ließ und über einen Cousin Kontakt mit dem Chefingenieur der britischen Postverwaltung Kontakt aufnehmen konnte, der sich von Marconis Demonstration beeindruckt zeigte. Im folgenden Jahr war Marconis Anlage bereits so weit entwickelt, dass eine Kommunikation über den vierzehn Kilometer breiten Bristolkanal zwischen Cornwall und Wales möglich war. Mit finanzieller Hilfe seiner irischen Verwandtschaft gründete Marconi die Wireless Telegraph & Signal Company. Sowohl die britische als auch die italienische Marine begannen sich jetzt für die drahtlose Telegrafie zu interessieren, im Quirinal musste Marconi seine Apparaturen König Umberto und Königin Margherita vorführen. Marconi baute in England eine erste Fabrik für drahtlose Sende- und Empfangsanlagen, richtete Küstenstationen ein und überwand mit Funksignalen den Ärmelkanal.

Nun nahm Marconi die drahtlose Überbrückung des Atlantiks in Angriff. Er baute beidseits des Ozeans starke Sendeanlagen mit hohen Antennen und pendelte beständig zwischen Europa und Amerika. Auf einer der Überfahrten lernte er im Jahr 1899 Josephine Bowen Holman aus Indianapolis kennen, mit der er sich verlobte. Im Dezember 1901 gelang es Marconi, in seiner Station in Neufundland allererste, wenn auch schwache Signale aus Cornwall zu empfangen – eine Reihe von gemorsten S-Zeichen.

Es »stellte sich heraus, daß es schwer sei, zu gleicher Zeit ein berühmter Erfinder und ein schwärmerischer Bräutigam zu sein. Marconi hatte den Kopf voll von seiner Idee, drahtlos über den Atlantischen Ozean zu telegraphieren, und vergaß darüber manchmal wochenlang seine schöne Braut«, berichtet die *Neue Zürcher Zeitung* im Februar 1902, wenige Wochen nach der Sensationsmeldung der ersten drahtlosen transatlantischen Kommunikation. Marconi erklärte Holman auf ihre Aufforderung, sein Heiratsversprechen einzulösen, »daß er jetzt absolut keine Zeit zum Heiraten habe. Er müsse eiligst nach England zurückkehren, um dort seine transatlantische Telegraphenstation zu verbessern. Die schöne Miß meinte, wenn er seine Hertzschen Wellen ihrem Herzen vorzöge und die drahtlose Telegraphie höher schätze als ihre Liebe, so sei es wohl besser, sie lösten ihre Verlobung wieder auf. Sie habe nun 2½ Jahre gewartet und sei 24 Jahre alt geworden, da müsse sie sich nach einem Bräutigam umsehen, der auch einmal einen Tag Zeit für die Hochzeit finde.«

Marconis Telegrafiestation in Glace Bay ganz im Osten der kanadischen Insel Cape Breton. Die vier Holztürme trugen 400 Antennenstränge, die auf dem Bild nicht sichtbar sind. Zwischen Glace Bay und Poldhu im Südwesten Cornwalls gelang es 1902 erstmals, Funksignale über den Atlantik zu übermitteln.

Ende 1902 glückte Marconi von seiner neuen, mit 64 Meter hohen Sendetürmen ausgerüsteten Station im eisigen Glace Bay im kanadischen Neuschottland die Übermittlung von ersten drahtlosen Botschaften nach Europa, die an die Könige Edward VII von England und Vittorio Emanuele III von Italien gerichtet waren, die er beide persönlich kannte.

Drei Jahre später fand Marconi doch noch Zeit zu heiraten. Mit seiner Braut Beatrice O'Brien verbrachte er nach der Hochzeit ein paar Tage in Irland im Schloss Dromoland, das seit Generationen der noblen Familie O'Brien gehörte und heute als Luxushotel genutzt wird, das Gäste wie Bill Clinton, Nelson Mandela, Muhammad Ali und Johnny Cash beherbergt hat. Anschließend fuhr das frisch verheiratete Paar nach Amerika, wo Marconi die durch einen leistungsstärkeren Neubau ersetzte Sendeanlage in Glace Bay überprüfen wollte. Während der Überfahrt auf der *Campania* wunderte sich Beatrice, dass ihr Mann die ganze Kabinenwand mit Uhren behängte, um herauszufinden, ob sie im Vergleich zur Schiffsuhr vor- oder nachgingen, und seine Hemden und Socken nach einmaligem Gebrauch zum Bullauge hinauswarf, um sich nicht um die Wäsche kümmern zu müssen.

Marconis Unternehmen stand mehrmals kurz vor dem Konkurs. Der Bau immer stärkerer Sende- und Empfangsanlagen erforderte gewaltige Investitionen, die Kabelgesellschaften blieben harte Konkurrenten im Kommunikationsmarkt, und selbst auf dem Feld der drahtlosen Telegrafie geriet Marconi in Amerika und Europa zunehmend in Bedrängnis, etwa durch die deutsche Firma *Telefunken*, die ein eigenes Seefunknetz aufbaute. Deshalb entschloss sich der Firmenleiter, die Verantwortung für Finanz- und Verwaltungsfragen an einen neuen Generaldirektor abzutreten. Godfrey Isaacs, der diesen Posten im Sommer 1910 übernahm, entpuppte sich, wie sich Marc Raboy in seiner 2016 erschienenen Marconi-Biografie ausdrückt, als »godsend«, als absoluter Glücksfall. Isaacs, den Marconi über seinen Schwager kennengelernt hatte, stammte aus einer angesehenen und einflussreichen englisch-jüdischen Familie und leitete die Geschicke der Marconi Company während mehr als fünfzehn Jahren. Marconi stellte den neuen Finanzdirektor seinem Mitarbeiter Luigi Solari laut dessen 1940 auf Italienisch und 1942 auf Deutsch veröffentlichtem Bericht mit wenig freundlichen Worten vor: »Ich bin überzeugt, daß dieser Isaacs die Schicksale der Marconigesellschaft in finanzieller Hinsicht fördern wird. Aber ich habe nicht vor, ihm die Zügel der Marconigesellschaft ganz zu überlassen. Ich werde Präsident und Generaldirektor bleiben; wir werden beide Generaldirektoren sein. Von den Juden darf man sich nämlich nicht den Fuß in den Nacken setzen lassen!«

Entlastet durch Isaacs konnte sich Marconi der praktischen Arbeit an der Weiterentwicklung des globalen Funknetzes widmen. »Ich muß es unbedingt fertigbringen, das Weltfunknetz zu schaffen. Das ist der Hauptzweck meines Lebens«, vertraute er Solari an. »Aber infolge eines seltsamen Zusammentreffens haben diese grandiosen Verbindungen Japan–Vereinigte Staaten–Europa (über den Stillen und den Atlantischen Ozean) fast alle die Richtung Ost-West. Uns fehlt noch die nötige Erfahrung in der Richtung Nord-Süd.« Zum »Studium der Verbreitung der elektrischen Wellen zwischen Europa und Südamerika« entschloss sich Marconi, im Herbst 1910 »an Bord des italienischen Schiffes *Principessa Mafalda* nach Buenos Aires zu fahren.«

Die *Mafalda* im Hafen von Genua. Links im Bild die 1910 zum Gedenken an Garibaldis Zug der Tausend errichtete Säule. Der zuvor in Erinnerung an einen deutschen Prinzen und Kaiser Ponte Federico Guglielmo benannte Pier heißt nun Ponte dei Mille.

Marconi schiffte in Genua ein. An Bord wurde er von Kapitän Francesco Noera und von Dionigi Biancardi begrüßt, dem Generaldirektor des Lloyd Italiano. Erasmo Piaggio war einige Monate zuvor aus der Leitung der von ihm gegründeten Reederei ausgestiegen, nachdem die Navigazione Generale Italiana die Aktienmehrheit übernommen hatte, da ein Vertrag mit der italienischen Regierung, der dem Lloyd Subventionen zugesichert hätte, geplatzt war. Einige Jahre später – 1918 – wurde der Lloyd Italiano als eigenständige Reederei aufgelöst und in die N.G.I. integriert. Einmal mehr war es der N.G.I. gelungen, sich einen Konkurrenten einzuverleiben. Piaggio investierte die durch seinen Rückzug aus dem Reedereigeschäft frei gewordenen Mittel nicht zuletzt in Werften, die für die Kriegsmarine tätig waren, was sich als geschickter Schachzug erweisen sollte.

Während seiner Forschungsreise auf die Südhalbkugel wollte Marconi herausfinden, wie weit sich die Signale der beiden kräftigen Sender von Clifden in Irland und Glace Bay in Kanada empfangen ließen. Nach

Solaris Erinnerungsbuch nahm der Nobelpreisträger »verschiedene Röhren- und Kristallempfänger mit, eine große Menge Draht für Antennen, Kondensatoren, Induktoren usw., und verschiedene Drachen für das Tragen der Empfangsantenne in großer Höhe.« Bei seinen Experimenten auf der *Principessa Mafalda* wurde er von Henry Joseph Round unterstützt, einem britischen Ingenieur, der zeitweise für die Marconi Company arbeitete und 1907 beobachtet hatte, dass gewisse anorganische Stoffe unter dem Einfluss einer angelegten Spannung Licht emittieren können, was ihn zum Vater der Leuchtdioden macht.

Um die Signale aus Irland und Kanada möglichst lange empfangen zu können, ließ Marconi seine Drähte mit Drachen in die Höhe steigen. Er verwendete einen Kastendrachen, den Samuel Franklin Cody entwickelt hatte. Dieser Drachen, den sein Erfinder patentieren ließ, war in der Lage, sogar Menschen in die Lüfte zu heben, weshalb Codys *mankite* von der britischen Marine eingesetzt wurde, um Aufklärungsposten mehrere hundert Meter in die Höhe zu schicken oder Kriegsbeobachter aus der Vogelschau Schlachtfelder überblicken zu lassen. Auch für meteorologische Messgeräte fanden die Kastendrachen des ehemaligen Goldsuchers und Pferdetrainers Verwendung. Cody stammte aus Iowa, trug gerne Westernkleidung und trat wie sein Vorbild und Namensvetter William Frederick Cody als Buffalo Bill in Wildwest-Shows auf. Als Flugpionier hatte Cody wenige Wochen vor Marconis Fahrt auf der *Mafalda* den weltweit bis dahin längsten Flug unternommen, 1913 stürzte der verwegene Erfinder in einem selbstgebauten Wasserflugzeug ab, das in der Luft auseinanderbrach, und starb.

Marconi und seinen Mitarbeitern gelang es, dank Codys Kastendrachen die Empfangsantenne in eine Höhe von bis zu 6000 Fuß, was rund 1830 Metern entspricht, steigen zu lassen. Als Arbeitsplattform wählten sie das auf dem Deck aufgespannte Sonnendach, das stabil genug war, um Menschen zu tragen, und auf dem weder Ladekräne noch Masten oder die zwischen den beiden Masten gespannte Antenne der schiffseigenen Funkstation den Aufstieg des Drachen behinderten. Der Erste Offizier Francesco Tarabotto, der schon auf der Jungfernfahrt unter Kapitän Marchese Renzo de la Penne zur Crew der *Principessa Mafalda* zählte, war Marconi und Round bei ihren Experimenten behilflich. Auch Kapitän Noera, der von 1910 bis Mitte 1912 das Kommando über die *Mafalda* innehatte, unterstützte die Versuche der Funker. Laut Marconis Tochter Degna erinnerte sich Henry Joseph Round gerne an die Forschungsreise mit Guglielmo Marconi: »Es war die faszinierendste der Reisen, die ich mit ihm unternommen habe. Wir ließen vom Schiff aus Drachen fliegen, wenn es der Wind erlaubte«, erzählt der Ingenieur. »Auf einem Schiff einen Drachen steigen zu lassen ist keine einfache Sache. Ich erinnere mich daran, wie wir einmal bei ungünstigen Windverhältnissen vergeblich versuchten, den Drachen in die Höhe zu bringen, und schließlich aufgeben mussten. Darauf kam G. M. (so nannten wir ihn unter uns) vorbei und schlug uns mit einem listigen Lächeln vor, sein Glück zu versuchen, und bemerkte, dass gewisse Leute es eben nicht verständen, wie man sich anstellen müsse. Zu unserem großen Erstaunen gelang es ihm mit Leichtigkeit, den Drachen fliegen zu lassen. Wenig später erfuhr ich, dass er sich mit dem Kapitän des Schiffs, mit dem er befreundet war, abgesprochen hatte, den Kurs so zu ändern, dass der Wind den Aufstieg begünstigte.«

Der Empfang der Signale aus Irland und Neuschottland gelang dank der Kastendrachenantenne auf der ganzen Strecke bis zum Äquator, den die *Mafalda* am 17. September überquerte. Marconi erhielt von einem als Neptun verkleideten Bootsmann die Äquatortaufe. Zu Ehren Marconis wurde auf dem Dampfer ein Fest gegeben. Der Erfinder, der gerne Sport trieb, nahm auf dem italienischen Liner an Fechtwettkämpfen teil. Auch während der Weiterfahrt nach Buenos Aires brach der Kontakt mit den sich zunehmend entfernenden Stationen auf der Nordhemisphäre nachts, wenn Radiowellen an der Ionosphäre stärker reflektiert werden als tagsüber, nicht ab. Doch die Arbeit unter der tropischen Sonne ging an G. M. nicht spurlos vorbei: »Marconi seriously ill«, titelt die *New York Times*, und Marconi erklärt Luigi Solari nach seiner Rückkehr: »Lieber Solari, ich bin gerade noch einmal glücklich davongekommen. Bei den Versuchen unter der Tropensonne bekam ich einen Sonnenstich, der mich beinahe in die andere Welt befördert hätte. Ich hatte sehr hohes Fieber, das dem Bordarzt große Sorge machte.«

Im Hafen von Buenos Aires warteten Marconis Landsleute bei der Ankunft der *Principessa Mafalda* vergebens darauf, dass sich der berühmte Landsmann zeigte. Doch Marconi erholte sich bald. In Bernal südöstlich von Buenos Aires stieg Codys Kastendrachen, diesmal auf dem Festland, noch einmal in die Höhe. Auch hier ließen sich die Signale aus Clifden – jedenfalls bei Nacht – in einer Distanz von über

10 000 Kilometern empfangen. Dies entsprach, wie die Presse in aller Welt vermeldete, einem neuen Rekord.

Im Oktober reisten Marconi und seine Begleiter nach Italien zurück, wieder auf der *Principessa Mafalda*.

Die Versuche auf der *Mafalda* brachten Marconi beim Aufbau seines Weltfunknetzes durch die Erweiterung um die Nord-Süd-Dimension einen entscheidenden Schritt weiter. Er nahm die Einrichtung einer nutzbaren Funkverbindung zwischen Italien und der La-Plata-Region in Angriff, wo mehr Italiener und Italienerinnen lebten als in Rom. 1911 wurde in Coltano bei Pisa auf einem Areal, das der König zur Verfügung gestellt hatte, eine leistungsfähige Marconi-Station eröffnet, die in südlicher Richtung nicht nur einen direkten Kontakt mit Libyen, das von Italien erobert werden sollte, sondern auch mit dem weit entfernten Massaua in der italienische Kolonie Eritrea erlaubte.

Als nach dem Untergang der *Titanic* am 15. April 1912 rund siebenhundert Schiffbrüchige, die in Rettungsbooten auf dem Nordatlantik trieben, dank des durch Funknotrufe herbeieilenden Dampfers *Carpathia* geborgen werden konnten, stieg der Wert der Aktien der Marconi-Gesellschaft sprunghaft an.

»Wireless« wurde zum Schlagwort der Zeit. Neben professionellen Anbietern beschäftigte sich eine wachsende Zahl von Amateurfunkern mit der neuen Kommunikationstechnologie. Im Nachgang der Berichterstattung zur *Titanic*-Katastrophe schreibt die *New York Times* am 21. April 1912: »Nur wenige New Yorker sind sich dessen bewusst, dass inmitten des Großstadtlärms dauernd Nachrichten zwischen Menschen, die durch riesige Entfernungen voneinander getrennt sind, durch den Äther rasen und dass über den Hausdächern und sogar durch die Wände der Gebäude die Luft, die man atmet, aus elektrisch geschriebenen Worten besteht.«

Marconi, Sohn einer irischen Mutter und eines italienischen Vaters, der seinen Aufstieg England zu verdanken hatte, lange Zeit unermüdlich zwischen Europa und Amerika unterwegs war und weltumspannende Aktivitäten entfaltete, wurde im faschistischen Italien mehr und mehr zu einer Stütze des italienischen Nationalstolzes. In einem Land, dem in den Augen vieler seiner Bewohner von der Weltgemeinschaft zu wenig Wertschätzung entgegengebracht wurde, verkörperte der Erfinder in idealer Ergänzung zu längst zurückliegenden Leistungen den

Beitrag Italiens an die Moderne, wie dies in Ignazio Silones Roman *Wein und Brot* zum Ausdruck kommt, wo sich ein Lokalpolitiker während der Zeit der faschistischen Diktatur an seine bettelarmen, ungebildeten Landleute wendet, die verächtlich als *cafoni* bezeichnet werden:

»›Ihr Nachkommen Roms, der ewigen Stadt, oh du mein Volk.‹
Der Redner begrüßte die betrunkenen Handwerker und Cafoni wie eine Versammlung von Königen im Exil. Im Weindunst ließ er die Erinnerungen an ruhmreiche Zeiten wieder erstehen.

›Sagt mir: wer hat die Kultur und die Zivilisation in den Süden und nach Afrika gebracht?‹

›Wir‹, riefen einige Stimmen.

›Aber die Früchte sind von anderen geerntet worden‹, rief der Redner. ›Und nun sagt mir: wer hat die Kultur nach ganz Europa gebracht, bis an die nebligen Küsten von England, und wer gründete Dörfer und Städte, wo vorher Menschen im Urzustand mit Hirschen und Wildschweinen auf die Weide gingen?‹

›Wir‹, riefen einige Stimmen.

›Aber die Früchte sind von anderen geerntet worden. Und nun sagt mir noch: wer hat Amerika entdeckt?‹

Diesmal sprangen alle auf und riefen:

›Wir, wir, wir.‹

›Aber die anderen haben den Vorteil davon. Und sagt mir noch: wer hat die Elektrizität entdeckt und die drahtlose Übertragung und die anderen Wunder der modernen Technik?‹«

Pater Giovanni Genocchi, der im Auftrag des Papstes die Situation der Kautschuk-Sklaven im oberen Amazonas-Becken untersuchte.

# DER GESANDTE DES PAPSTES

## *Pater Giovanni Genocchi und die Kautschuk-Sklaven*

Beunruhigende Nachrichten erreichten den Vatikan aus Südamerika: Die Bekehrung der Heiden kam nur schleppend voran. Kardinal Rafael Merry del Val, der als Staatssekretär für die politischen und diplomatischen Aktivitäten des Vatikans verantwortlich war, stellte fest, dass es auf dem südamerikanischen Kontinent zahllose Menschen gab, deren Seelen sich noch immer im »Schatten der Unwissenheit und des Irrglaubens« bewegten. Der Kirche war es trotz aller Bemühungen nicht gelungen, den wahren Glauben und das Licht des Evangeliums insbesondere zu den indigenen Bevölkerungsgruppen zu bringen, die verstreut in den weiten Wäldern Amazoniens lebten.

Zudem informierten Geistliche die Kirchenleitung in Rom über Massaker, denen tausende von Indios zum Opfer gefallen seien, und berichteten von der Versklavung ganzer Dorfgemeinschaften durch Gesellschaften, die im oberen Amazonasbecken Kautschuk gewannen – Praktiken, die wiederum die »Arbeit der Missionare und die Bekehrung der Heiden behinderten«.

Anfang Juli 1911 rief Staatssekretär Merry del Val Pater Giovanni Genocchi zu sich und teilte ihm mit, dass ihn der Papst nach Südamerika zu senden beschlossen habe, wo er den Stand der Missionierung der Indigenen und die Verhältnisse in den von Kautschukfirmen beherrschten Regionen untersuchen sollte.

Am 16. Juli lud Papst Pius X. Genocchi zu einer Audienz und erklärte ihm sein Anliegen persönlich, laut Genocchi »zu Tränen gerührt durch die eingegangenen Berichte über die Massaker der Kautschukhändler an den Indianern« und besorgt über die Unfähigkeit der Missionare, Körper und Seelen der Indios zu retten – den Missionsstationen mangelte es offensichtlich an Personal und an finanzieller Unterstützung.

Drei Tage nach der Audienz beim Papst begab sich Genocchi von Rom nach Genua, wo er am 20. Juli an Bord der *Principessa Mafalda* ging.

Der einundfünfzigjährige, aus Ravenna stammende Pater der Ordensgemeinschaft der Herz-Jesu-Missionare war weltgewandt. In den 1880er und 1890er Jahren hatte er im Nahen Osten gelebt und später als Generalvikar die päpstliche Delegation in Konstantinopel geleitet. Anschließend wirkte er in Neuguinea als Missionar. Padre Genocchi, der als ebenso herzlicher und frommer wie hochgebildeter Mann geschildert wird, verfügte über Kenntnisse der italienischen, lateinischen, griechischen und hebräischen sowie der arabischen, syrischen, aramäischen, türkischen, französischen, englischen, spanischen und portugiesischen Sprache. Auch in Neuguinea wird er sich Grundkenntnisse lokaler Sprachen angeeignet haben. Zurück in Europa wurde er 1897 an eine päpstliche Universität in Rom berufen, die Pontificia Università dell'Apollinare. Bekannt wurde Giovanni Genocchi nicht zuletzt durch seine Arbeit als Mitherausgeber einer italienischen Übersetzung des Neuen Testaments, von der allein in den ersten sechs Monaten nach dem Erscheinen im Jahr 1902 hundertfünfzigtausend Exemplare verkauft wurden.

Genocchi wird die ersten Tage auf dem Dampfer genossen haben. Der Mann mit Vollbart und nach hinten gekämmtem Haar trug, wie damals für katholische Geistliche üblich, eine schwarze Soutane mit einer Reihe kleiner Knöpfe, die vom weißen Kragen bis zu den Füßen reichte. In Brusthöhe war eine Kette an seinem Gewand befestigt, die zur in einer Tasche versteckten Uhr führte, während eine zweite, feinere Kette den Zwicker hielt, den sich der Pater gelegentlich auf die Nase klemmte. Genocchi wird das luxuriöse Schiff erkundet haben, und vielleicht blieb er im hufeisenförmigen, mit Palmen und Blumen bestückten und Rohrstühlen und -tischchen möblierten Wintergarten auf dem obersten Deck stehen, um den durch die Fensterfront und das verglaste Dach beschienenen grünen, mit einem Raster weißer Rauten und achteckiger Sterne geschmückten Gummiboden zu betrachten und sich zu fragen, woher wohl der Kautschuk, den die Mailänder Firma Pirelli für die Böden der *Mafalda* verwendet hatte, ursprünglich stammte und unter welchen Bedingungen der Rohstoff gewonnen worden war.

Während heute mehr als die Hälfte des Kautschukbedarfs durch synthetische Produktion gedeckt wird, musste Kautschuk zu Genocchis Zeiten aus dem Milchsaft des Kautschukbaumes *Hevea brasiliensis* und einiger anderer tropischer Baumarten gewonnen werden. Seit es 1839 dem Amerikaner Charles Goodyear gelungen war, mit dem Verfahren der Vulkanisation die Makromoleküle des Kautschuks durch Schwefelbrücken zu vernetzen und damit Gummi herzustellen, wurde der neue, hochelastische und wasserabweisende Werkstoff bald unverzichtbar für die Fertigung vielfältiger Industriegüter: Gummi wurde zur Ummantelung von auf dem Meeresgrund verlegten Telegrafiekabeln ebenso benötigt wie für Telefonleitungen, fand Verwendung für Treibriemen im Maschinenbau, als Isolationsmaterial bei elektrischen Geräten und zum Bau medizinischer Apparate, für Fahrrad- und seit der Jahrhundertwende auch für Automobilreifen sowie zur Herstellung zahlreicher weiterer Kleidungsstücke und Gebrauchsgegenstände wie Gummistiefel, Schuhsohlen, Regenmäntel, Bademützen, Handschuhe, Kondome, Bettflaschen, Spielzeug, Bälle, Radiergummis und Gummibänder.

Oder eben für Bodenbeläge wie auf der *Principessa Mafalda*, wie aus der Beschriftung einer kolorierten Ansichtskarte hervorgeht: »Giardino d'inverno con pavimento in gomma Pirelli« – Wintergarten mit Pirelli-Bodenbelag.

Nach dem Zwischenhalt in Dakar, wo wie üblich Kohle gebunkert werden musste, brachte ein kräftiger Nordwind die *Mafalda* zum Rollen und Stampfen. Im Gegensatz zu anderen Passagieren wurde Genocchi zwar nicht seekrank, doch der starke Seegang machte es dem Pater unmöglich, die tägliche Messe zu lesen oder Schreibarbeiten zu erledigen. Stattdessen las er spanische Bücher und vertiefte seine Sprachkenntnisse.

Als sich das Schiff Brasilien näherte, beruhigte sich die See, Genocchi griff zur Feder und verfasste einen Brief an einen Kardinal, der ihm als Kontaktperson für seine Südamerikamission zugewiesen worden war: »Ich schätze mich glücklich, dem Wunsch des Papstes Folge leisten zu dürfen wie einem Wunsch von Jesus Christus. Selbst wenn man mit gewissen Ideen und Vorschriften der Kirchenleitung nicht einverstanden ist, muss man als Priester und katholischer Ordensmann der rechtmäßigen Autorität gehorchen und dienen. Möge mir Gott helfen, mich in evangelischen Tugenden zu üben!«

Genocchi stand mit kritischen Theologen im Austausch, die etwa die Bibel aus dem historischen Kontext ihrer Entstehungszeit zu verstehen oder den Katholizismus mit dem aktuellen wissenschaftlichen Erkenntnisstand in Einklang zu bringen suchten. Diese als Modernisten bezeichneten Vertreter eines aufgeklärten Christentums stießen bei der offiziellen Kirchenleitung, die an ihren Dogmen festhielt, auf scharfe Ablehnung, wurden teilweise sogar exkommuniziert und aus der katholischen Gemeinschaft ausgeschlossen. Auch Genocchi geriet unter Modernismus-Verdacht. Das Ordenshaus der Herz-Jesu-Missionare an der Piazza Navona, dem er vorstand, war bekannt als Ort für offene Diskussionen. Genocchi bat die Adressaten aus dem Kreis kritischer Religionswissenschaftler, seine Briefe nach der Lektüre zu vernichten.

Zwischen ihm und Papst Pius X., dem gegenüber Genocchi loyal war, bestand ein Vertrauensverhältnis. Die Dienste des integren und intelligenten Paters waren nicht nur im Rahmen seiner Südamerikamission gefragt. Im Jahr zuvor sprang Genocchi ein, als anlässlich des Rom-Aufenthalts des amerikanischen Ex-Präsidenten Theodore Roosevelt dessen Audienz beim Papst geplatzt war. Ursprünglich war vorgesehen, dass Roosevelt den Papst treffen sollte, allerdings unter der Bedingung, dass der ehemalige US-Präsident in der Heiligen Stadt auf Verabredungen mit Vertretern anderer Religionsgemeinschaften verzichtete. Roosevelt, der sich schon immer gegenüber allen Glaubensrichtungen offen gezeigt hatte, traf sich jedoch mit dem Vorsteher der römischen Methodisten, was der Heilige Stuhl als Affront empfand. »Letztlich«, ließ Staatssekretär Merry del Val als Kommentar zu Roosevelts Verhalten verlauten, »handelt es sich schlicht und einfach um eine Frage der Höflichkeit.«

Am Tag darauf erhielt Roosevelt Besuch von Genocchi. Als der »eindrückliche Missionar« laut dem Bericht der *Stampa* in Roosevelts Unterkunft »mit langem, grauen, wallenden Bart« nach einem halbstündigen Gespräch mit dem Amerikaner die Treppe hinunterkam, wurde er von Journalisten umringt, die auf neue Entwicklungen im gestörten Verhältnis zwischen dem Vatikan und den USA gespannt waren. Es gelang den Reportern nicht, Genocchi Details zum Gespräch zu entlocken. »Aus dem zurückhaltenden Lächeln des Missionars konnte jedoch ohne weiteres geschlossen werden, dass sich das Gespräch um den aktuellen Zwischenfall mit dem Vatikan gedreht hatte.«

Nach fünfzehntägiger Reise ging Genocchi am 5. August 1911 im winterlichen Buenos Aires von Bord der *Principessa Mafalda*. An eine unverzügliche Weiterreise nach Chile und Peru war wegen des vielen Schnees, der die Transandenbahn zwischen Argentinien und Chile blockierte, vorläufig nicht zu denken. Genocchi nutzte die Wochen in

Buenos Aires, um seine Recherchen zur Situation der indigenen Bevölkerung des Kontinents und zum Stand ihrer Bekehrung zum Christentum aufzunehmen. Er durchforstete Zeitschriften, sammelte Artikel, las Bücher, sprach mit Gewährsleuten und machte sich Notizen. Schnell erfuhr er, dass die allermeisten Argentinier »nichts von den Indianern hören wollten; die Menschen dieser Nation wünschen sich nur eines, nämlich dass die Indianer vollständig und schnell verschwinden«. In der Tat war die indigene Bevölkerung bis auf Restbestände ganz im Norden des Landes sowie in Patagonien bereits seit langem verschwunden – ausgerottet durch Zwangsarbeit, Verschleppung und aus Europa eingebrachte Krankheiten.

Genocchi freute sich, wie er drei Tage nach seiner Ankunft an Kardinal Merry del Val schrieb, dass er in der argentinischen Hauptstadt bei der Ordensgemeinschaft der Salesianer untergebracht wurde, »weil sich darunter Missionare befanden, die bei den Eingeborenen in Patagonien gelebt hatten«. Die Salesianermission in Patagonien und Feuerland wurde nach Genocchis Einschätzung von allen Stationen des Landes am besten geführt, obwohl auch sie personell unterbesetzt war und zu wenig finanzielle Unterstützung erhielt.

Das weite Land der trockenen, steppenartigen Hochebenen Patagoniens erstreckt sich südlich der Pampa und damit der Großregion um Buenos Aires bis zur teilweise bewaldeten Feuerlandinsel. Es wurde erst in den letzten Jahrzehnten des neunzehnten Jahrhunderts kolonialisiert und ins Staatsgebiet Argentiniens eingegliedert. Ganz im Süden des Kontinents gelangte der Großteil des feuerländischen Archipels und die Westhälfte der Isla Grande de Tierra del Fuego allerdings unter chilenische Kontrolle.

Einer der in den 1870er und 1880er Jahren zur Eroberung Patagoniens geführten Feldzüge wurde als Wüstenkampagne bezeichnet, da die betroffenen Regionen als Niemandsland betrachtet wurden. Doch Patagonien war keineswegs menschenleer. Besonders im nördlichen Teil hatte sich die Lebensweise der Patagonier seit der Ankunft der Spanier stark verändert. Die ursprüngliche Bevölkerung hatte sich teilweise mit den Nachfahren europäischer Siedler vermischt, frühere Handelsbeziehungen waren durch die neue Herrschaft unmöglich geworden. Wie in Nordamerika, wo die Eroberung des »Wilden Westens« im gleichen Zeitraum stattfand wie die Kolonialisierung des südlichen Südamerika, hatte das zuvor auf dem Kontinent unbekannte Pferd als Reittier große Bedeutung erlangt, insbesondere bei der Jagd auf die riesigen Herden verwilderter Rinder oder aber bei Überfällen auf Siedlungen im Grenzgebiet. Im Feuerland des neunzehnten Jahrhunderts behielten jedoch Indigene verschiedener Ethnien noch immer ihre traditionelle Lebensweise bei. Die Kawesqar und die Yaghan lebten als Seenomaden in der feuerländischen Inselwelt. Sie befuhren die Wasserwege in Kanus aus ausgehöhlten Südbuchenstämmen und bauten sich Hütten aus Ästen, die sie mit Laub und Fellen bedeckten. Die Männer widmeten sich der Jagd und dem Fischfang, die Frauen tauchten im eisigen Wasser nach Krebsen und Muscheln.

Auf der Großen Feuerlandinsel dagegen lebten Landnomaden: Die Haush im südöstlichen Zipfel der Insel hatten sich auf die Seelöwenjagd spezialisiert, während sich die weit größere Gruppe der Selk'nam, die auch Ona genannt werden, von Guanakos, Tukotukos – unterirdisch lebenden Verwandten der Meerschweinchen –, Vögeln, Eiern und Wildobst ernährten. Jede der Großfamilien der Selk'nam bewegte sich in einem genau umrissenen Landstück, dessen Grenzen von anderen Familien respektiert wurden.

Die Feuerlandindianer bedeckten ihren Körper höchstens mit einer Felldecke – meist einem Guanakofell –, ein Umstand, der den Missionaren angesichts des kalten Klimas unverständlich war. Einer der Ordensleute hatte, berichtet der Salesianerpater Alberto Maria De Agostini 1924 in seinem Buch *Zehn Jahre im Feuerland*, »an einem harten Wintertage einen Ona gefragt, wie es möglich sei, daß er bei so dürftiger Kleidung anscheinend nicht friere. Statt vieler Worte wies der Indianer nach dem Gesicht des Missionars und sagte: ›Warum frieren Sie denn da nicht?‹ ›Ja, das ist doch das Gesicht‹, verwunderte sich der Missionar. ›Ganz recht‹, erwiderte nun der Ona befriedigt, ›bei uns ist eben der ganze Körper Gesicht!‹«

De Agostini hatte auf seinen Expeditionen in abgelegenen Gegenden noch indigene Familien kennengelernt, die ihre traditionelle Lebensweise bewahren konnten. Er beschreibt sie mit Respekt und Sympathie. Vielerorts war die ursprüngliche Bevölkerung damals bereits Siedlern gewichen, die vorwiegend aus Europa stammten und riesige Flächen zur Schafzucht in Besitz nahmen oder Gold suchten. José María Menéndez, der 1874 nach Punta Arenas gekommen war und schnell zu

Die Onas, die sich Selk´nam nannten, lebten als Landnomaden auf der Insel Feuerland. Sie fielen systematischer Ausrottung und importierten Infektionskrankheiten zum Opfer und gelten seit Jahrzehnten als restlos ausgestorben.

einem der mächtigsten Großgrundbesitzer und Wollbarone aufstieg, brachte die Ausrottungspolitik im Süden des Kontinents auf den Punkt: »Para enriquecerse hay que despoblar« – um reich zu werden, muss man entvölkern. Damit liefert er die meist verschwiegene Kehrseite der zur Förderung der Immigration aus Europa erhobenen offiziellen Devise »Gobernar es poblar« – Regieren heißt bevölkern: Bevor bevölkert werden konnte, musste entvölkert werden.

»Forscher, Viehzüchter und Militärs«, schreibt De Agostini, »trugen keine Bedenken, die armen Indianer niederzuknallen, wo sie sie trafen, als wenn es sich um Bestien gehandelt hätte, um irgendein Wild. Erbarmungslos entriß man Männern und Vätern die Frauen und Töchter, setzte sie jeder Schmach aus und schleppte sie vom heimischen Herd im Namen der Wissenschaft nach fernen Ländern, wo man sie als die niedrigsten Vertreter des Menschengeschlechts öffentlich zeigte.

Um diese Barbareien zu rechtfertigen, erdichteten die Vertreter der Zivilisation allerhand Schauermärchen oder übertrieben einzelne Vorfälle ins Maßlose.«

Auch Giovanni Genocchi kam zu Ohren, dass vor kurzem noch »ein Pfund für den Kopf eines männlichen Indianers gezahlt worden war und fünf Schilling für den Kopf einer Frau«. Und ein Kapitän, der auf dem Kurs zwischen Peru und Liverpool unterwegs war, berichtete ihm, dass er im Gegensatz zu früher auf der Magellanstraße in den letzten Jahren nie mehr auf Kanus der Wassernomaden gestoßen war.

1889 stellte die chilenische Regierung dem Salesianerorden die Insel Dawson, die westlich der feuerländischen Hauptinsel an der Magellanstraße liegt, für die Dauer von zwanzig Jahren zur Verfügung, um eine Missionsstation aufzubauen. Vier Jahre später errichteten die Salesianer eine zweite Station an der Ostküste der Großen Feuerlandinsel. Die Station auf Dawson umfasste eine Kirche, Häuser, Schulen und Werkstätten. Die Indianer sollten, so De Agostini, »nicht nur beschützt, sondern auch zu regelrechter Arbeit erzogen werden«. Die Männer verrichteten Feldarbeiten und betätigten sich als Hirten, die Frauen lernten Spinnen und Weben und die Kinder Schreiben und Rechnen. Alle wurden in europäische Kleider gesteckt, womit sie laut De Agostini »reinsten Karnevalsfiguren« glichen. Viele der auf Dawson Internierten starben an Infektionen, die von Keimen ausgingen, die sich in den in Italien gesammelten Altkleidern befanden, die sie nun zu tragen hatten.

Den Salesianern war es dank ihrer Mission zwar gelungen, eine Anzahl Feuerländer aus der Schusslinie der Weißen zu nehmen, doch retten konnten sie sie nicht. Herausgerissen aus ihrem natürlichen Lebensraum und ihrem kulturellen Kontext gingen ihre Seelen, wenn auch getauft, zu Grunde. Selbst De Agostini, der die Mission nicht grundsätzlich in Frage stellte, bemerkt, dass nicht nur Abschuss, Versklavung, Landraub und eingeschleppte Krankheiten für den Untergang der Indigenen sorgten: »Neben diesen Hauptursachen, die die Vernichtung der Feuerländer herbeiführten, ist die schädliche Wirkung nicht zu leugnen, die der allzu rasche Wechsel in der Ernährung, Kleidung und Wohnung, überhaupt der gesamte Kultureinfluß auf die mit den Zivilisierten in Berührung stehenden Eingeborenen machte.«

Die »zivilisierten« Indigenen, die ihre traditionelle Lebensweise aufgegeben hatten, glichen nach Aussage des Salesianerpaters Alberto Maria De Agostini »reinsten Karnevalsfiguren«.

So erweist sich die von Genocchi als vergleichsweise erfolgreich beurteilte feuerländische Missonstätigkeit der Salesianer im Nachhinein als wenig geglückt. Als Dawson schließlich 1912 an die chilenische Regierung zurückgegeben werden musste, waren die meisten der dort internierten Indianer gestorben. Die übrigen wurden in die zweite Station der Salesianer übersiedelt, die sich am Río Grande im argentinischen Teil der Isla Grande de Tierra del Fuego befand.

Nach wenigen Jahrzehnten war der Genozid an der Urbevölkerung im tiefen Süden des Kontinents praktisch abgeschlossen. Heute spricht niemand mehr die Sprachen der Haush und der Selk'nam. Einige der allerletzten Menschen, die Yaghan und Kawesqar sprechen, lässt Patricio Guzmán 2015 in seinem wunderschönen und tieftraurigen Film *El botón de nácar* zu Wort kommen, der den »Verschwundenen« gewidmet ist – den Feuerländern ebenso wie den Opfern der chilenischen Militärdiktatur, die 1973 auf der Isla Dawson ein Konzentrationslager für politische Häftlinge einrichtete.

In der Missionsstation auf der Insel Dawson sollten Indios vor Verfolgung geschützt und »zu regelrechter Arbeit erzogen« werden. Die meisten der hier untergebrachten Feuerländerinnen und Feuerländer überlebten die Internierung nicht. 1973, in der Zeit der chilenischen Militärdiktatur, wurde auf der Isla Dawson ein Konzentrationslager für politische Häftlinge eingerichtet.

Neunzehn Tage nach seiner Ankunft in Buenos Aires konnte Padre Genocchi seine Weiterreise antreten, die ihn über den Gebirgszug der Anden nach Chile und Peru führen sollte. Am 24. August bestieg er den Zug nach Mendoza, das am Fuß der Anden liegt. Auf der Fahrt nach Mendoza durchquerte der Zug nahezu das gesamte Land von Ost nach West. Dabei, schreibt Genocchi später in einem für eine Zeitschrift der Herz-Jesu-Missionare verfassten Reisebericht, »sieht man nur die völlig ebene Pampa, gleichförmig wie die ruhige See, mit zahllosen Rindern, Schafen und Pferden, die friedlich damit beschäftigt sind, auf dem unendlichen Grasland zu weiden«. Da und dort bemerkte er einige Baracken und Lehmhütten mit Blechdächern, Herden von Nandus und Schwärme von Sperlingen, die so zahlreich waren, dass die Amerikaner die Europäer verfluchten, die diese Vögel über den Atlantik gebracht und ausgesetzt hatten. Beim Anblick der Pampa musste Genocchi an die Menschen denken, die diese weite, fruchtbare Ebene früher als Jäger durchstreift hatten, bevor sich die »erbarmungslosen Europäer« deren Land mit Waffengewalt aneigneten.

Die Fahrt nach Mendoza dauerte einen Tag und eine Nacht. Obwohl ihm im Schlafwagen ein bequemes Bett zur Verfügung stand, konnte Giovanni Genocchi aus ihm unerklärlichen Gründen die ganze Nacht kein Auge zutun. Viele Wochen später erfuhr er, dass seine Mutter während dieser Nacht, in der er schlaflos und in Gebete vertieft die westliche Pampa durchquert hatte, gestorben war.

Am Morgen nach der unruhigen Nacht traf Genocchi um sieben Uhr in Mendoza ein, wo er drei Tage blieb. In Mendoza, stellte er fest, lebten hauptsächlich Italiener, die sich stolz als Argentinier bezeichneten und nur noch Spanisch sprachen.

Am 28. August setzte der Gesandte des Papstes seine Reise fort und stieg frühmorgens in einen Zug, der ihn noch am selben Tag in die chilenische Hauptstadt brachte. Die Transandenbahn war erst im Vorjahr anlässlich der Hundertjahrfeier der Unabhängigkeit Argentiniens eröffnet worden und verkürzte die Reise von Buenos Aires nach Santiago, die zuvor auf dem Wasserweg um die Südspitze des Kontinents erfolgen musste, um rund zehn Tage. Aus dem Fenster auf der rechten Seite des Zugs, der sich von Mendoza in die Höhe schlängelte, konnte Genocchi gelegentlich den schneebedeckten, fast 7000 Meter hohen Aconcagua erblicken, den höchsten Berg Amerikas. An den Haltestellen, wo Wasser für die Dampflokomotive nachgefüllt werden musste, hatten die Passagiere die Gelegenheit, sich in der verschneiten Landschaft bei klarem Himmel und sengender Sonne die Füße zu vertreten. Nachmittags um drei Uhr passierte der Zug auf 3200 Metern Höhe in einem Tunnel die argentinisch-chilenische Grenze. »Ziemlich lange«, schreibt Genocchi, »fuhr der Zug zwischen zwei Schneewänden, gerade hoch genug, um die Fenster zu verdecken, und erstaunlich symmetrisch geschnitten.« Doch bald näherte sich der Dampfzug der pazifischen Küste, die Sonne ging im Meer unter und am Sternenhimmel »zeigte sich das helle Kreuz des Südens, das Geschichten in Erinnerung ruft und die Seele mit Liebe und Hoffnung erfüllt«.

Von Chile setzte Genocchi seine Reise auf dem Seeweg nach Lima fort, wo er fast einen Monat blieb und Informationen zu den grauenhaften Vorkommnissen in der vom Kautschukhandel dominierten

Transandenbahn: »Ziemlich lange«, berichtet Genocchi, »fuhr der Zug zwischen zwei Schneewänden, gerade hoch genug, um die Fenster zu verdecken, und erstaunlich symmetrisch geschnitten.«

Putumayo-Region im Nordosten Perus zu sammeln begann. Zuverlässige und engagierte Informanten fand er unter den Vertretern der katholischen Kirche, insbesondere unter den Missionaren, die in entlegenen Gebieten gearbeitet hatten, ebenso im Kreis von Vereinigungen wie der Sociedad Pro-Indigena, die man heute als NGOs bezeichnen würde. Die Organe des peruanischen Staats und die halboffiziellen Medien zeigten kein Interesse, die Missstände in Putumayo aufzudecken und gegen die Verbrechen an den Indigenen vorzugehen.

Die ursprüngliche Lebensweise der Indigenen wurde als barbarisch und minderwertig eingestuft. Es herrschte die Meinung vor, dass sie deshalb wenn nötig mit Gewalt in die Zivilisation, die als allein seligmachend galt, eingegliedert werden mussten. Indios, die sich irgendwie in als zivilisiert betrachtete Gesellschaftsformen integrieren ließen, wurden im Gegensatz zu den *irracionales*, den »Wilden«, als *racionales*, als »Vernünftige« oder »Verständige«, bezeichnet. Zudem orientierte sich die peruanische Obrigkeit ohnehin einseitig an den Interessen wirtschaftlich und gesellschaftlich erfolgreicher Schichten. Aus ihnen rekrutierten sich die Inhaber staatlicher Funktionen. Und schließlich gelang es den Kautschukfirmen, in der zwischen Peru und Kolumbien umstrittenen Grenzregion als Garanten peruanischer Interessen aufzutreten.

Der Kautschukboom hatte im späten neunzehnten Jahrhundert große Teile des Amazonasbeckens erfasst. Kautschuk wurde nach Kaffee zum zweitwichtigsten Exportrohstoff Brasiliens. Er wurde auf dem Amazonas nach Belém verschifft, einer Hafenstadt in der Nähe der Mündung des Stromes, von wo er nach Nordamerika und Europa verfrachtet wurde. Die Zentren des Handels, Belém und das 1700 Kilometer flussaufwärts gelegene Manaus, entwickelten sich zu Großstädten. Das Leben der *seringueiros*, der Kautschukzapfer, die den Milchsaft auf ihren täglichen Touren von den im Dschungel verstreuten Gummibäumen einsammelten, war hart. »Es fehlte aber auch wirklich nichts, um die Leiden unerträglich zu machen: Stechmücken, Schlangen, Alkohol, Grausamkeiten, Unfälle und Typhus«, schreibt Sebasitião Bastos, der als Sohn eines brasilianischen Zapfers und einer Indigenen um 1900 geboren wurde. Unzählige Kautschuksammler gingen zugrunde, einige wenige jedoch schafften es nicht nur zu überleben, sondern sogar zu einem gewissen Reichtum zu kommen wie Sebasitiãos Vater. Er konnte seinen Sohn vor dem Ersten Weltkrieg in ein Internat im schweizerischen Freiburg schicken. In der Hoffnung, zu denjenigen zu zählen, deren Weg nicht in den Tod, sondern zu Wohlstand und Reichtum führte, ließen sich im Einzugsgebiet der Boomstädte immer wieder neue Seringueiros anheuern.

In den abgelegenen Randregionen am Oberlauf des Amazonas und des Orinoko gelang es den dort aktiven Kautschukhändlern dagegen nicht, Zapfer zu verpflichten. Daher gingen sie dazu über, Indigene zu versklaven. Von Weißen, Mestizen und aus dem britischen Barbados angeworbenen Schwarzen geführte Trupps überfielen Dörfer, erschossen wahllos, wer ihnen in die Quere kam, und veranstalteten Treibjagden auf arbeitsfähige Indigene. In diesen Trupps wurden meist früher eingefangene Indigene eingesetzt, oft Kinder und Jugendliche, die umgebracht wurden, wenn sie nicht bedingungslos parierten, und *racionales* oder *muchachos* genannt wurden.

Während seines Aufenthalts in Lima hatte sich Giovanni Genocchi schon bald ein Bild von den Mechanismen der Kautschukproduktion im peruanischen Putumayo gemacht. Es entspricht dem Bild, das Mario Vargas Llosa in seinem 2010 im Original erschienenen Roman *Der Traum des Kelten* zeichnet:

> »Es wurden keine Löhne bezahlt und auch sonst sahen die Eingeborenen keinen Heller. Im Magazin der Station bekamen sie ihre Arbeitsgerätschaften ausgehändigt – ein Messer zum Anritzen der Bäume, Dosen zum Aufnehmen des Latex, Körbe zur Aufbewahrung des zu Röllchen oder Bällen geformten Kautschuks –, dazu

Kleidung, Lampen, Samenkörner und Lebensmittel. Die Preise wurden von der Gesellschaft festgelegt, sodass die Indios immer in der Schuld standen und für den Rest ihres Lebens arbeiten mussten, um diese Schuld zu begleichen. Da die Vorsteher keine Gehälter, sondern Provisionen für den Kautschuk bekamen, der in ihrer Station eingebracht wurde, waren sie unerbittlich in ihren Forderungen. Während der zwei Wochen, die die Sammler sich in den Busch begaben, blieben ihre Frauen und Kinder als Geiseln zurück. Die Vorsteher und Verständigen sprangen nach Belieben mit ihnen um, nahmen sie als Bedienstete oder um ihre sexuellen Gelüste zu stillen. Jeder von ihnen hatte einen wahren Harem, dessen Mädchen – etliche vorpubertäre darunter – sie nach Lust und Laune auswechselten, wobei es mitunter allerdings zu Eifersuchtsszenen und Abrechnungen mit Pistole oder Messer kommen konnte. Wenn die Sammler in die Stationen zurückkehrten, lieferten sie den Kautschuk ab, der dann auf den falsch geeichten Waagen gewogen wurde. Innerhalb von drei Monaten mussten sie dreißig Kilogramm zusammenbringen, und wenn sie dies nicht schafften, wurden sie Bestrafungen unterzogen, die von Auspeitschen und Fußblock bis zu Abschneiden von Ohren oder Nase oder manchmal sogar bis zur Folter und Ermordung der jeweiligen Frauen und Kinder reichten. Die Leichen wurden nicht vergraben, sondern in den Wald geworfen und den wilden Tieren überlassen. Alle drei Monate kamen die Boote und Dampfschiffe der Gesellschaft, um den Kautschuk abzuholen, der in der Zwischenzeit geräuchert, gewaschen und mit Talk bestreut worden war. Die Schiffe brachten ihre Ladungen von Putumayo nach Iquitos oder auch direkt nach Manaus, von wo aus sie nach Europa und in die Vereinigten Staaten exportiert wurden.«

Beim Kelten, den Llosa in seinem Roman träumen lässt, handelt es sich um Roger Casement. Casement stammte aus Irland und wurde 1910 von der britischen Regierung an den Río Putumayo gesandt, um die Verbrechen an der indigenen Bevölkerung im Konzessionsgebiet der von Julio César Arana geführten Kautschukfirma zu untersuchen, die durch den in London veröffentlichten Bericht des amerikanischen Ingenieurs Walter Hardenberg publik geworden waren. Casement bestätigte Hardenbergs Beobachtungen, die unter dem Titel *The Putumayo: The Devil's Paradise* veröffentlicht worden waren, zur Gänze.

Einige Jahre zuvor hatte Casement – ebenfalls im Auftrag der britischen Regierung – die Lebens- und Arbeitsverhältnisse der einheimischen Bevölkerung im Freistaat Kongo untersucht, der sich damals im Privatbesitz des belgischen Königs Leopold II. befand und zeitweise mehr als ein Zehntel des weltweit erzeugten Kautschuks lieferte. Der unglaublich brutalen Vorgehensweise der Kautschukfirmen und des Militärs in König Leopolds Kolonie, die als Kongogräuel in die Geschichte eingingen, fielen schätzungsweise acht bis zehn Millionen Kongolesen zum Opfer, rund die Hälfte der damaligen Bevölkerung. Leopold II., an den noch im heutigen Belgien Denkmäler erinnern, deren Inschriften seine zivilisatorischen Leistungen im Kongo hervorheben, bemühte sich mit einem gewissen Erfolg, sämtliche Vorwürfe von sich zu weisen. Auch zu einem Zeitpunkt, als die Kongogräuel längst bekannt waren, zögerte Guglielmo Marconi nicht, mit dem Despoten, den er als »sehr freundlichen, älteren Gentleman« beschreibt, über die Einführung der drahtlosen Telegrafie im Kongo zu verhandeln. 1908 musste sich Leopold II. allerdings dem zunehmenden internationalen und nationalen Druck fügen und trat den Kongo an den belgischen Staat ab.

Iquitos, das regionale Zentrum des Kautschukhandels und die Residenz des für die Putumayo-Gräuel verantwortlichen Firmenchefs Arana, liegt über tausend Kilometer von Lima entfernt. Da von der Hauptstadt keine direkte Verbindung in den peruanischen Nordosten führte, musste Genocchi den Umweg um den halben Kontinent in Kauf nehmen, um in die am Oberlauf des Amazonas gelegene Stadt zu gelangen.

Von Lima aus reiste der Pater per Schiff entlang der Pazifikküste nordwärts nach Panama, wo ihn ein Zug an den Atlantik brachte. Der Kanal war zwar längst in Bau, aber noch nicht fertiggestellt. 1902 hatten die Vereinigten Staaten das Bauprojekt in der damals noch kolumbianischen Provinz Panama übernommen. Da Kolumbien sich weigerte, die Zone um den Kanal, der nicht zuletzt den Schiffsverkehr zwischen dem Osten und dem Westen Nordamerikas abkürzen sollte, der Kontrolle der USA zu unterstellen, setzte Präsident Theodore Roosevelt mit einer Militärintervention die Gründung eines von Kolumbien unabhängigen panamaischen Staates durch, der die Kanalzone wunschgemäß den Vereinigten Staaten überließ.

An Bord des Dampfers, den Genocchi an der panamaischen Atlantikküste zur Weiterfahrt nach Kolumbien bestieg, befand sich eine Kolumbianerin, die in Panama für einen Dollar und zwanzig Cents einen zwölfjährigen Sklaven gekauft hatte. Der Knabe getraute sich nicht, mit dem Geistlichen zu sprechen. Via Barbados erreichte Genocchi einen guten Monat nach seiner Abreise aus Lima schließlich Belém auf der andern Seite Südamerikas. Dort wurde er vom Erzbischof empfangen. Mit Hilfe des englischen Konsuls versuchte Genocchi sich eine Passage auf einem Schiff zu verschaffen, das zwei Wochen später den Amazonas hinauf bis nach Iquitos fuhr, dem letzten auch Ozeandampfern zugänglichen Hafen am Strom. Da sämtliche Kabinen und Kojen ausgebucht waren, erklärte sich Padre Genocchi einverstanden, die Fahrt zur gut dreitausend Kilometer entfernten peruanischen Amazonasstadt auf dem Deck der Passagiere dritter Klasse zu unternehmen.

In einem Brief an seinen aus einer jüdischen Familie stammenden Freund Giorgio Levi Della Vida, einem damals fünfundzwanzigjährigen Universitätsdozenten für Linguistik und Orientalistik, schildert er seine vierwöchige Fahrt zum bloß 106 Meter über dem Meeresspiegel gelegenen Iquitos:

> »Giorgio, mir war es nie langweilig. Auf der langen Reise den Amazonas hinauf hatte ich weder ein Bett noch sonst einen Winkel, wo ich mich zurückziehen konnte. Manchmal konnte ich mir am Morgen nicht einmal das Gesicht waschen, nachdem ich die Nacht voll bekleidet zwischen allen möglichen Leuten verbracht hatte. Doch das störte mich nicht, ich machte mir wenig aus den körperlichen Bedürfnissen und vertiefte mich in meine Bücher. Stell Dir vor, ich las wieder einmal Dantes ganze *Divina Commedia*, einige Gesänge sogar mehrfach. Ich begann auch, mich mit Spaniern und Engländern zu unterhalten, und so verbrachte ich meine Tage mit aufschlussreichen Gesprächen und meiner Lektüre.«

In Iquitos, wo der Dampfer am 23. Dezember anlegte, grassierte das Gelbfieber. Die Einheimischen nannten es patriotisches Fieber, da es immer wieder unliebsame Fremde dahinraffte. Mehrere von Genocchis Reisegefährten erkrankten und starben wenige Tage nach der Ankunft. Genocchi blieb gesund. Er wurde bei Augustinerpatern untergebracht, die ihm von den Massakern an der indigenen Bevölkerung in verschiedenen Regionen im Umfeld von Iquitos aus erster Hand berichten konnten. Genocchi erlebte die Amazonasstadt mit ihren rund 15 000 Einwohnern als für peruanische Verhältnisse reiche Stadt. Arana, der zeitweise auch das Amt des Bürgermeisters ausübte, und andere Kautschukbarone lebten in großzügigen Villen, das luxuriöse Hotel Palace stand kurz vor der Vollendung, im Zentrum lockten teure Geschäfte und verkehrten elektrische Tramwagen aus Holz. Insgesamt aber blieb die Infrastruktur der Stadt besonders in den Außenquartieren wenig entwickelt. Die weitgehend unbefestigten Straßen verwandelten sich bei Regen in schlammige Gewässer, sogar eine größere Kirche fehlte. Allerdings schienen die Leute, die in der Kautschukstadt das Sagen hatten, ohnehin wenig Interesse am Kirchenbesuch zu zeigen. Genocchi stellte fest, dass es in einigermaßen wohlhabenden Familien gang und gäbe war, versklavte Indios als Hausangestellte zu halten, besonders natürlich Frauen, die auch sexuell ausgebeutet werden konnten.

Die etwa zehn Tagesreisen nördlich von Iquitos gelegene Putumayo-Region, Aranas Konzessionsgebiet zwischen zwei Zuflüssen des Río Putumayo, der sich in den Amazonas ergoss, besuchte Genocchi nicht – im Gegensatz zu Roger Casement, der sich mehrmals dorthin gewagt hatte.

Vielleicht hatte Genocchi Angst, umgebracht zu werden. Wahrscheinlich hatte er den Eindruck, genug erfahren zu haben aus den Berichten zahlreicher Gewährsleute, ihm zur Verfügung gestellten Auszügen aus Casements noch unveröffentlichtem Report und den Artikeln oppositioneller Zeitschriften, die eingestellt wurden, nachdem der Verleger aus Iquitos herausgeprügelt und seine Druckerei zerstört worden war. Er wusste, dass die Indigenen gebrandmarkt und systematisch bis auf die Knochen ausgepeitscht, nach Belieben verstümmelt und vergewaltigt wurden, dass sie in den Fußblock gesteckt wurden, bis sie verendeten, aus nichtigem Grund oder aus purem Vergnügen mit der Machete zerstückelt, erschossen, zu Tode geprügelt, erhängt, ertränkt oder bei lebendigem Leib verbrannt wurden. Die Opfer gingen in die Zehntausende.

Am 11. Februar 1912 verließ Genocchi Iquitos an Bord der achtzig Meter langen, in Liverpool registrierten *Huayna*. Nach einem Zwischenhalt in Manaus fuhr Genocchi – entgegen seiner ursprünglichen

Absicht, noch einmal nach Lima zurückzukehren – direkt über den Atlantik und erreichte Ende März Vigo. Ein heftiger Sturm verhinderte, dass das Schiff am Kai der nordwestspanischen Hafenstadt anlegen konnte. Die Passagiere wurden aufgefordert, sich an einem Seil an Land zu schwingen. Beim Aufprall auf dem Kai brach sich Pater Genocchi mehrere Zehen. Via Barcelona reiste er mit gebrochenen Zehen nach Rom, wo er am 4. April eintraf, achteinhalb Monate nachdem er an Bord der *Principessa Mafalda* gegangen war. Drei Wochen später traf er Papst Pius X.

Für Genocchi war die Geschichte mit dem Bericht an den Heiligen Vater nicht abgeschlossen. Gemeinsam mit der britischen Regierung bemühte er sich im Auftrag des Vatikans, in La Chorrera im Kerngebiet des Putumayo eine Missionsstation einzurichten, die nicht zuletzt eine Monitorfunktion zur Überwachung der regionalen Kautschukproduktion übernehmen sollte. Dabei arbeitete Genocchi eng mit Casement, den er in London traf, und andern Vertretern Großbritanniens zusammen. Der Protestant Casement und Pater Genocchi waren sich einig, dass es sich um katholische Missionare handeln musste, weil sich Peru als katholisches Land verstand.

England engagierte sich aus verschiedenen Gründen in der Putumayo-Angelegenheit: Aranas Firma, die Anglo-Peruvian Amazon Rubber Company, hatte ihren Sitz seit 1907 in London, war an der Londoner Börse notiert und arbeitete mit britischem Kapital. Die englischen Medien zählten zu den ersten, die sich mit den Putumayo-Gräueln beschäftigten, und lösten in der englischen und bald auch in der US-amerikanischen Öffentlichkeit anhaltende Empörung aus. Zudem kam England in einer Phase, als die Erzeugnisse günstig produzierender Kautschukplantagen im britischen Südostasien auf den Weltmarkt zu drängen begannen, eine Diskreditierung des Wildkautschuks aus dem Amazonasgebiet durchaus gelegen.

Gegen die von England und der katholischen Kirche portierte Idee einer Missionsstation in Putumayo erwuchs von mehreren Seiten Widerstand, an dessen Beseitigung sich Genocchi tatkräftig beteiligte. Peru verbat sich vorerst jegliche Einmischung in innere Angelegenheiten und konnte sich nicht mit der Vorstellung anfreunden, dass englische statt spanischer Missionare gesandt werden sollten. Umgekehrt weigerten sich nichtkatholische Kreise in Großbritannien zunächst, eine katholische Mission zu unterstützen, und überdies erwies sich die Finanzierung des Projekts schwieriger als erwartet.

Im Juni 1912 wandte sich der Papst mit der Enzyklika *Lacrimabili statu* – einem im engeren Sinne an die Bischöfe und die ganze Kirche gerichteten Rundschreiben – an die Öffentlichkeit, die die Massaker an den Indigenen in aller Deutlichkeit anprangerte: »Gibt es wirklich etwas Grausameres und Barbarischeres als die Menschen mit Ruten und glühenden Klingen zu schlagen, und zwar aus den geringfügigsten Anlässen und vielfach nur aus Sadismus, oder sie unerwartet zu überfallen und zu hunderten und tausenden zu töten, oder ihre Siedlungen und Dörfer zu verwüsten, um ihre Bewohner auszurotten, sodass, wie Wir hörten, in diesen letzten Jahren einige Stämme fast gänzlich vernichtet wurden?«

Besonders im Fall Perus allerdings erwiesen sich die päpstlichen Worte, mit denen die Enzyklika die verantwortlichen Regierungen bedachte, als wirkungslos und realitätsfern, wurde doch in Peru kein einziger der namentlich bekannten Mörder zur Rechenschaft gezogen: »Inzwischen ist es Uns ein tiefempfundener Trost zu sehen«, schreibt Pius X., »wie sehr sich die Regierungen jener Staaten bemühen, diese schreiende Schande in ihren Ländern zu tilgen, und Wir können sie wirklich nicht genug deswegen loben und ermutigen.«

Wenig später wurde Roger Casements Bericht zu den Massakern in Putumayo veröffentlicht. Obwohl Casements Rapport schon lange vorlag, hatte das britische Außenministerium mit der Publikation zugewartet, um der peruanischen Regierung, der der Bericht vorab zugestellt worden war, die Möglichkeit zu geben, von sich aus Schritte zur Behebung der Missstände einzuleiten.

Unter dem Druck der Weltöffentlichkeit erklärten sich schließlich alle Beteiligten mit der Errichtung einer Missionsstation in La Chorrera durch irische Franziskaner einverstanden. Genocchi konnte durchsetzen, dass neben vier Franziskanerpatern auch ein Bruder mitgeschickt wurde, der Zimmermann war und etwas von tropischer Landwirtschaft verstand.

Am 27. November 1912 gingen die fünf Franziskaner in Begleitung von Giovanni Genocchi in Lissabon an Bord der *Huayna*, die von Europa bis nach Iquitos fuhr und die der Herz-Jesu-Missionar bereits von seiner Rückfahrt aus der peruanischen Kautschukmetropole kannte.

In Iquitos formierte sich Widerstand gegen die Einmischung der von England und dem Vatikan gesandten Missionare in die lokalen Angelegenheiten. In der irrigen Annahme, Genocchi und die Franziskaner kämen bereits mit einem früheren Dampfer, versuchten fünfhundert Demonstranten unter der Führung eines italienischen Geschäftsmanns bei dessen Ankunft den Hafen zu stürmen, wurden jedoch daran gehindert. Genocchi sollte als Drahtzieher der unerwünschten Intervention umgebracht werden. Dank dieses Irrtums – den Genocchi der Vorsehung zuschrieb – und dem Eingreifen des neuen Gouverneurs, der die Entsendung der Missionare unterstützte, konnten das Mordkomplott aufgedeckt und weitere Protestaktionen verhindert werden. Genocchi verzichtete darauf, die Franziskaner nach La Chorrera zu begleiten, und kehrte Anfang 1913 gleich wieder nach Rom zurück.

Unterdessen hatte ein Untersuchungsausschuss des britischen Parlaments, der sich mit der Tätigkeit der Anglo-Peruvian Amazon Rubber Co. beschäftigte, seine Arbeit aufgenommen. Im Februar 1913 reiste Firmenchef Julio César Arana auf der *France* – einem neuen französischen Vierschornsteindampfer, der als Antwort auf die riesigen Liner der britischen und deutschen Konkurrenz wenige Tage nach dem Untergang der *Titanic* im April des Vorjahres in Dienst gestellt worden war – nach Europa, um in London vor dem Untersuchungsausschuss auszusagen. Arana verwies die Anschuldigungen gegen seine Gesellschaft ins Reich der Phantasie. Er betonte die Verdienste seines Unternehmens für die Einführung der Zivilisation, der sich die Indigenen lange widersetzt hätten, und erklärte, dass Zivilisation Handelsaustausch und Geschäftsbeziehungen mit den Weißen bedeute.

Am 20. März 1913 erscheint in der *New York Times* – »By Marconi Transatlantic Wireless Telegraph to The New York Times« – die Mitteilung, dass der Oberste Gerichtshof in London am Vortag in Anwesenheit von Firmenchef Arana die Auflösung der Peruvian Amazon Company beschlossen hatte.

Der Kautschukboom im Amazonasgebiet brach innerhalb weniger Jahre ein. Einem englischen Abenteurer war es trotz strengster Verbote gelungen, Samen des Kautschukbaums aus Brasilien auszuführen und nach England zu bringen, wo sie in den Kew Gardens in London zum Keimen gebracht wurden. Auf der malaiischen Halbinsel, die sich unter britischer Herrschaft befand, konnten Plantagen angelegt werden, die, fernab von südamerikanischen Pilzen und Insekten, die im Amazonasbecken Monokulturen von *Hevea brasiliensis* unmöglich machten, prächtig gediehen und den begehrten Rohstoff seit 1905 kostengünstig auf den Weltmarkt brachten. 1912 stammten bereits rund 30 % des weltweiten Verbrauchs aus südostasiatischen Plantagen, 1914 waren es 60 % und 1920 fast 90 %. Die Investoren verloren ihr Interesse am Wildkautschuk und verlagerten ihr Kapital in die neuen Gummibaumanlagen. Die Unternehmen der Kautschukbarone im Amazonasbecken schrumpften oder gingen ein. Nach dem Ersten Weltkrieg gaben die Franziskaner die Station in Putumayo auf.

Julio César Arana wurde nie für die im Auftrag seines Unternehmens begangenen Massaker zur Rechenschaft gezogen. In den 1920er Jahren vertrat er Loreto, die flächenmäßig größte Region Perus mit der Hauptstadt Iquitos, als Senator in Lima. Im Parlament bekämpfte er die Abtretung seines Konzessionsgebiets an Kolumbien im Rahmen des 1922 geschlossenen Vertrags, der die Grenzziehung zwischen den beiden Nachbarländern regelte, und machte sich für die Erschließung des peruanischen Nordostens für die Erdölgewinnung stark. Heute stellt die Förderung von Erdöl und Gas neben legaler und illegaler Abholzung die größte Bedrohung der noch vorhandenen Primärwälder und ihrer Bewohner im weiteren Umfeld der auf rund 400 000 Einwohner angewachsenen Stadt Iquitos dar, wo nach Angaben kirchlicher Kreise noch im einundzwanzigsten Jahrhundert Menschenhandel und Zwangsprostitution blühen.

Da das Osmanische Reich Libyen nicht freiwillig an Italien abtreten wollte, überfielen italienische Truppen 1911 die beiden Provinzen Tripolitanien und Kyrenaika.

# SCHIFFE VERSENKEN

*Venedig im Mondlicht*

Am Pfingstsonntag des Jahres 1911 begleitete die achteinhalbjährige Mafalda die königliche Familie zur Einweihung des Nationaldenkmals für Vittorio Emanuele II, ihren Urgroßvater, den ersten König von Italien.

Das als Vittoriano bezeichnete Nationaldenkmal thront an der Ostseite des kapitolinischen Hügels über der Piazza Venezia und erreicht mit einer Breite von 135 Metern die Dimension eines Ozeandampfers. Der hohe, sich über die ganze Breite erstreckende bogenförmige Säulengang, dem mehrere mit Treppen verbundene Terrassen vorgelagert sind, erinnert an das Halbrund der nebeneinanderliegenden Typenhebel einer Schreibmaschine, was dem Vittoriano die Bezeichnung *macchina da scrivere* eintrug.

Im Zentrum des Bauwerks steht auf einem Marmorsockel das zwölf Meter hohe Reiterstandbild des ersten italienischen Königs, zu Beginn der Einweihungsveranstaltung vom 4. Juni 1911 noch von Tüchern verhüllt.

Mafaldas Vater, der gleichnamige Enkel des in Bronze verewigten Reiters, versprach der feierlich versammelten Menschenmenge in Uniform ein freieres und glücklicheres Italien, ein Italien, dem innerhalb der Staatenwelt mehr Respekt entgegengebracht würde.

Nicht alle Italiener und Italienerinnen waren begeistert vom Nationaldenkmal. Die sozialistische Partei zeigte aufgrund ihrer internationalistischen Ausrichtung wenig Verständnis für die monumentale Schreibmaschine, den Republikanern und Garibaldis Gesinnungsgenossen missfiel die Fokussierung auf den Monarchen, und die klerikale Opposition, welche die Eingliederung des Kirchenstaats in das Königreich nicht verwunden hatte, versuchte die Ansprache des Ministerpräsidenten Giovanni Giolitti mit den Glocken der nahe gelegenen Jesuskirche zu übertönen.

1911, als das Königreich den fünfzigsten Jahrestag seines Bestehens feierte, gewannen nationalistische Strömungen an Boden. Die kleinste Großmacht Europas, die in Ostafrika mit Eritrea und Italienisch-Somaliland am Horn von Afrika bereits über erste Kolonien verfügte, beabsichtigte, ihr Imperium um das Gebiet des heutigen Libyen zu erweitern – den einzigen Abschnitt der nordafrikanischen Mittelmeerküste, der weder von Frankreich noch von England beansprucht wurde. Die nationalistische Propaganda, der sich mit Ausnahme der sozialistischen Presse bald sämtliche Zeitungen anschlossen, sah in Libyen eine natürliche Verlängerung Italiens und eine leichte Beute. Libyen wurde zum gelobten Land hochstilisiert, das für die Massenemigration dank reicher Bodenschätze und fruchtbarer Ackerböden eine naheliegende Alternative zu Amerika bilden konnte – waren doch alleine im vergangenen Jahrzehnt über anderthalb Millionen Menschen aus Italien nach Nord- und Südamerika ausgewandert.

Ende September forderte Italien das Osmanische Reich auf, die beiden Provinzen Tripolitanien und Kyrenaika zu räumen.

Zum Übersetzen der Truppen wurden in den Häfen von Neapel und Palermo Dutzende von Schiffen verschiedener Reedereien zusammengezogen, die *Principessa Mafalda* und einige andere luxuriöse Dampfer wurden vom Einsatz im Italienisch-Türkischen Krieg jedoch verschont und versahen weiterhin ihren gewohnten Dienst.

Als Konstantinopel das Ultimatum aus Rom nicht erfüllte, bombardierte die italienische Kriegsmarine Tripolis und andere libysche Küstenstädte vom Meer aus. In den ersten Oktobertagen brachte die zusammengewürfelte Flotte der zu Truppentransportern mutierten Transatlantik-Liner rund 34 000 italienische Soldaten an Land, die mit der Eroberung der Hafenstädte der beiden nordafrikanischen Provinzen begannen.

Die *New York Times* erfährt »by Marconi Transatlantic Wireless Telegraph« aus Rom, dass der sechsjährige Kronprinz Umberto mit seiner Schwester Mafalda Krieg spielt:

»Nein, Mafalda! Du bist der Türke und ich bin ein tapferer italienischer Soldat. Warum fällst Du nicht um? Ich habe Dich getötet.«

Mafalda beginnt zu weinen.

Trotz Erhöhung der Truppenstärke auf 100 000 Mann gelang es dem italienischen Expeditionskorps nicht, das ganze weite Land, das das Osmanische Reich schließlich am 18. Oktober 1912 im Friedensvertrag von Ouchy bei Lausanne an Italien abtrat, unter Kontrolle zu bringen.

Die Versprechungen der Propaganda erwiesen sich als völlig unhaltbar. Die fruchtbaren Regionen konzentrierten sich auf einen bereits dicht besiedelten Küstenstreifen und boten kein attraktives Ziel für die italienische Massenemigration. Die Invasoren aus dem Nachbarland jenseits des Meers wurden keineswegs mit offenen Armen empfangen, sondern stießen bei der Bevölkerung auf erbitterten und hartnäckigen Widerstand. Sie antworteten mit brutalen Massakern an Guerilla-Kämpfern und Zivilpersonen. Im östlichen Teil Libyens, der Kyrenaika, lebten 1915 noch 120 000 Menschen – vor dem Krieg waren es 300 000. »Die Eskalation der Gewalt in Libyen wurde nach Kriegsende nie öffentlich thematisiert und ist bis heute ein Thema, über das man nicht gerne spricht«, stellt der Historiker Hans Woller in seiner *Geschichte Italiens im 20. Jahrhundert* fest.

Die Eroberung des unterdessen offiziell annektierten Libyen war noch keineswegs abgeschlossen, als mit der Kriegserklärung von Österreich-Ungarn an Serbien am 28. Juli 1914, ein Monat nach dem Attentat auf den habsburgischen Thronfolger Franz Ferdinand in Sarajevo, in Europa ein weiterer Krieg ausbrach.

Anders als der Libyenkrieg, der sich nur in geringem Maß auf die Schifffahrt auswirkte, veränderte der Große Krieg die Situation auf den Weltmeeren dramatisch. Eingespielte Handelsbeziehungen wurden abrupt unterbrochen, die Emigrationsströme versiegten, da keine Ausreisebewilligungen mehr erteilt wurden und Migrationsbewegungen in einer Zeit mit unberechenbarer Zukunft grundsätzlich an Attraktivität einbüßten. Überseedampfer wurden aus dem Verkehr gezogen und aufgelegt oder zu Hilfsschiffen der Kriegsmarine umfunktioniert, um, teilweise mit Geschützen ausgerüstet, als Transportmittel für Versorgungsgüter, Kriegsmaterial, Soldaten und Verwundete zu dienen. Andere Dampfer, die nach Kriegsausbruch nicht rechtzeitig zurückgeführt werden konnten, mussten jahrelang untätig in fremden Häfen ausharren. Da es der Marine der Entente – Großbritannien, Frankreich, Russland und ihren Verbündeten – nicht zuletzt wegen des besseren Zugangs der englischen und französischen Küsten zum offenen Meer gelang, die Kontrolle über den Atlantik und das Mittelmeer zu gewinnen, wurden die Mittelmächte – das Deutsche Kaiserreich, Österreich-Ungarn und ihre Bündnispartner – in ihrer Bewegungsfreiheit stark eingeschränkt. Schon bald jedoch sollten sich die österreichische und besonders die deutsche U-Boot-Flotte als ernsthafte Gefahr für Kriegs- und Handelsschiffe gegnerischer und bis zu einem gewissen Gad auch neutraler Nationen erweisen.

Da Italien schon Anfang August 1914 seine Neutralität erklärt hatte, konnte die italienische Überseeschifffahrt vorläufig aufrechterhalten werden. Eine der ersten Aufgaben, die italienische Reedereien nach Ausbruch des Großen Kriegs übernahmen, war die Repatriierung von Bürgern und Bürgerinnen der Vereinigten Staaten, die sich in Europa aufhielten. Der Krieg überraschte tausende von wohlsituierten Feriengästen, die den Sommer auf dem alten Kontinent verbracht hatten und unversehens zu Flüchtlingen wurden.

Dem amerikanischen Generalkonsul in Italien gelang es, für 181 000 Dollar die *Principessa Mafalda* zu chartern. Die Kosten für die Überfahrt von Genua nach New York wurden weitgehend von den Passagieren der ersten und der zweiten Klasse übernommen, während Reisende dritter Klasse nicht zur Kasse gebeten wurden. Am Morgen des 1. Septembers 1914 legte die *Mafalda* mit mehreren hundert aus Europa Evakuierten an Bord gegenüber der wachsenden Skyline Manhattans am Pier von Brooklyn an.

Dies blieb der einzige Ausflug des italienischen Südatlantikdampfers nach Nordamerika. Anschließend verkehrte er wieder auf der üblichen Route Genua–Buenos Aires. Auch unter der Flagge eines neutralen Staates blieb die *Mafalda* jedoch nicht unbehelligt. Auf ihrer Fahrt von Südamerika ins Mittelmeer wurde sie von englischen und französischen Kreuzern angehalten, die kontrollieren wollten, ob sich auf dem Schiff Kriegsmaterial oder Angehörige feindlicher Nationen befanden. Verschiedene österreichische Zeitungen berichten davon, wie es einem in Brasilien ansässigen Österreicher namens Livadic gelang, nach Kriegsausbruch auf der *Principessa Mafalda* die Heimat zu erreichen:

> »Nach einer Schilderung der großen Schwierigkeiten, die sich den vielen in Brasilien ansässigen Angehörigen unserer Monarchie und Deutschlands entgegenstellten, als sie versuchten, dem Einberufungsbefehle Folge zu leisten, kommt Livadic auf seine eigene Heimkehr zu sprechen. Ihm und zwei Gefährten war es nämlich gelungen,

Die *Principessa Mafalda* evakuierte mehrere hundert Amerikanerinnen und Amerikaner aus Europa. Ganz links das Municipal Building, überragt vom 241 Meter hohen Woolworth Building, dem bis 1930 höchsten Gebäude der Welt, in Bildmitte das 1968 abgebrochene, beflaggte Singer Building.

spanische und italienische Papiere zu verschaffen und auf dem italienischen Dampfer ›Prinzipessa Mafalda‹ Aufnahme zu finden.

Gegen 9 Uhr abends, heißt es in seiner Schilderung unter anderem, dampften wir mit dem Ziele Genua ab. Zuerst ging die Fahrt ungestört vonstatten, bis mitten in der Nacht in der Höhe von Pernambuco ein englischer Kreuzer in Sicht kam. Das grelle Licht der Scheinwerfer beleuchtete unseren Dampfer und den finsteren Horizont. Er gab für unseren Dampfer durch krachende Kanonenschüsse das ›Stopp‹-Signal und bald darauf kamen per Dampfbarkasse zwei britische Offiziere mit einigen Matrosen zu uns an Bord. Sämtliche Passagiere mußten der Reihe nach antreten, wir wurden alle nach unseren Dokumenten befragt, es glückte uns aber, auch dieser barschen und feindseligen Kommission als Italiener oder Spanier zu gelten. Auch die Fracht wurde nach Konterbandartikeln durchsucht. Um 2 Uhr morgens erst konnten wir weiterfahren. Während der Äquatorfahrt wurden die Reisenden öfter Tag und Nacht vom

> Bordkommissär bei ihren angeblichen Namen aufgerufen, um sie zu verwirren und eventuell zu ertappen.«

Nach der Überquerung des Atlantiks erfolgte eine erneute Kontrolle durch das britische Militär:

> »Am 6. Januar passierten wir die Kanarischen Inseln und legten in Las Palmas an. Als wir es um 10 Uhr abends wieder verließen und noch die Hafenlichter in Sicht waren, zeigten uns plötzlich Kanonenschüsse das Erscheinen mehrerer britischer Kreuzer an. Wir mußten wieder anhalten. Diesmal kamen zehn britische Offiziere an Deck, um eine hochnotpeinliche Untersuchung vorzunehmen. Mir wäre es beinahe schlimm ergangen, mein germanisches Äußere fiel den Engländern auf, ein Offizier stellte mir eine Falle, indem er mich deutsch ansprach; aber ich war geistesgegenwärtig genug, die Achseln zu zucken und italienisch zu antworten.«

Nach weiteren Zwischenfällen erreichten Livadic und sein deutsch-österreichischer Kollege am 12. Januar schließlich Genua, ohne aufgeflogen zu sein.

Nicht nur feindliche Kreuzer, auch Minenfelder und Unterseeboote bedrohten die Schifffahrt.

Als besonders folgenschwer erwies sich die Versenkung der *Lusitania* durch einen Torpedo des deutschen Unterseebootes U 20 am 7. Mai 1915 vor der irischen Küste, neun Monate nach Kriegsbeginn. Der 239 Meter lange Vierschornsteindampfer der britischen Reederei Cunard Line verkehrte seit 1907 auf der Route Liverpool–New York, hatte im selben Jahr das Blaue Band, die Auszeichnung für die schnellste Überquerung des Atlantiks, gewonnen und war das größte Passagierschiff, das nach Kriegsausbruch noch zwischen Europa und Amerika unterwegs war. Die *Lusitania* ging knapp zwanzig Minuten nach der Torpedierung unter, fast 1200 Menschen verloren ihr Leben, 761 konnten gerettet werden.

Die Versenkung der *Lusitania* verletzte völkerrechtliche Bestimmungen. Der Cunard-Dampfer führte zwar in der Tat im Frachtraum für England bestimmte Kisten mit Gewehrpatronen mit, doch unbewaffnete Handelsschiffe durften höchstens dann versenkt werden, wenn sie

*Principessa Mafalda*, beobachtet von Soldaten auf einem französischen Kriegsschiff

rechtzeitig gewarnt worden waren und sich Passagiere und Besatzung in Sicherheit bringen konnten – auch dann, wenn ein Teil der Ladung aus »Konterbande« bestand.

Unter den Toten befanden sich 94 Kinder und 287 Frauen, 128 Personen hatten die amerikanische Staatsangehörigkeit, darunter der Multimillionär Alfred Gwynne Vanderbilt. Auch in bis dahin neutralen Ländern sorgte die Versenkung der *Lusitania* für große Empörung. Italien stand kurz davor, seine Neutralität aufzugeben und an der Seite der Entente in den Krieg einzutreten. Das italienische Königreich hatte zwar vor Jahrzehnten ein Militärbündnis mit Deutschland und Österreich-Ungarn geschlossen und dieses mehrfach erneuert, doch dieser Dreibund sah die gegenseitige Unterstützung im Falle eines Angriffs durch Drittstaaten vor, eine Bedingung, die durch die österreichische Kriegserklärung an Serbien nicht gegeben war.

An vorderster Front warb Benito Mussolini für die Teilnahme Italiens am Krieg. Hatte er den Libyenkrieg als damals noch radikaler Sozialistenführer aufs Schärfste verurteilt, war er inzwischen zur Überzeugung gekommen, dass die revolutionäre Bewegung, auf die er jahrelang gesetzt hatte, beim Kampf um die Macht kaum Chancen hatte. Er vollzog eine Kehrtwende, verließ im Herbst 1914 die Partei, gab seinen Posten als Direktor des sozialistischen *Avanti!* auf und gründete die Tageszeitung *Il Popolo d'Italia*, die einen antisozialistischen und interventionistischen Kurs verfolgte. Finanziert wurde die neue Zeitung durch Spenden aus Frankreich sowie von Vertretern von Konzernen wie Fiat und Ansaldo, die an einem Krieg und der damit verbundenen Rüstungsproduktion interessiert waren – nicht zuletzt auch von in der Schifffahrt engagierten Industriekonglomeraten, die Reedereien, Werften und Stahlwerke umfassten.

Die italienische Regierung nahm nach dem Kriegsausbruch im Sommer 1914 Verhandlungen sowohl mit den Mittelmächten als auch mit der Entente auf, um auszuloten, welche Gebiete Italien nach dem Krieg als Belohnung für die Unterstützung der einen oder der anderen Partei zugesprochen würden. Da die angepeilten Gebietsgewinne – etwa Triest, Trentino und Südtirol, Istrien und Teile Dalmatiens – im Wesentlichen auf Kosten der Donaumonarchie gingen, überrascht es kaum, dass sich die Entente großzügiger zeigte. Ministerpräsident Antonio Salandra und sein Außenminister Sidney Sonnino entschlossen sich ohne Rücksprache mit Regierung, Parlament, Volk und König, am 26. April 1915 in London einen Vertrag zu unterzeichnen, der Italien binnen eines Monats zum Kriegseintritt verpflichtete. Am 23. Mai 1915 erklärte Italien Österreich-Ungarn den Krieg.

Zum Zeitpunkt der italienischen Kriegserklärung befand sich die *Principessa Mafalda* auf Südamerikafahrt. Als sie sich in den letzten Maitagen wieder auf den Heimweg machte, versammelten sich laut der italienischsprachigen argentinischen Tageszeitung *La Patria degli Italiani* mindestens hunderttausend kriegsbegeisterte Landsleute am Hafen von Buenos Aires, um dem ersten Kontingent von siebenhundert jungen und weniger jungen Männern zuzujubeln, die auf dem mit grün-weiß-roten Trikoloren geschmückten Dampfer freiwillig in den Krieg zogen. Die Überfahrt erfolgte kostenlos.

Ähnliche Szenen spielten sich kurz darauf in Brasilien ab: Eine riesige Menschenmenge versammelte sich am 1. Juni in São Paolo im und vor dem Bahnhof Estação da Luz, um unter den Klängen mehrerer Blechmusikorchester die rund zweihundert italobrasilianischen Freiwilligen zu verabschieden, die mit einem Sonderzug in die Hafenstadt

Santos fuhren, wo sie sich auf der *Mafalda* einschifften. Auch anlässlich der Verabschiedung weiterer Gruppen italienischer Soldaten im Sommer 1915 pflegten sich in Brasilien große Menschenmassen zu Sympathiekundgebungen zu versammeln, bis der Bahnhof von São Paolo bei der Abfahrt der Sonderzüge schließlich gesperrt werden musste, nachdem während einer Manifestation zu Ehren abreisender Reservisten mehrere Personen im Gedränge umgekommen waren.

Die Männer, die in den ersten Tagen nach der italienischen Kriegserklärung auf der *Mafalda* und danach auf anderen Handelsschiffen nach Europa eilten, um sich in patriotischem Taumel in die Schlacht zu stürzen, handelten aus eigenem Antrieb. Bald trafen jedoch auch in Südamerika Einberufungsbefehle ein, die italienische Expats zu den Waffen riefen. 52 000 Emigranten aus Lateinamerika folgten zwischen 1915 und 1918 dem Aufgebot zum Militärdienst, sei es aus innerer Überzeugung oder Pflichtbewusstsein, sei es, weil sie sich dem Druck ihres Umfelds beugten – so entließ etwa das italienische Spital in Buenos Aires sämtliche Dienstverweigerer –, oder einfach, weil sie befürchten mussten, bei einer späteren Rückkehr in ihre Heimat inhaftiert zu werden. Nach Fernando J. Devotos umfangreicher Darstellung der Geschichte der Italiener in Argentinien folgten tendenziell vor allem jüngere Männer aus der Mittelschicht begeistert dem Stellungsbefehl, vor allem solche mit Wurzeln in Norditalien, wo nationalistisches Ideengut stärker verankert war als im Süden des Landes.

Doch der Jubel, der die kriegswilligen Männer bei der Abfahrt der *Principessa Mafalda* im Hafen von Buenos Aires und im Bahnhof von São Paolo begleitete, war nicht repräsentativ für die Stimmungslage innerhalb der ohnehin sehr heterogenen italienischen Emigrantenszene. Über die Hälfte der Italiener mit Wohnsitz im Ausland, die zum Kriegsdienst einberufen wurden, leistete dem Befehl keine Folge. Neun Zehntel aller Prozesse, die in Italien während des Ersten Weltkriegs wegen Dienstverweigerung geführt wurden, betrafen Emigranten.

Die *Principessa Mafalda* kam Mitte Juni 1915 unbeschadet in Genua an. Das Flaggschiff der italienischen Handelsflotte wurde wie zahlreiche andere Schiffe von der italienischen Kriegsmarine als Hilfskreuzer requiriert und damit aus dem Zivilverkehr gezogen.

Lucia Nebbiolo – unterdessen ein Teenager – und ihre Familie wichen während des Kriegs bei ihren gelegentlichen Besuchen in Italien auf spanische Dampfer aus, die, um keinen Verdacht zu erwecken, nachts durch helle Beleuchtung signalisierten, dass sie unter neutraler Flagge fuhren. Doch selbst die spanischen Schiffe konnten sich nicht ungehindert bewegen. »Eines Nachmittags, als ich fliegende Fische beobachtete«, berichtet Lucia von einer Fahrt auf der *Infanta Isabel de Borbón* im Jahr 1916, »bemerkte ich ein Unterseeboot, das auftauchte. Zwei oder drei Offiziere stiegen heraus mit ... was war denn das? ... einem Megafon und sprachen ... ja, leider verstand ich kein Wort ... englisch oder deutsch, denn es war ein deutsches U-Boot.«

Als schönstes Schiff der italienischen Marine sollte die *Principessa Mafalda* nicht in gefährlichen Gewässern als Truppentransporter zum Einsatz kommen, sondern in einem sicheren Hafen eine edlere Funktion als Wohnschiff für Offiziere übernehmen. Die *Mafalda* fuhr nach ihrer Ankunft in Genua im Tyrrhenischen Meer nach Süden, durchquerte zwischen Sizilien und Kalabrien die Straße von Messina, gelangte nach der Umrundung der Fußspitze des italienischen Stiefels ins Ionische Meer und schließlich in den Golf von Tarent im weiten Bogen zwischen Stiefelspitze und Absatz.

Vor der Hafenstadt Tarent – Taranto – öffnet sich eine von Inseln begrenzte Bucht, der Mar Grande. Die apulische Stadt hatte sich aus einer jahrtausendealten Siedlung entwickelt, die auf einer schmalen, westwärts gerichteten Halbinsel angelegt worden war, deren Spitze nur durch eine schmale Meerenge vom gegenüberliegenden Festland getrennt wird. In dieser von einer Brücke überspannten Meerenge, die für größere Schiffe nicht passierbar ist, geht der Mar Grande in eine hinter der Landzunge liegende weitere Bucht über, den Mar Piccolo.

Beim Ausbau Tarents zum Marinestützpunkt im späten neunzehnten Jahrhundert wurde die Landzunge jedoch weiter östlich durch einen schiffbaren Kanal vom Festland abgetrennt, sodass sich die Altstadt nun auf einer Insel zwischen dem »Großen« und dem »Kleinen Meer« befindet. Insel und Festland wurden 1887 durch eine Drehbrücke verbunden, deren zwei Hälften vor der Passage eines großen Schiffs seitlich abgedreht werden können, um die Durchfahrt des Kanals zu erlauben.

Vom Mar Grande her näherte sich die *Principessa Mafalda* also der alten Stadt, traf in der Mündung des rund siebzig Meter breiten Kanals ein, glitt im *canale navigabile* backbord der zur Verteidigung der Insel

Tarent: Einfahrt der *Leonardo da Vinci* durch den Kanal, der das Mar Grande (hinten) mit dem Mar Piccolo verbindet. Um die Durchfahrt zu ermöglichen, sind die Arme der Drehbrücke zur Seite geschwenkt worden. Auch die *Principessa Mafalda* ging diesen Weg und diente während des Kriegs in Tarent als Unterkunft für alliierte Offiziere.

erbauten, mit Rundtürmen bewehrten Festung des Castello Aragonese entlang, an den zur Seite geklappten Brückenhälften vorbei, und gelangte in die geschützte Bucht des Mar Piccolo, wo sie die nächsten Jahre verankert bleiben sollte.

An der Südküste des Mar Piccolo befand sich unweit des schiffbaren Kanals das Königliche Militärarsenal. Die Kriegsschiffe des Königreichs und seiner Verbündeten – mächtige Schlachtschiffe mit mehreren Gefechtstürmen, mittelgroße Kriegsschiffe, die als Kreuzer bezeichnet werden, Zerstörer für die Jagd auf Torpedoboote, Unterseeboote – warteten ordentlich nebeneinander aufgereiht am Kai beim Arsenal auf ihren Einsatz oder lagen weiter draußen im maximal dreizehn Meter tiefen vorderen Becken des in zwei Teile gegliederten Mar Piccolo.

Tarent war schon »das strategische Herz des Italienisch-Türkischen Kriegs« gewesen, wie sich der apulische Stadtforscher Mauro Scionti ausdrückt: Von der Marinebasis am Ionischen Meer waren die

Kriegsschiffe gekommen, die die libysche Küste vor dem Landgang der italienischen Truppen bombardiert hatten. Während des Ersten Weltkriegs war die süditalienische Stadt mit ihren Werften, Rüstungsbetrieben und Reparaturwerkstätten der wichtigste Stützpunkt der alliierten Flotte im zentralen und östlichen Mittelmeer und eine Drehscheibe für Truppenverschiebungen zwischen Europa, Asien und Afrika.

Tarent wurde während des Großen Kriegs zu einer kosmopolitischen Stadt. Zeitzeugen erinnern sich an das bunte Gemisch von Soldaten aus Europa, dem Britischen Empire und den Kolonien, die für kürzere oder längere Zeit in der Stadt stationiert waren, bevor sie an den Kriegsschauplätzen im Balkan, bei den Dardanellen oder in den Schützengräben in Frankreich und Italien zum Einsatz kamen: britische Marinesoldaten, die in ihren breiten Hosen zu schwimmen schienen, ihre italienischen Kollegen, welche die roten Quasten an ihren Mützen zur Schau stellten wie Hähne ihren Kamm, Männer in graugrünen, kakifarbenen und blauen Uniformen, schottische Highlander in Kilts, schließlich Inder mit Turbanen, die wie die von den französischen Behörden zwangsrekrutierten Soldaten aus Indochina und Madagaskar durch den Suezkanal in die Stadt zwischen Mar Grande und Mar Piccolo gebracht wurden, bevor sie zu Wasser oder zu Land weiterfuhren, um auf den europäischen Schlachtfeldern zu kämpfen und zu sterben. In der Stadt, deren Bevölkerung in der Kriegszeit auf rund 100 000 Einwohner angewachsen war, hielten sich durchschnittlich 40 000 Soldaten auf, denen ein vielfältiges Angebot an Kantinen, Kaffeehäusern, Bars, Bordellen, Theatern, Tanzlokalen und Stummfilmkinos zu Verfügung stand, was in einer Region, wo sich der Erzbischof bemühte, den Tango zu verbieten, trotz der damit verbundenen Verdienstmöglichkeiten mit einer gewissen Skepsis beobachtet wurde. Für die französischen und englischen Soldaten wurden an der hinteren Bucht des zweigeteilten Mar Piccolo Barackensiedlungen mit Wellblechdächern errichtet. Offiziere wurden in gehobeneren Quartieren untergebracht – wie eben auf der *Principessa Mafalda*.

Mehr wird über das Schicksal des stillgelegten Dampfers während des Kriegs nicht berichtet. Gemäß brasilianischen Zeitungen, die sich bei der ersten Ankunft des Dampfers nach der vierjährigen kriegsbedingten Unterbrechung im April 1919 mit dem Luxusschiff beschäftigten, wurde die *Principessa Mafalda* allerdings beschlagnahmt, um als schwimmendes Krankenhaus zu dienen.

Auf jeden Fall verlor die *Mafalda* vorübergehend ihre Funktion als Vektor, der Kontinente miteinander verband, blieb jedoch, stationiert im Mar Piccolo, aufgrund der kriegsbedingten Bedeutung ihres Standplatzes im Kreuzungspunkt internationaler Bewegungen. Wie sich zeigen wird, beeinträchtigte die Immobilisierung des Dampfers dessen Fahrtüchtigkeit. Dafür durfte es sich im Tarentiner Militärhafen, der nur durch den leicht zu überwachenden Kanal zugänglich war und im Ersten Weltkrieg noch weitgehend außerhalb der Reichweite feindlicher Fliegerangriffe lag, in Sicherheit wiegen.

Doch in der mondlosen, schwülen Nacht des 2. August 1916 werden Besatzung und in der *Principessa Mafalda* einquartierte Personen um 23 Uhr durch einen ohrenbetäubenden Knall aufgeschreckt worden sein, dem eine seebebenartige Erschütterung folgte, welche die am Kai vor dem Militärarsenal aufgereihten Schiffe zum Tanzen brachte und die Häuser der Stadt erzittern ließ. Nach weiteren Detonationen erleuchteten haushohe Flammen den Mar Piccolo: Die *Leonardo da Vinci*, das größte Schlachtschiff der italienischen Marine, stand mitten im Hafenbecken in Brand, wurde nach Mitternacht schließlich von der Explosion eines Munitionsdepots im Schiffsrumpf zerrissen, kippte und lief kieloben auf Grund.

Der Kiel des gekenterten Schlachtschiffs ragte vom Bug bis zum Mittschiff aus dem Wasser. Beim Untergang der mit fünf Gefechtstürmen bewehrten *Leonardo da Vinci*, deren Länge über alles die *Principessa Mafalda* um rund dreißig Meter übertraf, starben 248 Mitglieder der Besatzung.

Infolge der Detonationen ging ein Großteil der Miesmuscheln ein, für deren Kultur die Hafenbucht von Tarent bekannt war. Nachdem die italienische Spionageabwehr in Zürich den Tresor der österreichischen Botschaft geknackt hatte, verdichteten sich die Hinweise darauf, dass die *Leonardo da Vinci* infolge einer Sabotageaktion eines Agentenrings im Dienst der Mittelmächte versenkt worden war.

Die wahre Prinzessin Mafalda war von Anfang an ins Kriegsgeschehen involviert. Am 24. Mai 1915, dem Tag nach der Kriegserklärung an Österreich-Ungarn, zeigten sich König und Königin mit Jolanda, Mafalda und Umberto auf dem Balkon des Quirinalpalasts und ließen sich von der versammelten Menschenmenge bejubeln.

Königin Elena richtete im Quirinal ein Lazarett ein.

Als oberster Kriegsherr reiste der König in die Nähe der Front.

Die Front zwischen Italien und der Donaumonarchie zog sich vom Stilfser Joch an der Schweizer Grenze zum Gardasee und entlang der Karnischen und Julischen Alpen bis an den Golf von Triest. Sie blieb trotz gelegentlicher kleinerer Verschiebungen vor- und rückwärts bis zum Herbst 1917 stabil. Am Ende des ersten Kriegsjahres 1915 hatte die italienische Armee fast ein Fünftel ihrer gut zwei Millionen Soldaten verloren, die sie im Gebirgskrieg gegen Österreich einsetzte – 400 000 Menschen starben, wurden verwundet, vermisst oder gerieten in Gefangenschaft. König Vittorio Emanuele stattete im Verlauf der Zeit sämtlichen Frontabschnitten einen Besuch ab. Der Amerikaner Ernest Hemingway, der sich freiwillig als Fahrer des Roten Kreuzes zur Verfügung stellte und den Krieg in Italien miterlebte, beschreibt in seinem Roman *A Farewell to Arms*, wie der kleine König unterwegs war:

»Es gab kleine graue Automobile, die sehr schnell vorbeifuhren; meistens saß ein Offizier neben dem Fahrer und auf dem Rücksitz noch ein paar Offiziere. Sie spritzten noch mehr Schlamm um sich als die großen Lastautos, und wenn einer der Offiziere auf dem Rücksitz sehr klein war und zwischen zwei Generälen saß und selbst so klein war, daß man nicht sein Gesicht, sondern nur das Oberste seiner Mütze und seinen schmalen Rücken sehen konnte, und wenn das Auto ganz besonders schnell fuhr, war es aller Wahrscheinlichkeit nach der König. Er wohnte in Udine und kam so fast jeden Tag nach vorn, um zu sehen, wie die Dinge standen, und die Dinge standen sehr schlecht.

Zu Beginn des Winters kam der Dauerregen und mit dem Regen kam die Cholera. Aber man wurde ihrer schnell Herr, und schließlich starben nur siebentausend Soldaten daran.«

Mitte Mai 1916 begab sich Mafalda in Begleitung von Mutter und Schwester in Richtung Front, um Vittorio Emanuele zu treffen. »Ich war so glücklich, meinen lieben Vater wiederzusehen«, schreibt sie in ihr Tagebuch. »Wir hatten eine große Menge von Zigaretten dabei, die von Verwundeten im Quirinal gefertigt worden waren, und gelegentlich hielten wir an, um sie an die tapferen Soldaten, denen wir auf unserer Straße begegneten, zu verteilen, und die mit großer Freude entgegengenommen wurden.« Am Sonntag besuchten Königin und Prinzessinnen die Heilige Messe in einem Bauerndorf, anschließend stattete Elena einem Feldspital eine Visite ab, während die kunstinteressierte Mafalda mit Jolanda einen Ausflug nach Aquileia unternahm, um die Basilika zu besichtigen. Nach dem Essen setzten sich die Königstöchter in der Nähe der Front auf einen Hügel und beobachteten, wie der Monte San Michele oberhalb von Görz von österreichischen Kanonen beschossen wurde. Auch ein Spital geriet unter Beschuss. »Wir gingen in unser Haus, wo wir die Kanonenschüsse immer noch hörten, den ganzen Tag lang, und auch während der Nacht, als sie die Fenster unserer Unterkunft zum Erzittern brachten.«

Am Montag nahmen sie Abschied vom König. Mafalda reiste in Begleitung einer Gräfin und eines Arztes nach Venedig, wo sie San Marco und den Dogenpalast besichtigte, vor dem zum Schutz vor feindlichen Bomben Sandsäcke gestapelt waren. Sie setzte über zu den Glasbläsereien nach Murano und fuhr abends nach einer Gondelfahrt per Vaporetto zum Hauptbahnhof, wo Mutter und Schwester auf sie warteten: »Wie schön war Venedig im Mondlicht!«

Restaurant auf der *Mafalda*: »Die *Principessa Mafalda* ist das schönste der Schiffe, die nach Südamerika unterwegs sind. Ihre Salons sind von einem unaufdringlichen und bezaubernden Luxus«, heißt es am 6. Oktober 1919 in der in Rio de Janeiro erscheinenden Tageszeitung *Correio da Manhã*.

## 1919, ZURÜCK IN RIO

La mia bella Anarchia

»Italiens Wirtschaft machte im Krieg in seinen industriellen Kernbereichen einen großen Sprung nach vorn«, hält Hans Woller in seiner *Geschichte Italiens im 20. Jahrhundert* fest. Die Konzerne, die es Benito Mussolini mit Unterstützungsbeiträgen ermöglicht hatten, mit seiner 1914 gegründeten Tageszeitung *Il Popolo d'Italia* Kriegshetze zu betreiben und den Interventionisten zum Durchbruch zu verhelfen, entwickelten sich wie erhofft während des Kriegs prächtig: Die Belegschaft des Genueser Technologieunternehmens Ansaldo, das unter anderem Schiffe, Kanonen und Flugzeuge herstellte, wuchs von 4000 auf 56 000 Personen an, während sich der Betriebsumsatz von 30 auf 500 Millionen Lire steigerte, und Fiat erlebte, wie sich Woller ausdrückt, »im Krieg ein wahres Wirtschaftswunder: Die Zahl der Beschäftigten stieg von 4300 auf 40 000, das Kapital des Betriebs erhöhte sich von 17 auf 200 Millionen Lire.«

Doch auf den Schlachtfeldern verlief der Krieg nicht so, wie sich das die martialische Propaganda ausgemalt hatte. Statt eines schnellen Vorstoßes in Richtung Villach und Ljubljana bewegte sich die Front zwischen Italien und Österreich trotz vor allem für die italienische Armee äußerst verlustreicher Schlachten lange Zeit kaum. Und da die Stellungen am Isonzo und in den Alpen große Teile der italienischen Truppen banden, ging Libyen, dessen Eroberung beim Ausbruch des Großen Kriegs noch nicht abgeschlossen war, bis auf die beiden Städte Tripolis und Homs wieder verloren.

Im Oktober 1917 kam es noch schlimmer. In der Zwölften Isonzoschlacht gelang es österreichischen Verbänden – mit deutscher Unterstützung und unter massivem Giftgaseinsatz –, über den Isonzo nach Caporetto vorzustoßen, eine Ortschaft, die heute unter dem Namen Kobarid zu Slowenien gehört und auf deutsch Karfreit genannt wurde. Nach der Battaglia di Caporetto brach die italienische Verteidigung ein.

Der Vormarsch der Mittelmächte konnte erst am Piave, rund vierzig Kilometer vor Venedig, zum Stillstand gebracht werden. Mehr als 10 000 italienische Soldaten fielen, fast 300 000 gelangten in Kriegsgefangenschaft, viele weitere desertierten. Zahlreiche während des ungeordneten Rückzugs von ihrer Truppe isolierte Offiziere wurden aufgegriffen, von Schnellgerichten als Deserteure verurteilt und unverzüglich erschossen. Wochenlang blieben die Angehörigen der Männer, die in die Schlacht von Caporetto verwickelt waren, über deren Schicksal im Ungewissen.

Erst ein Jahr später konnten die verlorenen Gebiete wieder zurückerobert werden. Am 24. Oktober 1918, am Jahrestag des Debakels von Caporetto, begannen italienische Einheiten mit französischer und englischer Hilfe eine erfolgreiche Offensive, die nach dem am 30. Oktober eroberten Verkehrsknotenpunkt Vittorio als Battaglia di Vittorio Veneto bezeichnet wird und mit der Unterzeichnung des Waffenstillstands am 3. November zum Abschluss kam.

Der stolz gefeierte italienische Sieg kam gegen einen Gegner zustande, der in Auflösung begriffen war: Am 24. Oktober, als die Offensive einsetzte, hatte die ungarische Regierung ihre Truppen zurückgerufen, eine Woche später verließ Ungarn die Donaumonarchie, am 28. Oktober wurde die Tschechoslowakei als unabhängiger Staat gegründet, und in den folgenden Tagen lösten sich auch Kroatien und Slowenien von Österreich-Ungarn.

Im April 1919 konnte die *Principessa Mafalda* wieder auf der La-Plata-Route in Dienst genommen werden. Die italienische Handelsmarine hatte im Krieg rund die Hälfte ihrer Tonnage verloren – kein Land außer Norwegen musste kriegsbedingt größere Verluste verzeichnen.

Dem Lloyd Italiano, der Ende 1914 über sechs Dampfer verfügt hatte, blieben immerhin vier Schiffe erhalten. Im Mai 1918 wurde an einer außerordentlichen Aktionärsversammlung der Navigazione Generale Italiana und des Lloyd Italiano beschlossen, den bisher noch als eigene Gesellschaft geführten Lloyd, dessen Aktienmehrheit schon 1910 von der N.G.I. übernommen worden war, zu liquidieren und in die N.G.I. zu integrieren. Die kupferfarbenen, von einem breiten und einem schmalen schwarzen Ring gekrönten Schornsteine der *Principessa Mafalda* und der andern Lloyd-Dampfer erhielten nun wie die übrigen Schiffe der Flotte der Navigazione Generale Italiana einen schwarz-weiß-schwarzen Anstrich.

Die *Principessa Mafalda* der Nachkriegszeit veränderte sich auch in anderer Hinsicht. Die Küche der besten Klassen wurde nicht mehr wie in den ersten Jahren vom legendären Luzerner Grand Hotel National, wo Cäsar Ritz sein wegweisendes Modell der gehobenen Hotellerie entwickelt hatte, und den Excelsior-Hotels in Rom und Neapel geführt, sondern von den Genueser Hotels Savoia und Bristol Palace. In der dritten Klasse entstanden Speisesäle: »Auf der *Mafalda* fanden wir Tische mit Tischdecken und Servietten vor«, berichtet Lucia Nebbiolo, die mit ihrer Familie bei ihren Besuchen im Heimatland den Ozean nach dem Krieg wieder auf dem italienischen Dampfer zu überqueren begann. Sie freute sich, ihr Essen nun von einem Kellner serviert zu bekommen und ihren Blechteller auf einer Bank sitzend bei Tisch auslöffeln zu können. Eine Überfahrt dritter Klasse inklusive Benutzung des Speisesaals kostete in den 1920er Jahren 365 Lire, wer auf Bank und Tisch verzichtete, fuhr für 300 Lire. »Nach dem Krieg«, fährt Lucia fort, gab es als Alternative zu den Schlafsälen auch für die Passagiere dritter Klasse »Kabinen, zwar nicht für eine oder zwei Personen, jedoch Achter-, Zehner- oder Zwölferkabinen.«

Das Schiff gehörte nun also einer anderen Reederei. Es fuhr unter einer neuen Besatzung, die mit den Eigenheiten der Funktionsweise der ganzen Maschinerie und der Steuerung des Dampfers nicht vertraut war. Immerhin stand der Überseedampfer während der ersten Jahre nach dem Krieg unter dem Kommando des Vorkriegskapitäns Vittorio Emanuele Parodi. Die mehrjährige Betriebsunterbrechung ging nicht spurlos am Flaggschiff der italienischen Handelsflotte vorbei: »Die *Principessa Mafalda*, die 1919 ihren Dienst wiederaufnahm, war nicht einfach ein zehnjähriges Schiff, sondern ein Schiff, dessen Leben und Unterhalt für vier Jahre unterbrochen worden war«, bemerkt der Schifffahrtshistoriker Pierangelo Campodonico und erklärt: »Ein Schiff ist ein äußerst komplexer und zugleich empfindlicher Organismus. Seine Langlebigkeit hängt nicht nur von der Qualität seiner Konstruktion, der Schweißstellen, des Anstrichs und der Effizienz seiner Maschinen ab, sondern auch und vor allem von der Regelmäßigkeit seines Betriebs.«

Die *Mafalda* der Nachkriegszeit war nicht mehr die *Mafalda* der Vorkriegszeit. Nach ihrem langen, untätigen Aufenthalt im Hafen von Tarent hatten die Maschinen ihre hohe Leistungsfähigkeit eingebüßt. War der »Windhund des Meeres« in seinen ersten Jahren in sechzehn

Tagen über den Atlantik geflogen, benötigte er nun wie andere Schiffe der Navigazione Generale Italiana rund drei Wochen, um die Strecke Genua–Buenos Aires zurückzulegen. Reederei und Passagiere waren dennoch glücklich, dass auf dem Kurs zwischen Mittelmeer und Südamerika wieder ein Liner von der Klasse der *Mafalda* verkehrte. »Die *Principessa Mafalda*«, heißt es am 6. Oktober 1919 in der in Rio de Janeiro erscheinenden Tageszeitung *Correio da Manhã*, »ist das schönste der Schiffe, die nach Südamerika unterwegs sind. Ihre Salons sind von einem unaufdringlichen und bezaubernden Luxus und überzeugen durch elegante Stuckarbeiten und originelle Möblierung. Wie die Salons sind auch die Appartements für die Passagiere großartig, ebenso die komfortablen und schönen Luxuskabinen.«

Der Reporter der Morgenzeitung, der sich von der luxuriösen Ausstattung betören ließ, war am Vortag mit anderen Presseleuten und Fotografen in einer Barkasse zur *Principessa Mafalda* gebracht worden, die unweit der Küste an der Ilha das Cobras angelegt hatte, wo sich Einrichtungen der brasilianischen Marine befanden und der italienische Dampfer von Hafenpolizei und Gesundheitsbehörde inspiziert wurde.

Eine sorgfältige Visitation war durchaus angezeigt. Im April 1919, bei der ersten Transatlantikfahrt der *Principessa Mafalda* nach dem Krieg, waren vor der Ankunft in Rio 77 Grippefälle festgestellt worden, ein weiterer Passagier war auf der Überfahrt gestorben. Die Epidemie war noch im Mittelmeer in der dritten Klasse ausgebrochen und hatte nach Gibraltar auch Passagiere der ersten und zweiten Klasse erfasst. Zuerst hieß es, der Tote, bei dem es sich um einen argentinischen Marineoffizier handelte, sei bei Dakar ins Meer geworfen worden, später stellte sich jedoch heraus, dass die Leiche des Verstorbenen im Kühlraum mitgeführt worden war. Der Dampfer musste desinfiziert werden. Kapitän Parodi, der die Grippefälle hatte vertuschen wollen, wurde vom Gesundheitsinspektorat des Hafens bestraft. Die Spanische Grippe, der von 1918 bis 1920 weltweit viele Millionen Menschen zum Opfer fielen, hatte Südamerika bereits erreicht – im Januar 1919 erlag ihr der frisch gewählte brasilianische Präsident Francisco de Paula Rodriguez Alves, noch bevor er sein Amt hatte antreten können.

Unter den Passagieren der ersten Nachkriegsfahrt der *Principessa Mafalda* hatten sich hundert italienische Kriegsteilnehmer befunden, die nun wieder nach Südamerika zurückreisten. Auch als die *Mafalda*

Anfang Juli das nächste Mal in Rio eintraf, hatte sie 255 Soldaten und 35 Offiziere der italienischen Armee an Bord, die in ihre Wahlheimat zurückkehrten. Viele der Männer, die Kriegsdienst geleistet hatten, waren traumatisiert.

Der Journalist des *Correio da Manhã* nutzte Anfang Oktober 1919 bei der dritten Ankunft des Dampfers nach der Wiederaufnahme des Transatlantikdienstes die Gelegenheit, sich mit einigen der Passagiere zu unterhalten. Die Gespräche wurden auf Italienisch, Französisch, Spanisch, Englisch und teilweise auf Portugiesisch geführt. Das Schiff hatte am 17. September in Genua abgelegt und nach achtzehn Tagen die südamerikanische Küste erreicht. Wieder waren zahlreiche *reservistas*, die den Krieg überlebt hatten, an Bord. »Der Transatlantikdampfer war sehr gut besetzt, unter den Passagieren befanden sich einige hoch geachtete Persönlichkeiten. Etwa der bekannte brasilianische Arzt Dr. Francisco Bruzio, wohnhaft in Ponta Grossa im Bundesstaat Paraná, der während des Kriegs in der italienischen Armee diente und in Begleitung seiner Gattin Izabella und seiner beiden Kinder Bivio und Nivia unterwegs war.«

Die Gespräche drehten sich zuerst um den wenige Monate zurückliegenden Krieg, um die »Jahre der Tragödie Europas«. Dr. Bruzio erklärte, dass er selber während seines Einsatzes als Feldarzt nie verwundet wurde, dass sie alle jedoch dauernd »in einer von Blut und Schmerz geprägten Atmosphäre« gelebt hätten. »Die Luft, die wir atmeten, war erfüllt vom Nachhall des Stöhnens der Verwundeten.« Trost fand der Chirurg nur in den seltenen Besuchen seiner Frau.

Marianna Porisi, eine Italienerin, die mit ihrem Mann Pasquale in der dritten Klasse auf dem Weg nach Buenos Aires war, gebar auf hoher See eine Tochter, die zu Ehren des Schiffs auf den Namen Mafalda getauft wurde und mit vollem Namen Mafalda Vittoria Veneta hieß, in patriotischer Erinnerung an den Erfolg der italienischen Armee in den letzten Kriegstagen. Als Taufpatin fungierte die Gräfin Bosdari, die Frau des italienischen Gesandten in Brasilien. Die Taufe wurde von Francisco Braga, dem Bischof von Curitiba, der Hauptstadt des brasilianischen Bundesstaats Paraná, vorgenommen, der sich ebenfalls an Bord befand.

Der Reporter listete in seinem ausführlichen Artikel die Namen von über sechzig Personen auf, die in Rio an Land gingen, darunter vermutlich viele Auswanderer und Rückkehrer, vornehmlich aus Italien. In seinen Interviews beschränkte er sich allerdings auf Gespräche mit Vertretern und Vertreterinnen der gehobenen Klassen. Abgesehen von den Erfahrungen der Reisenden während der Kriegszeit interessierte er sich für ihre Meinung zum aktuellen Geschehen. Der Militärarzt Bruzio wies auf die über 600 000 gefallenen italienischen Soldaten hin und grenzte sich von antiitalienischen Machenschaften ab, die die Bedeutung des ruhmreichen Beitrags Italiens zum »Endsieg« herunterzuspielen versuchten.

Italien zählte zwar mit den Vereinigten Staaten, Frankreich und England zu den »Großen Vier« der Pariser Friedensverhandlungen und konnte mit Südtirol und Trentino, Julisch-Venetien, Triest, Istrien und Teilen Dalmatiens große territoriale Gewinne verbuchen, erhielt jedoch nicht sämtliche Gebiete zugesprochen, die dem Königreich im Londoner Geheimvertrag vor Kriegseintritt zugesichert worden waren. Die Vereinigten Staaten, denen der Wortlaut des Vertrags lange unbekannt geblieben war, fühlten sich nicht an die Londoner Vereinbarungen von 1915 gebunden.

In Italien machte das Schlagwort vom »verstümmelten Sieg« – *vittoria mutilata* – die Runde, das vom in Italien hochgeschätzten Dichter Gabriele D'Annunzio in Umlauf gebracht wurde. D'Annunzio war als militanter Befürworter des Kriegseintritts hervorgetreten und im August 1918 mit einer Staffel von Ansaldo-Doppeldeckern nach Wien geflogen, um über der Stadt verschiedene Flugblätter abzuwerfen. Deren Texte waren teilweise auf Deutsch gedruckt. Beim von D'Annunzio verfassten Flugblatt wurde auf eine deutschsprachige Version verzichtet – der Inhalt wird, wie eine Übersetzung des Schlusssatzes zeigt, auch in der deutschen Fassung ohnehin kaum verständlich: »Das Drohen der Schwinge des jungen italienischen Adlers gleicht nicht der finsteren Bronze im morgendlichen Licht. Die unbekümmerte Kühnheit wirft über Sankt Stephan und den Graben das unwiderstehliche Wort ab: Viva l'Italia!«

Für Francisco Bruzio, der sich in der Bucht von Rio auf dem Deck der *Principessa Mafalda* mit dem brasilianischen Zeitungsmann unterhielt, verkörperte D'Annunzio »eine Art Synthese Italiens« – eine perfekte Mischung von poetischer Kreativität, leidenschaftlicher Kühnheit und glühender Vaterlandsliebe.

Kaserne der brasilianischen Marine auf der Ilha das Cobras. Während die *Principessa Mafalda* auf ihrer dritten Nachkriegsfahrt bei der »Schlangeninsel« von Hafenpolizei und Gesundheitsbehörde inspiziert wurde, gaben Passagiere Journalisten Auskunft über ihre Reise und die Situation in Europa.

»Und wie steht es um die italienische Wirtschaft?«, möchte der brasilianische Reporter wissen.

»Die wirtschaftliche Situation im heutigen Italien ist prekär wie in allen europäischen Ländern«, erklärt Dr. Bruzio. »Weniger wegen des Mangels an Geld, sondern vor allem wegen der Teuerung und weil Konsumgüter fehlen. Schwierig abzuschätzen, wie quälend und bitter das Leben der Armen heutzutage in Italien ist.«

»Gibt es Hunger in Italien?«

»Eigentlich nicht – oder nicht mehr«, antwortet Bruzio. »Der Mangel an Lebensmitteln ist nicht mehr so drastisch, dass Hunger herrscht.«

Italien hatte sich durch den Krieg hoch verschuldet, besonders bei Amerika und England, die Umstellung der auf die Produktion von Kriegsgütern ausgerichteten Wirtschaft erwies sich als schwierig, traditionelle Handelsbeziehungen waren weggebrochen, die Lira hatte rapide an Wert verloren, und die Regierung griff zu massiven Steuererhöhungen.

Es rumorte in Italien. 1919 wurden 1860 Streiks gezählt, an denen sich mehr als anderthalb Millionen Arbeiter beteiligten, 1920 weitete sich die Bewegung noch aus. Im *Biennio rosso*, den zwei roten Jahren nach Kriegsende, kam es besonders in Norditalien zur Besetzung von Fabriken, die von Arbeiterräten weitergeführt wurden, und zur Bildung von Kooperativen, die sich die Landgüter aneigneten, die Beschäftigung der Landarbeiter organisierten und die Verteilung der Gewinne übernahmen. Beflügelt wurde diese Bewegung durch die Russische Revolution, die bewies, dass ein Umsturz der Machtverhältnisse grundsätzlich möglich war, auch wenn die Repression im neuen Russland etwa von den Anarchisten, die nach wie vor einen großen und aktiven Teil der Arbeiterbewegung stellten, schnell erkannt und abgelehnt wurde.

Errico Malatesta, der die Kriegsjahre im Londoner Exil verbracht hatte, gelang es im Dezember 1919 trotz aller Hindernisse, die ihm die italienische Regierung in den Weg legte, nach Italien zurückzukehren. Ein befreundeter Kapitän brachte ihn als blinden Passagier auf einem Handelsschiff nach Tarent. Als Malatesta später wieder einmal vor Gericht stand, beschrieb er rückblickend die Stimmungslage, die er in Italien vorfand: »Im Übrigen wissen Sie genau«, erklärte er dem Staatsanwalt, »wie die Lage in Italien beschaffen war. Gab es denn jemanden, der nicht an die Revolution geglaubt hätte? Die Proletarier erhofften sie inbrünstig und sahen sie kommen. Das Bürgertum war furchtsam und resigniert. Die Regierung war nicht vorhanden.«

Sorgen bereiteten dem Bürgertum und der Regierung weniger diejenigen Sozialisten, die auf Reformen des herrschenden Systems drängten und bloß Lohnerhöhungen und Arbeitszeitbeschränkungen forderten, sondern die »Maximalisten«, die aufs Ganze gingen und auf eine revolutionäre Umwälzung der Machtstrukturen hinarbeiteten. Auch dem Reporter auf der *Principessa Mafalda* war die in Südamerika ebenfalls bekannte Strömung des Maximalismus vertraut:

»Und der Maximalismus – gelingt es ihm, sich in Italien durchzusetzen?«

»Nein, im eigentlichen Sinne nicht«, meinte Bruzio. »Mal abgesehen von einer Minderheit von Anarchisten und Gewaltbereiten ist das italienische Volk ein Freund der Ordnung. Es lässt sich nicht so leicht von den neuen Ideen der modernen Terroristen verführen. Darüber hinaus ist die Monarchie in Italien tief und fest verwurzelt.«

Am 5. Oktober 1919 – einem Sonntag – herrschte Ausflugswetter. Auf einem Boot fuhren junge Burschen und Mädchen zum Picknick auf die Ilha da Paquetá im Innern der Bucht und winkten den Passagieren der *Mafalda* zu. Ein Wasserflugzeug flog im Tiefflug vorbei. Kurz darauf machte die *Principessa Mafalda* an der Hafenmauer von Rio de Janeiro fest. Graf und Gräfin Bosdari wurden von ihren Landsleuten mit Musik begrüßt, die Frau des italienischen Botschafters, die während der Überfahrt zur Patin der kleinen Mafalda Vittoria Veneta geworden war, erhielt einen Blumenstrauß.

Während des fünfstündigen Aufenthalts der *Principessa Mafalda* in Rio stiegen einige Passagiere zu, die nach Buenos Aires wollten. Der italienische Dampfer erreichte die argentinische Hauptstadt am 9. Oktober. Von rund hundertsechzig Passagieren, die in Buenos Aires an Land gingen, sind in den Listen der Hafenbehörden Namen, Nationalität, Alter, Beruf und Herkunft verzeichnet. Die meisten stammten aus Italien, einige weitere aus Argentinien, Spanien, der Schweiz und Frankreich. Die Migration aus Italien setzte 1919 wieder ein. Nachdem während des Kriegs mehr Italiener zurückgekommen als ausgewandert waren, bewegten sich ab 1920 wieder deutlich mehr Menschen von Italien nach Argentinien.

Auf der Rückfahrt lag die *Principessa Mafalda* nach Zwischenstopps in Montevideo und Santos am 23. Oktober wieder vor Rio de Janeiro auf Reede, zweieinhalb Wochen nach dem Erscheinen des Artikels im *Correio da Manhã*. Und wieder gelangte sie in die brasilianische Presse – diesmal wegen dreier Anarchisten, die auf dem italienischen Dampfer außer Landes geschafft wurden: Sílvio Antonelli, Gigi Damiani und Alessandro Zanella.

Die anarchistische Bewegung in Lateinamerika war nicht so leicht totzukriegen. Sie ging über den Kampf für erträgliche Arbeits- und Lebensbedingungen hinaus, äußerte sich in zahlreichen Zeitschriften und Publikationen, setzte sich für Frauenrechte ein, bekämpfte den Alkoholismus und umfasste alternative Schulen, Bildungsstätten, Bibliotheken, Druckereien, Versammlungslokale und Bühnen für Theateraufführungen. Obwohl ein Teil der Anarchisten nicht vor Gewaltanwendung zurückschreckte, greift die Gleichsetzung von Anarchismus mit Terrorismus, wie sie auch Francisco Bruzio im Gespräch mit dem Reporter des *Correio* vertritt, viel zu kurz. Wie in Europa, wo etwa die Maler Gustave Courbet und Camille Pissarro oder Schriftsteller wie Leo Tolstoi, Émile Zola, Octave Mirbeau und Franz Kafka mit den Anarchisten sympathisierten, engagierten sich auch in Südamerika Künstler für den anarchistischen Kampf gegen Unterdrückung und Ausbeutung der Machtlosen.

Der 1875 in Montevideo geborene Florencio Sánchez, der als einer der wichtigsten südamerikanischen Dramatiker seiner Generation gilt, schrieb seine ersten Stücke für anarchistische Theatergesellschaften. Sánchez führte ein unstetes Leben diesseits und jenseits des Río de la Plata, feierte Erfolge auf den Bühnen von Buenos Aires und Montevideo, war aber nicht sehr geschäftstüchtig. Er verfasste regelmäßig Beiträge für die in Buenos Aires erscheinende anarchistische Zeitschrift *La Protesta*. 1909 reiste Sánchez nach Europa und starb im November 1910 in einem Mailänder Krankenhaus an Tuberkulose. Nach dem Krieg veranlasste der uruguayische Präsident Baltasar Brum die Überführung der sterblichen Überreste des Dramatikers nach Montevideo. Am 21. Januar 1921 brachte die *Principessa Mafalda* den toten Dichter in die Hauptstadt Uruguays, wo er im Pantéon Nacional des Zentralfriedhofs feierlich beigesetzt wurde.

Die herrschenden Kreise reagierten unterschiedlich auf die Proteste und Provokationen, Streiks und Demonstrationen der Arbeiterbewegung. Teilweise gingen sie auf die Forderungen nach Erleichterung der Arbeits- und Lebensbedingungen ein, insbesondere in Uruguay, aber auch in Argentinien. Baltasar Brums Vorgänger José Batlle y Ordóñez beschränkte 1915 in Uruguay die tägliche Arbeitszeit auf acht Stunden, führte obligatorische Ruhetage, eine Arbeitslosenversicherung und ein Rentensystem mit Altersrente ab dem sechzigsten Lebensjahr ein. In Argentinien konnten Mindestlöhne und ebenfalls der Achtstundentag durchgesetzt werden.

Wie in Italien, Spanien und Russland – vor und nach der Revolution – begegnete der Staat der libertären Bewegung in Südamerika jedoch sehr oft mit repressiven Maßnahmen. Besonders in Argentinien richteten Polizei und Armee wahre Massaker an den Unzufriedenen in Stadt und Land an, gerade in den Jahren nach dem Ersten Weltkrieg, der sich in Argentinien negativ auf Handel und Wirtschaft ausgewirkt hatte und die Arbeitslosenzahlen emporschnellen ließ. Ende 1918 reagierten in Buenos Aires zweieinhalbtausend Metallarbeiter der Firma

Vasena mit einem Streik auf Entlassungen. Als die streikenden Arbeiter den von der Firmenleitung eingestellten Streikbrechern den Zugang zur Vasena-Fabrik verwehren wollten, erschoss die Polizei einige der Anarchisten. Daraufhin wurde der Generalstreik ausgerufen. »Am 9. Januar führte eine Riesenmenge von Anarchisten ihre Toten zu Grabe und wurde auf dem Friedhof von Polizei und Militär angegriffen. In den nächsten Tagen, während Polizei und Militär mit ungewohnter Härte vorgingen und Dutzende von Anarchisten erschossen, schloss sich ihnen die Zivilbevölkerung aus den vornehmen Stadtteilen an, die mit besten Waffen ausgerüstet wurden«, beschreibt der argentinische Historiker Osvaldo Bayer die Ereignisse der »Tragischen Woche« zwischen dem 7. und 14. Januar 1919. »Sie kämpften nicht nur gegen die Arbeiter, sondern veranstalteten die ersten Pogrome in Argentinien: das Judenviertel in Buenos Aires wurde überfallen, es wurde gemordet, geraubt, Läden und Synagogen in Brand gesteckt.« Bayer schätzt die Zahl der Toten auf 1100. Staatspräsident Hipólito Yrigoyen sah sich schließlich genötigt, zu veranlassen, dass Vasena alle Entassungen rückgängig machte und die während des Streiks Verhafteten freigelassen wurden, was zum Abbruch des Generalstreiks führte.

Noch mehr Tote forderten die Aufstände in Patagonien. Sie begannen Ende September 1920 mit einem Generalstreik in Río Gallegos, der nach dem polizeilichen Verbot einer geplanten Gedenkveranstaltung für den elf Jahre zuvor in Barcelona erschossenen Reformpädagogen Francisco Ferrer ausgerufen wurde. Die Streikbewegung weitete sich aus und erfasste bald riesige Teile Patagoniens. Die Forderungen der Landarbeiter waren durchaus nicht vermessen: Sie wünschten sich belüftete Schlafräume mit Matratzen, Waschgelegenheit und einer Mindestgröße von vier mal vier Metern für drei Männer, drei Mahlzeiten pro Tag, Zeit, um ihre Wäsche waschen zu können, und einen Verbandskasten in jedem Posten. Nachdem die Regierung diesen Anliegen zunächst Verständnis entgegengebracht hatte, konnten die Großgrundbesitzer, die zu keinerlei Konzessionen bereit waren, schließlich doch durchsetzen, dass ein Kavallerieregiment in Patagonien eingriff. Die Soldaten brachen den Widerstand, indem sie mordend durchs Land zogen und 1800 Landarbeiter umbrachten. Anschließend senkten die Landbesitzer die zuvor geltenden Mindestlöhne. Das letzte Zeichen des Widerstands setzten fünf Prostituierte in San Julián, die sich am

7. Februar 1922 weigerten, die Soldaten zu empfangen, die nach getaner Arbeit ins Bordell geschickt wurden. Die Frauen begrüßten die Soldaten mit Besen und Knüppeln: »Mörder! Mit Mördern lassen wir uns nicht ein!«

Neben den beiden klassischen, allseits gebräuchlichen Formen der Reaktion auf die Forderungen der Arbeiterschaft – Konzession und Repression – eröffnete sich den südamerikanischen Nationen ein weiterer wirkungsvoller Weg, den Protesten entgegenzutreten: die Ausweisung. Die meisten der argentinischen und brasilianischen Industriearbeiter verfügten als Immigranten nicht über das Bürgerrecht der Länder, in denen sie als Arbeitskräfte beschäftigt wurden. Das argentinische Parlament erließ 1902 mit der *Ley de Residencia* ein später noch verschärftes Gesetz, das die Abschiebung missliebiger politisch engagierter Ausländer ohne viel Federlesens erlaubte. Die Ausweisungen betrafen im Wesentlichen Spanier und Italiener. Zwischen 1902 und 1919 wurde Argentinien auf diese Weise nach spanischen Quellen über dreihundert spanische Aktivisten los.

Sobald die *Mafalda* nach dem Krieg wieder regelmäßig die La-Plata-Route befuhr, wurde sie zur Deportation von Migranten eingesetzt. Am 16. Mai 1919 berichten brasilianische Zeitungen von der Ausweisung 79 argentinischer Maximalisten auf der *Principessa Mafalda* nach Barcelona und Genua. Der Dampfer befand sich auf dem Rückweg nach der unglücklichen Atlantiküberquerung mit Grippekranken und dem auf Eis gelegten Offiziersleichnam an Bord, brachte also auf seiner ersten Fahrt nach dem Krieg Soldaten freiwillig nach Südamerika und Anarchisten zwangsweise nach Europa.

Längst hatte auch Brasilien Gesetze zur Abschiebung unerwünschter Aktivisten erlassen. Die Deportationen der anarchistischen Spanier, Italiener und Portugiesen verliefen nicht immer reibungslos. Nach dem ersten brasilianischen Generalstreik im Sommer 1917 wurde eine Gruppe von Anarchisten in Santos auf ein Schiff gebracht, das vorerst Richtung Norden fuhr. In Rio de Janeiro kamen die Anwälte der Deportierten an Bord. Es gelang ihnen nicht, die in einer Kabine eingeschlossenen Anarchisten ausfindig zu machen. Als weiter nördlich vor Recife Fische geladen wurden, versteckten sich drei der Anarchisten im Korb, der vom Ladekran in die Höhe gehoben wurde, über der rauen See schwebte, bis er wieder auf den Lastkahn gesenkt wurde, der die

Fische zum Dampfer gebracht hatte und nun die drei Flüchtigen an Land führte. Dort wurden sie allerdings bald aufgegriffen und in eine Zelle gesteckt, auf deren Holzpritschen sich Flöhe, Läuse und Wanzen tummelten. Am nächsten Tag wurden die drei Ausbrecher auf ein anderes Schiff gebracht, das nach New York unterwegs war. Auf Barbados wurden sie von Bord geschickt. Einen Monat später erreichten ihre Anwälte, dass die Ausweisung vom Bundesgericht für unrechtmäßig erklärt wurde.

Der Gipser Sílvio Antonelli, der Maurer Alessandro Zanella und Luigi Damiani, genannt Gigi, wurden am 22. Oktober 1919 in São Paulo verhaftet, um umgehend abgeschoben zu werden. Alle drei stammten aus Italien. Gigi Damiani war 1876 in Rom geboren worden. Seine Mutter starb bald nach seiner Geburt, sein Vater führte eine Trattoria. Gigi wurde in einer Erziehungsanstalt in Neapel untergebracht, wo er einen Ausbruchsversuch organisierte, der misslang, worauf er in ein Kindergefängnis gelangte. 1897 emigrierte er nach Brasilien.

Dort schlug er sich unter anderem als Maler von Theaterkulissen durch, arbeitete jedoch hauptsächlich als Journalist und Redakteur für verschiedene anarchistische Zeitschriften. »Wir fordern Brot, Freiheit und Wissen für alle«, erklärt Damiani die Ziele seines politischen Kampfes, »Brot: das bedeutet wirtschaftliche Gleichstellung; Freiheit: das bedeutet gesellschaftliche Gleichstellung; Wissen: das bedeutet Bildung für alle.« Seine Forderung nach Gleichstellung für Frauen ließ ihn auch die Ehe kritisch beurteilen: Aufgrund der rechtlichen Stellung der verheirateten Frau stellte er fest, dass »die Frau die Sklavin ist und der Mann der Herr«, und fragte sich: »Wie kann es Liebe geben zwischen einer Sklavin und ihrem Herrn?« Unter den herrschenden Verhältnissen verstand er die Ehe als eine Form der Prostitution und der Unterdrückung: »Die Heirat ist nichts anderes als ein Kaufvertrag, der durch das Gesetz und die Religion sanktioniert wird. Der Mann ist der Tyrann, der für sich die größtmögliche Freiheit in Anspruch nimmt, während er diese seiner Gefährtin verweigert.«

Damiani schrieb neben Artikeln und Essays im Lauf seines Lebens verschiedene Romane und Erzählungen, Theaterstücke und nicht zuletzt unzählige Gedichte. Selbst in seinen kunstvollen Gedichten steht für ihn die politische Botschaft im Vordergrund – so in *La nostra musa*, wo er sich von den Musen Dantes, Petrarcas und anderer großer italienischer Dichter distanziert, ob sie nun Edeldamen oder Kurtisanen waren, und sich von der alleinerziehenden Fabrikarbeiterin inspirieren lässt, die sich freut, wenn ihr Kind sie um einen Kuss bittet:

*La nostra musa non si chiama Bice,*
*né Laura, né Eloisa, né Leonora,*
*nobildonna non è, né meritrice,*
*ma un'operaia che in fabbrica lavora;*
*ha un bimbo senza padre, ed è felice*
*di sentirlo gridar: baciami ancora.*

Damiani, Antonelli und Zanella, der vier Kinder zurückließ, bekamen nach ihrer Festnahme keine Gelegenheit, sich von ihren Angehörigen zu verabschieden. Sie wurden in São Paulo zum Nordbahnhof geführt, dann nach Rio de Janeiro gefahren und anschließend in Polizeifahrzeuge verfrachtet, die im Volksmund als »lustige Witwen« bezeichnet wurden. Schließlich brachte man sie in einem Boot zur *Principessa Mafalda*, die im Hafen ankerte.

Aus Dakar, bereits jenseits des Atlantischen Ozeans, berichtet Damiani seinen zurückgelassenen Genossen in einem Brief, der am 6. Dezember in der Zeitschrift *O combate* veröffentlicht wird, von der Deportation:

»Die Geschichte unserer Abschiebung ist sehr einfach. Wir wurden am Morgen des 22. festgenommen und während der Nacht vom Estação do Norte im Gefängniswagen nach Rio gebracht, gut bewacht von bewaffneten Soldaten. Ausgeladen wurden wir im Cascadura-Quartier, wo drei ›lustige Witwen‹ und dreißig Soldaten uns ins Gefängnis führten. Dort brachten sie uns in Einzelzellen. Immerhin ist es in Rio glücklicherweise üblich, den Gefangenen Essen zu geben.

Um zwei Uhr nachmittags ging es direkt zum Kai am Praça Mauá, wo wir in ein Motorboot stiegen, das uns auf hoher See zur ›Mafalda‹ fuhr, die vor Rio auf Reede lag.

Kaum im Boot wurden wir von einem Kerl mit Papier und Bleistift in der Hand angesprochen, der sich als Sekretär des italienischen Konsuls ausgab und von uns wissen wollte, ob wir uns beschweren möchten oder unseren Familien etwas auszurichten hätten. Ich schickte ihn zum Teufel. Ein Geheimpolizist bot uns Geld an, was wir ablehnten, obwohl wir blank waren. Sie schaffen uns nicht nur aus, sondern verhöhnen uns auch noch mit Almosen!«

Wenn Personen an Bord des auf Reede liegenden Dampfers gelangen sollten, so wurden sie – wie die drei Anarchisten – von einem Boot zum Fuß des mittschiffs heruntergelassenen Fallreeps gefahren.

Damiani gibt in seinem Brief aus Dakar gleich noch seine Kontaktadresse in Rom an, freut sich auf die ruhigen Tage auf See – und auf die politischen Kämpfe in Italien. Er schließt: »Mit brüderlicher Umarmung eines Freundes, Gigi Damiani.« In Genua wird er unverzüglich verhaftet, bald jedoch wieder freigelassen.

Damiani war nicht unglücklich über seine Abschiebung nach Italien, denn hier lag die Revolution – anders als in Brasilien – spürbar in der Luft. Er übernahm die Chefredaktion der *Umanità nova*, die im Februar 1920 von Errico Malatesta, der wenige Wochen nach Damiani aus dem Exil zurückgekehrt war, gegründet wurde, einer Tageszeitung, die zeitweise eine Auflage von fünfzigtausend Exemplaren erreichte. Im gleichen Jahr verfasste er eine Schrift, die von der Emigration nach Brasilien abriet: *I paesi nei quali non bisogna emigrare. La questione sociale nel Brasile* – Länder, in die man nicht emigrieren sollte. Die soziale Frage in Brasilien.

Gigi Damiani blieb seinen anarchistischen Ideen zeitlebens treu. Nach der faschistischen Machtübernahme tauchte er unter, wich 1926 nach Frankreich aus, lebte in den folgenden Jahren in verschiedenen Ländern Europas und wurde immer wieder inhaftiert und ausgewiesen. Es gelang ihm, mit Errico Malatesta, der in Rom als alter, kranker Mann vom Regime schikaniert wurde, in Kontakt zu bleiben und ihm finanzielle Unterstützung zukommen zu lassen. Damiani schrieb nach wie vor für anarchistische Zeitschriften. So in dem in Genf erscheinenden *Réveil Anarchiste*, der jeweils einige auf Italienisch verfasste Seiten enthielt und 1926, wenige Monate vor der Hinrichtung der beiden anarchistischen Arbeiter Nicola Sacco und Bartolomeo Vanzetti in Boston, einen Brief veröffentlichte, den Vanzetti an den »Carissimo Gigi« gerichtet hatte. Oder 1938, als sich Damiani im gleichen Blatt über die im faschistischen Italien erlassenen und vom König abgesegneten antisemitischen Gesetze und Verordnungen empörte. Während des Zweiten Weltkriegs kam der flüchtige Anarchist in Tunesien unter. Als Siebzigjähriger kehrte er 1946 nach Italien zurück, wo er die *Umanità nova* wiedererstehen ließ, die heute noch als Wochenblatt erscheint. Innerhalb der sozialistischen Bewegung hatte in Italien allerdings längst die kommunistische Partei die Führungsrolle übernommen. 1953, ein Jahr vor seinem Tod, widmete Gigi Damiani seiner großen Liebe eine letzte Publikation: *La mia bella Anarchia*.

# WEINGARTNER IM WINTERGARTEN

## *Felix Weingartner und Richard Strauss auf der Principessa Mafalda*

Am 14. Juni 1920 betraten Felix Weingartner, Direktor der Wiener Volksoper und Chefdirigent der Wiener Philharmoniker, und seine Frau Lucille, Sopranistin, reisefertig den Bahnsteig des Wiener Südbahnhofs, verabschiedeten sich von den anwesenden Freunden und Bekannten – »dann ruft das Signal zum Einsteigen«, wie Felix Weingartner in sein Tagebuch notiert. »Ein letzter Händedruck, ein Schwenken der Tücher, und der Perron entschwindet unseren Blicken.«

Die Sängerin Lucille und der Dirigent und Komponist Felix Weingartner waren unterwegs nach Südamerika. »Für die Versicherung meines Reisegepäcks«, stellt Weingartner fest, »habe ich 10.000, sage zehntausend Kronen erlegt. Soviel kostete früher vielleicht die ganze Reise nach Buenos Aires.«

Schon während des Kriegs, der immense Kosten verursachte, hatte die österreichische Währung eine starke Entwertung erfahren. Im Sommer 1920 hatte die Krone gegenüber dem Vorjahr noch einmal vier Fünftel ihres Werts verloren. Im österreichischen Rumpfstaat, der mit seinem ausgedehnten Hinterland auch die sicheren Versorgungsquellen für Kohle und Nahrungsmittel verloren hatte, brachen eine Woche vor dem Aufbruch des Ehepaars Weingartner mit Plünderungen verbundene Hungerunruhen aus, bei denen mehrere Menschen zu Tode kamen.

»Bis Villach geht alles vortrefflich«, schreibt Weingartner in sein Tagebuch, das er während seiner ganzen Südamerikareise führt und darin einen guten Einblick in das Bordleben von gut betuchten Reisenden in der Nachkriegszeit bietet. »Plötzlich wird uns verkündet, der Zug gehe vorerst nicht weiter.« Die Passagiere werden kurz vor der italienischen Grenze aufgefordert, auszusteigen und zu Fuß den Geleisen zu folgen. »Da stehen zwei mächtige Lokomotiven ineinander eingekeilt, die Geleise sind aufgerissen und die Trümmer liegen herum.« Es wird Nacht. Es beginnt zu regnen. Felix Weingartner wird nervös:

»Ein gelinder Schauer läuft mir über den Rücken. Am 17. Juni geht mein Schiff von Genua ab.« Schließlich kommt ein Ersatzzug, der die Weingartners wenige Kilometer über die Grenze nach Tarvisio bringt. Dort geben sie ihr Gepäck auf und können nach Mestre weiterfahren, wo sie frühmorgens eintreffen.

Im Großraum Mailand war der Zugverkehr durch einen Streik lahmgelegt. Weingartners schafften es im Zug noch bis nach Brescia. Über den Eisenbahnknotenpunkt Treviglio auf halbem Weg zwischen Brescia und Mailand, wo sie irrtümlicherweise ihr Gepäck vermuteten, gelangten sie mit einer Fahrgemeinschaft in einem Auto in die lombardische Hauptstadt und übernachteten dort. Am nächsten Tag ließen sie sich nach Genua chauffieren. Lucille Weingartner gelang es, ihr im Genueser Hauptbahnhof eingetroffenes Gepäck ausfindig zu machen. Erleichtert verbrachten die beiden ihre letzte Nacht auf dem Festland in einem »kleinen gemütlichen Hotel«.

Tags darauf begaben sie sich zum Hafen, wo die *Principessa Mafalda* bereits am Landungssteg lag. Zu ihrem Leidwesen mussten sich Weingartners wie alle, die an Bord wollen, einer Prozedur unterziehen, die Revision genannt wird: »›Zuerst zur Revision‹, donnert man uns entgegen. In einem Saal, in welchem Gepäck und alles mögliche sonstige aufgestellt ist, drängt sich eine vielhundertköpfige Menge. Nichts hilft, wir müssen uns anstellen, wohl anderthalb Stunden. Schließlich werden wir lange zwischen eine Wand und ein Gitter gepreßt, bis man uns in den eigentlichen Revisionsraum läßt.« Felix Weingartner, der sich über die »geradezu unwürdige Drängerei« ärgert, hat Zeit, sich allerlei Gedanken zu machen. »Ausgezeichnet hingegen ist die ärztliche Revision. Daß sich ein überseeisches Land die Einwanderung von verseuchten Individuen aus unserem zerstörten Europa nicht gefallen läßt, ist nur zu begreiflich. Man könnte da noch viel weiter gehen. Tiere und Pflanzen werden zu Edelrassen gezüchtet. Nur die Krone der Schöpfung, der Mensch, pflanzt sich wild fort. Wieder einmal fiel mir Schopenhauer ein, der die Charaktereigenschaften vom Vater, die Intelligenz von der Mutter herleitet und daran den Ausspruch knüpft, daß das menschliche Geschlecht bald weiter in seiner Entwicklung wäre, wenn man jeden Schurken kastrieren und jede dumme Gans ins Kloster sperren könnte. Wieviel Wahrheit steckt meistens hinter der köstlichen Grobheit dieses Mannes!«

Weingartners Begeisterung für Schopenhauers »köstliche Grobheit« war keineswegs originell. Bereits im ersten Jahrzehnt des zwanzigsten Jahrhunderts wurden sowohl in Europa wie auch in Nordamerika Menschen, die von ärztlichen Gutachtern und Vertretern der Behörden als minderwertig eingestuft wurden, zwangsweise sterilisiert oder kastriert. In den USA, wo diese Praxis wie in der Schweiz bis in die 1980er Jahre fortgeführt wurde, handelte es sich bei den insgesamt rund 60 000 Opfern der Zwangssterilisation und -kastration mehrheitlich um afroamerikanische Frauen. »Das Programm, die ›Inferioren‹, die ›Untermenschen‹, die ›Minderwertigen‹ einzudämmen, fand bei denjenigen, die sich für ›höherwertig‹ hielten, auch darum weitgehende Akzeptanz, weil es sowohl mit sozialdemokratischen wie auch mit rechtskonservativen, mit wissenschaftlichen wie mit religiösen Ideologemen kombinierbar und in seinen simplen Grundthesen leicht aufzufassen war. Die ›Eugeniker‹ und ›Rassenhygieniker‹ betrachteten Irre, Süchtige, Behinderte und sonstwie von den damals oft recht rigiden Normen Abweichende nicht als Mitmenschen gleichen Werts«, stellt der Historiker Thomas Huonker rückblickend in seiner Arbeit *Diagnose: »moralisch defekt«* fest, »sondern als ›Minderwertige‹ und als Gefahr, die es einzuschließen und möglichst auszurotten galt.«

Felix Weingartner und Lucille Marcel-Weingartner überquerten den Atlantik im Sommer 1920 auf der *Principessa Mafalda*.

»›Principessa Mafalda‹, ein schmucker, weißer Dampfer, liegt zum Ausfahren bereit am breiten Landungssteg, auf dem eine aus Typen aller Nationalitäten zusammengesetzte Menge hin und her wogt.« Nach überstandener Revision gehen Herr und Frau Weingartner an Bord. »Dann nehmen wir das schwimmende Haus in Augenschein, das uns über zwei Wochen beherbergen soll. Es ist nicht so riesenhaft wie der englische ›Olympic‹, der uns im Jahre 1914 zuletzt nach New-York und wieder zurückbrachte, aber freundlich und elegant. Man rühmt ihm angenehme Gangart und große Schnelligkeit nach.«

Am späten Nachmittag des 17. Juni legt die *Principessa Mafalda* ab: »Um halb Sechs abends Ausfahrt aus dem grandiosen Hafen von Genua, das, auf die Berge hinaufgebaut und von ihren zum Teil befestigten Kämmen überragt, einen prachtvollen Anblick bietet, der leider durch strömenden Regen und ziehende Nebel stark beeinträchtigt wird. Bald sind wir im offenen Meer, das trotz des schlechten Wetters ganz ruhig ist, so daß das Schiff, unfern der Küste, ohne Schwanken dahingleitet.«

Bald ist es Zeit für das Nachtessen im zweigeschossigen Speisesaal der Luxusklasse, der sich im vorderen Bereich des Salondecks befindet. Er ist von einer großen Glaskuppel überwölbt, die von vier schlanken kannelierten Säulen auf achteckigen Sockeln getragen wird. An der Vorderfront des Saals sowie an den Seitenwänden backbord und steuerbord erlauben jeweils drei hohe Fenster – im oberen Teil von in Falten fallenden und auf Augenhöhe zur Seite gerafften Gardinen verdeckt – den Blick in die Weite. An der Rückwand des Speisesaals, der mit Läufern ausgelegt ist, führen zwei Flügeltüren zum À-la-carte-Restaurant und zu einem langen Korridor, der sich hinter der Verschalung des vorderen Schornsteins zu einer wiederum von einer Glaskuppel überdachten Halle öffnet, in welche auch die Haupttreppe von den unteren Decks mündet, und schließlich hinter dem zweiten Schornstein beim Musikraum endet.

Im *Salone da pranzo* stehen achtzehn von Tischtüchern gedeckte rechteckige und runde Tische unterschiedlicher Größe für zwei bis sechs Personen. »Die Glocke ruft zum Diner. Ein junger Argentinier deutscher Abstammung, Herr Hellmut, und seine hübsche Frau sind unsere Tischgenossen. Die Dame bemüht sich, mir einige spanische Wörter beizubringen. Das Essen ist ausgezeichnet, wie in besten Restaurants zur Friedenszeit. Die meiste Freude bereitet uns das fast blendend weiße Brot, das an Wiens gute Zeiten erinnert.«

Am folgenden Morgen herrscht zwar »prächtiger Sonnenschein, aber aus dem berüchtigten Golfe du Lyon weht ein scharfer Nordwind. Es ist beinahe kalt und das Meer wirft hohe Kämme.« Weingartners werden seekrank, erholen sich jedoch schnell wieder: »Nachmittags haben wir den gefährlichen Golf passiert und das Meer wird ruhiger.«

Am dritten Reisetag folgte die *Mafalda* in einiger Distanz der spanischen Küste. Auf dem Schiff begann Alltag einzukehren: »Allmählich denkt man wieder ans Arbeiten.« Lucille bereitet sich auf ihre Rollen in Opern von Richard Wagner vor: »Meine Frau muß die Sieglinde in italienischer Sprache fertig machen und die Elsa zu studieren beginnen. Sie ruht, den Klavierauszug vor sich, auf einem Liegestuhl. An Bord sind zwei Klaviere in verschiedenen Räumen. Wir suchen uns Stunden aus, da das eine oder das andere Zimmer frei von Passagieren ist, und studieren dort, sie leise summend, ich so leise wie möglich begleitend, um allzu Neugierige nicht herbeizulocken.«

Weingartner arbeitet oft auf dem Bootsdeck, das über dem Salondeck liegt und die Rettungsboote trägt: »Ich habe ein stilles Plätzchen im sogenannten Wintergarten entdeckt, wo nur selten einige Zecher und Kartenspieler sitzen. Dorthin ziehe ich mich mit meinen Manuskripten zurück und schreibe auch dieses Tagebuch.« Auf dem grünen, mit weißen Sternen und kleinen Quadraten gemusterten Gummiboden des von einem Glasdach überdeckten Wintergartens sind einige kleine Tische mit Rohrsesseln verteilt, dazwischen und auf den Fenstersimsen stehen Goldfruchtpalmen mit gefiederten Blättern und andere Topfpflanzen. Am einen Ende des Wintergartens ist eine Bar eingerichtet, am andern Ende führt ein Aufzug in die darunterliegenden Decks. Achtern schließt im Freien ein von einer Plane überdachter Dachgarten mit Yuccas in viereckigen Kübeln und weiteren Gewächsen an.

Auch ein anderer Musiker hat den Wintergarten als Arbeitsplatz entdeckt: der Pianist Édouard Risler, der eine Konzerttournee durch Argentinien und Brasilien vorbereitet. »Wir begrüßen uns herzlichst. Es ist der erste französische Künstler, dem ich nach dem Kriege wieder freundschaftlich die Hand drücke.«

Der Krieg hatte selbst zwischen den Künstlern der verfeindeten Nationen Gräben aufgerissen. Der militärische Konflikt wurde zu einem Kampf zwischen unvereinbaren kulturellen, gesellschaftlichen und politischen Strömungen hochstilisiert. Thomas Mann konstruiert diese Gegensätze zwischen Deutschland und dessen Feinden Frankreich und England in seinen während des Kriegs verfassten *Betrachtungen eines Unpolitischen* so: »Der Unterschied von Geist und Politik enthält den von Kultur und Zivilisation, von Seele und Gesellschaft, von Freiheit und Stimmrecht, von Kunst und Literatur; und Deutschtum, das ist Kultur, Seele, Freiheit, Kunst und nicht Zivilisation, Gesellschaft, Stimmrecht, Literatur.«

Die Kulturschaffenden aus Deutschland und Österreich sahen sich mit Thomas Mann in der Defensive, da sich Deutschland durch den Überfall auf das neutrale Belgien, die absichtliche Zerstörung der Universitätsbibliothek Löwen inklusive eines Bestandes von 300 000 Büchern und der Versenkung der *Lusitania* schon während der ersten Kriegsmonate in den Augen angelsächsischer und neutraler Beobachter als Kulturnation diskreditiert hatte. Die Deutschen, stolz auf ihre Dichter und Denker, mutierten in der feindlichen Propaganda zu Hunnen, Barbaren und Affenmonstern.

Zahlreiche deutsche und österreichische Geistesgrößen unterschrieben bereits im September 1914 das Manifest *An die Kulturwelt!* – darunter der Schriftsteller Gerhart Hauptmann, die Maler Max Liebermann und Franz von Stuck, die Physiker Wilhelm Röntgen und Max Planck, der Biologe und Rassenhygieniker Ernst Haeckel und der Chemiker Fritz Haber, der gerade mit der Entwicklung von Giftgas als Massenvernichtungswaffe beschäftigt war. Die Unterzeichner distanzieren sich im als *Manifest der 93* bekannten Schreiben von den Vorwürfen der Kriegsgegner und gehen zum Gegenangriff über: »Sich als Verteidiger europäischer Zivilisation zu gebärden, haben die am wenigsten das Recht, die sich mit Russen und Serben verbünden und der Welt das schmachvolle Schauspiel bieten, Mongolen und Neger auf die weiße Rasse zu hetzen.« Auch Felix Weingartner unterschrieb das *Manifest der 93*. Zur gleichen Zeit komponierte er die Ouvertüre *Aus ernster Zeit*, in der die Hymnen der kriegführenden Länder gegeneinander antreten – die der Entente schrill instrumentiert, melodisch verfremdet und in Ganztonschritten gesetzt, die letztlich triumphierenden Kaiserhymnen Deutschlands und Österreichs dagegen unverzerrt in warmen, feierlichen und kräftigen Tönen.

Später distanzierte sich Weingartner vom *Manifest der 93* und gab an, es aus Gefälligkeit unterschrieben zu haben, ohne dass er es vorab habe lesen können. Auch den Stellenwert seiner kriegerischen Ouvertüre versucht er in seiner Autobiografie herunterzuspielen.

Wie viele andere Künstler und Intellektuelle hatte Weingartner im Verlauf des Kriegs seine Position überdacht. Im Frühjahr 1920 geriet er sogar in die Lage, sich gegen die Kritik konservativer und deutschnationaler Kreise rechtfertigen zu müssen, weil er seiner Überzeugung Ausdruck gegeben hatte, »dass in dem Land der Dichter und Denker die geistigen Heroen über die unseligen Säbelrassler triumphieren werden, und dass ein neues und besseres Deutschland aus den Trümmern des alten hervorgehen müsse, im Interesse der Menschheit, die nicht mehr ihre Blüte auf den Schlachtfeldern opfern müsse.«

Doch in der dritten Nacht, die Weingartner auf der *Principessa Mafalda* verbringt, erinnert nur der rote Planet an den Krieg:

> »Ein wunderbarer Sternenhimmel wölbt sich nachts über uns. Im Westen steht die Sichel des aufnehmenden Mondes, nahe dabei der strahlende Jupiter. Beinahe im Zenith brennt der böse Mars sein scharfes, rotes Licht herab. Die Milchstraße leuchtet wie glänzender, aufgewirbelter Sand. Noch stehen die wohlbekannten Sternbilder an ihren Plätzen. Bald werden sie im immer ferner rückenden Norden verschwinden.«

Am folgenden Tag passiert die *Mafalda* die Meerenge von Gibraltar. Der Felsen, »ein Symbol, das wie kaum ein anderes die Weltherrschaft eines Volkes verkörpert«, weist zahlreiche Öffnungen auf, »in denen das bewaffnete Auge Mündungen von Kanonenrohren entdeckt«.

»Während der Kriegszeit«, weiß auch Weingartner, »wurde jedes Schiff hier angehalten und durchsucht.«

Bald verschwindet ein Passagier nach dem andern mit bleichem Gesicht vom Deck. »Wir sind auf dem Atlantischen Ozean, wo es mächtigere Wellen gibt, wie im Becken des Mittelländischen Meeres. Schäumende, weiße Kämme, die wir schräg durchschneiden, nagen sich wie blendende Gebisse riesiger Seetiere in die purpurblaue Flut hinein, gehen unter und machen neuen, gierigen Gebilden Platz.« Auch das Ehepaar Weingartner kämpft mit der Seekrankheit. Beim Diner versuchen sich die beiden mit einigen Bissen gehackten Taubenfleischs zu stärken, anschließend besuchen sie sogar noch den ersten Teil der Kinovorstellung, »die beinahe ebenso wackelte, wie das Schiff.« Filme wurden auf der *Mafalda* üblicherweise sonntags gezeigt.

Während der nächsten Tage folgt die *Principessa Mafalda* auf südwestlichem Kurs in weiter Distanz der afrikanischen Küste, die sich am Horizont gerade noch als schmaler Streifen abzeichnet. Einmal steht Weingartner »auf Deck« und schaut über Bord: »Da taucht vor mir aus dem Wasser ein kleiner Aeroplan auf: ein silberner Körper, silberne gestreckte Flügel. Schimmernd fliegt es dahin, das ganze Ding nicht größer wie etwa ein Drittel Meter, macht einige anmutige Kurven und verschwindet wieder im Wasser. Es ist ein fliegender Fisch. Ich würde noch viele sehen, versichert man mir. Tatsächlich tauchen immer mehr solche Aeroplane auf, einzeln und in Gruppen. Ziemlich lange fliegen sie über das Wasser dahin, erheben sich aber nicht hoch über die Oberfläche.«

Am frühen Morgen des neunten Reisetags, am 25. Juni, nähert sich der Dampfer Dakar. »Die kaum mehr fühlbaren Stöße der Maschine und der Mangel jeglichen Schaukelns wecken mich auf.« Leider dürfen die Passagiere in Dakar nicht an Land, da in der Stadt die Beulenpest grassieren soll. »Ob es wahr ist? – Die Neger, die soeben auf verschiedenen kleinen Booten schreiend und gestikulierend anfahren, sehen jedenfalls sehr gesund aus. Prächtig gebaute Burschen mit schlanken, bronzenen Körpern, um die sie mancher schlapper Europäer beneiden könnte. Wenn sie ihre weißen Zähne zeigen, sind sie nicht einmal häßlich. Man wirft kleine Münzen ins Meer und mehrere von ihnen springen kopfüber vom Boot ab, tauchen mit erstaunlicher Geschicklichkeit unter und erwischen die Münze unfehlbar.«

In Dakar, auf halber Strecke zwischen Genua und Buenos Aires, pflegte die *Principessa Mafalda* Kohle zu bunkern: »Große, breite Schiffe, mit unförmigen Maschinen, sind bereits bei Tagesanbruch an unsere ›Principessa Mafalda‹ herangefahren: Kohlenkähne.«

Bei den mit unförmigen Maschinen ausgestatteten Kohlenkähnen handelt es sich um Schuten – antriebslose Lastschiffe, die von Schleppern gezogen werden –, die deren Erfinder Emilio Menada in einer viersprachigen Broschüre als »Menada's Patent Bunker-Schuten« vorstellt. Kapitän Menada, der seine Karriere als Seemann auf einem dreimastigen Segelschiff begonnen und im Lauf seines langen Lebens leitende Funktionen bei der Navigazione Generale Italiana und zahlreichen weiteren Reedereien, bei Ansaldo, Versicherungen und den Italienischen Staatsbahnen ausgeübt hatte, stellte fest, dass die Versorgung der Dampfer mit Kohle auf Zwischenstationen besonders bei Schnelldampfern in möglichst kurzer Zeit zu erfolgen hat: »Es sind stets viele Reisende an Bord, die schnell ihr Reiseziel erreichen wollen, andererseits muessen die Schiffe darauf bedacht sein bei jhren ungeheueren taeglichen Kosten keine Zeit zu verlieren.«

*Principessa Mafalda* in Dakar: Dank neuartiger Kohleschuten konnten die Kohlenbunker in wenigen Stunden gefüllt werden.

Noch während der 1920er Jahre erfolgte die Versorgung der Dampfer mit Kohle vielerorts an einem Landeplatz, wo Träger die Kohle korbweise von einem Depot auf das Schiff brachten. Auf der La-Plata-Linie waren italienische Schnelldampfer darauf angewiesen, in fremden Häfen ohne große Wartezeiten berücksichtigt zu werden. Dank Menadas System konnten die Überseedampfer nun auf Reede beladen werden. Die Kohleschuten legten seitlich an das Schiff an, worauf die Kohle in den Gerüsttürmen portionenweise mechanisch in die Höhe gehoben und dort in Rohre geschüttet wurde, die zu den Seitenlöchern des Dampfers hinunterführten, durch welche die Kohlenspeicher des Schiffs gefüllt werden konnten. Damit, schließt Menada, wird ein doppelter Vorteil erreicht: »erstens, groesste Zeitersparniss beim Bunkern, zweitens bedeutende Ersparniss beim Arbeitslohn.«

Für den Betrieb der neuartigen Kohlebunkerung gründete Menada mit der N.G.I. eine Gesellschaft mit Sitz in Dakar, der Hauptstadt von Französisch-Westafrika. Wenn zuvor ein ganzer Tag eingerechnet werden musste, um ein größeres Schiff mit Kohle zu beladen, konnte die *Principessa Mafalda* in Dakar nun dank des Schuten-Systems innerhalb von vier bis fünf Stunden mit 1000 Tonnen Kohle versorgt werden. Doch die Kohlebunkerung blieb eine schmutzige, laute Angelegenheit: »Kohlenstaub liegt überall und setzt sich in die Lungen. Ketten rasseln unaufhörlich und alles schreit durcheinander«, bemerkt Felix Weingartner.

Bald fanden Menadas Kohleschuten auch in andern Häfen Verwendung. Und die neuartigen Ladetürme wurden auf den bis dahin größten Frachtern der Welt montiert: auf der *Milazzo* und der *Volturno* der Navigazione Generale Italiana. Menada hatte der N.G.I. vorgeschlagen, die beiden neuwertigen Verbunddampfmaschinen und Heizkessel aus dem Rumpf der 1907 beim Stapellauf gesunkenen *Principessa Jolanda*, dem Schwesterschiff der *Mafalda*, zu bergen und zum Antrieb von zwei Frachtschiffen zu verwenden. Als die 158 Meter lange *Milazzo* 1916 ihren Betrieb aufnahm, rieb sich der Autor eines Artikels in der New Yorker *Popular Science Monthly* die Augen, denn trotz Übergröße und modernster Technik stammte sie nicht aus Amerika – »she was designed not by an American, but by an Italian, Captain Emilio Menada.« Kapitän Simone Gulì, der rund ein Jahrzehnt später die *Principessa Mafalda* übernahm, führte das Transportschiff, das bis zu 14000 Tonnen Kohle fassen konnte, während des Kriegs auf seiner Jungfernfahrt im Sommer 1916 nach New York. Schon auf ihrer zweiten Rückreise von Amerika nach Europa – unter einem anderen Kapitän – fing ein Teil der Ladung der *Milazzo* Feuer, vermutlich durch Brandbomben, die feindliche Agenten in New York unbemerkt an Bord geschmuggelt hatten. Der Schaden konnte behoben werden. Im August 1917 wurde die *Milazzo* jedoch von einem U-Boot der Österreichisch-Ungarischen Marine in der Nähe von Malta versenkt, die *Volturno* fiel Ende März 1918 vor der algerischen Küste einem deutschen Torpedo zum Opfer. Emilio Menada, der 1853, noch vor der Einigung Italiens, geboren wurde, starb 1955 in Sestri Levante im Alter von einhundertundzwei Jahren.

»Die Kohlenkähne sind abgerückt und um halb 4 Uhr ertönt das Abfahrtssignal«, berichtet Weingartner. »Der Seewind kühlt unser überhitztes Schiff ab und alles atmet auf. Nach einer Stunde ist kein Land mehr zu sehen.«

Während der folgenden acht Tage bewegt sich die *Mafalda* auf offener See zwischen Afrika und Brasilien. Wetter und Seegang sind wechselhaft. »Ein blauer Traum! Tiefdunkel, beinahe schwarz das Meer, über das tausend und abertausend sonnige Glitzerwellen wie tropische Insektenflügel dahinschwirren. Von madonnenhafter Reinheit der Himmel, so keusch, daß kein Wölkchen ihn zu trüben wagt. Und dazwischen unser weißes Schiff, dahintanzend und sich in lieblichen Rhythmen wiegend wie ein schlankes Mädchen auf dem ersten Ball.«

Wenige Stunden später: »Der Himmel schien hart wie Stahl in seiner unbeweglichen Bläue und das dunkle Meer war mit weißen Kämmen wie mit einem Schorf bedeckt. Schon wurde das Tanzen des Schiffs fieberhaft. Plötzlich war der Sonnenschein verschwunden und über den Himmel zogen fliehende graue Wolken. Ein tobendes Pfeifen und Sausen erfüllte die Luft. Die längs des freien Ganges gespannten Segeltücher schlugen in blinder Wut an die Eisenstäbe. – Ein richtiger Sturm! – Man hatte Mühe, das Gleichgewicht zu halten.«

Wenn das Wetter nicht überwältigend schön oder Übelkeit erregend schlecht ist, widmet sich das Paar seiner Arbeit. Die Mitreisenden lassen Sängerin und Musiker in Ruhe. Wenn die beiden im Musiksalon üben, »betritt niemand das Zimmer. Vor der Tür sammeln sich wohl Zuhörer, wir sehen ihre Silhouetten durch die verhängten Glasfenster, haben aber keinen Anlaß, sie irgendwie zu beachten.«

Nach der Überquerung des Äquators findet am 29. Juni eine Benefizveranstaltung mit Auftritten von Lucille und Felix Weingartner, Édouard Risler und dem jungen Violinisten Leonidas Autuori statt: »Nachmittags Tombola zugunsten armer Passagiere der dritten Klasse. Abends zu gleichem Zweck das Konzert. Zwanzig Programme, von Risler, einem sehr begabten brasilianischen Geiger namens Autuori, meiner Frau und mir gezeichnet, werden verlost und erzielen bis zu 500 Lire das Stück. Risler wirkt durch sein meisterhaftes Spiel auf einem schlechten Piano wahre Wunder. Nachher wird getanzt und erquickend frisches Orangeneis serviert. Taghell liegt der Schein des beinahe vollen Mondes auf dem weißen Deck, das durch die Schatten der Eisenverspreizungen tiefdunkle Flecken empfängt. Ich meine, dieses weiße Deck streicheln zu müssen wie einen Hermelinmantel.«

Am 4. Juli, nach siebzehn Nächten auf dem Schiff, ist es endlich so weit: »Als ich erwache, spüre ich noch starke Stöße der Wellen. Es ist aber bereits Morgen. Ich klingle dem Steward und frage, wann wir nach Rio kommen. ›In einer halben Stunde.‹ – Wenige Minuten, und ich trete auf das Deck hinaus. Ich reibe mir die Augen und muß mich zwingen, das zu glauben, was ich sehe, denn ein Kapitel aus ›Tausend und eine Nacht‹ ist aus dem Buch herausgesprungen und hat sich über den Horizont ausgebreitet, so weit ich schauen kann. Wir schwimmen auf einer großen Bucht, in der eine Insel neben der andern aus den Fluten auftaucht. Es sollen über achtzig sein, die eine felsig, die andere bewaldet, die eine gestreckt, die andere hervorlugend wie ein kleiner Trotzkopf.« Weingartner ist überwältigt. »Das einzige, was ich fertig bringe, ist, in die Kabine zu stürzen, meiner Frau einen Morgenschlafrock umzuwerfen und sie auf's Deck hinaufzuzwingen, damit auch sie das Wunder anstaune.«

Weingartners gehen in Rio de Janeiro von Bord. »Kaum sind wir am Land, so erscheint Mocchi«, berichtet der Dirigent, »und fällt mir um den Hals.«

Impresario Walter Mocchi, der die Tournee der Weingartners organisiert, ist seit langem als transatlantischer Kulturvermittler tätig und überquerte das Meer in dieser Funktion mehrmals, unter anderem auf der *Principessa Mafalda.* 1907 hatte er in Buenos Aires die Società Teatrale Italo-Argentina (STIA) gegründet und im folgenden Jahr in Rom – mit einem großen Anteil an Kapital aus Argentinien – die Società Teatrale Internazionale (STIn). Die beiden Gesellschaften übernahmen die Führung zahlreicher bedeutender Opernhäuser sowohl in Südamerika als auch in Italien und setzten darauf, dass die Produktionskosten bei einer großen Anzahl bespielter Häuser sinken würden. Die südamerikanischen Theater eigneten sich vorzüglich als Ergänzung der italienischen Häuser, da jenseits des Äquators die winterliche Spielzeit zu Beginn der Sommerpause in Europa begann, was eine ganzjährige Beschäftigung der Ensembles und Orchester erlaubte.

Mocchis Karriere war keineswegs geradlinig verlaufen. Der in Turin geborene Mocchi war als Student in Neapel der Sozialistischen Partei beigetreten und zunächst als politischer Aktivist bekannt geworden. In Neapel nahm er an den Brotunruhen von 1898 teil. Im gleichen Jahr lernte er die Sopranistin Emma Carelli kennen, die Tochter eines Neapolitaner Musikprofessors, die als Achtzehnjährige auf der Bühne debütiert hatte und zu Walter Mocchi auf die Insel Procida im Golf von Neapel zog, wo dieser nach seiner Verhaftung vorübergehend in Verbannung lebte. Bald darauf heirateten die beiden. 1899 sang die junge Sängerin bereits im Teatro Costanzi, der Oper von Rom, und unter der Leitung von Arturo Toscanini an der Mailänder Scala. 1900 folgten erste Auftritte in Übersee. Sie tourte durch Südamerika und trat in Buenos Aires gemeinsam mit Enrico Caruso auf. Am 9. August gaben der Tenor und die Sopranistin in der Kathedrale von Buenos Aires ein Gedächtniskonzert für den von Gaetano Bresci in Monza erschossenen König Umberto I.

Mocchi zählte zum radikalen Flügel der Sozialistischen Partei, der auf die Revolution hinarbeitete und sich von den sozialdemokratischen Reformisten, die sich bereit zeigten, als Parlamentarier mit bürgerlichen Parteien zusammenzuwirken, scharf abgrenzte. 1902 gründete er mit Gesinnungsgenossen in Mailand die Zeitschrift *L'Avanguardia socialista*, die einen revolutionär-syndikalistischen Kurs verfolgte. Carelli füllte unterdessen die Opernhäuser von Rio de Janeiro bis Sankt Petersburg. Der Spagat zwischen Berufsrevolutionär und Operndiva wurde für das Ehepaar immer schwieriger, die öffentliche Kritik stellte fest, dass Mocchi Königshäusern, Tyrannen und Kapitalisten den Krieg erklärte, während Carelli mit ihrer bezaubernden Stimme den russischen Zaren und die Millionäre von Paris unterhielt.

Nach dem von Walter Mocchi unterstützten ersten italienischen Generalstreik, der im September 1904 in Mailand ausgebrochen war und schnell das ganze Land erfasst hatte, geriet das System »Mocarelli« ins Wanken. Der von Anarchisten und revolutionären Sozialisten getragene Streik fand zwar nach wenigen Tagen ein Ende, da die Regierung die Forderung der Streikenden erfüllte und erklärte, in Zukunft auf Waffengewalt und den Einsatz von Truppen bei Lohnkämpfen und Demonstrationen zu verzichten. Doch die bürgerlichen Kulturträger waren nicht länger bereit, die als »rivoluzionaria« verschriene Sängerin in ihren Opernhäusern zu beschäftigen. Die italienischen Theater lösten bestehende Verträge mit der Sopranistin und weigerten sich, die als Künstlerin hoch geschätzte und bei Publikum und Kritik beliebte Sängerin zu engagieren. Emma Carelli war verzweifelt. Sie trank Bleichmittel, um sich umzubringen. Doch ihr Selbstmordversuch misslang.

Der radikalisierte Partito Socialista erlitt bei den nächsten Wahlen einen Rückschlag, Mocchis Kandidatur blieb erfolglos. Walter Mocchi zog sich aus der aktiven Politik zurück und wandte sich einem neuen Tätigkeitsfeld zu. Als Impresario stieg er, vorerst als Agent seiner Frau, in das Geschäft der Opernproduktion ein. Es gelang ihm, Carelli mit einer Serie von Auftritten während der gut besuchten Weltausstellung von Mailand im Jahre 1906, die sich im Zusammenhang mit dem neu eröffneten Simplontunnel dem Thema Verkehr widmete, erneut ins Rampenlicht zu rücken. Bald darauf wurde er zur treibenden Kraft hinter den Firmen, die die Programme italienischer und südamerikanischer Opernhäuser bestimmten.

Felix Weingartner beginnt schon am ersten Tag nach der Ankunft in Rio mit den Proben. Das Orchester besteht zu einem großen Teil aus Musikern des römischen Teatro Costanzi, das seit 1912 mit großem Erfolg von Emma Carelli geleitet wird.

Weingartner ist begeistert vom luxuriösen und mit modernster Technik ausgerüsteten Theatro Municipal, dem Städtischen Theater- und Opernhaus von Rio. Der Dirigent aus Wien wird während der sieben Wochen in Brasilien von Publikum und Presse gefeiert, unfreundliche Misstöne aus den Kreisen rechtskonservativer Deutschbrasilianer, die ihm seine Kritik an den kriegslüsternen »Säbelrasslern« nicht verzeihen, bleiben Randerscheinungen. Auch seiner Frau ist Erfolg beschert: Am 24. Juli etwa singt sie – so Felix in seinem Tagebuch – »Isoldes Liebestod und drei Orchesterlieder von mir, ›Sonnenuntergang‹, ›Du bist ein Kind‹ und ›Unter Sternen‹. Zum ersten Mal seit dem Kriege wird hier deutsch gesungen. Man begrüßt sie und applaudiert ihr mit stürmischer Herzlichkeit. ›Du bist ein Kind‹ muß wiederholt werden, ganz wie in Wien. Hunderte von Personen drängen sich zu ihr in die Garderobe, die zu klein ist, um alle zu fassen. Man organisiert ein gruppenweises Sichablösen.«

Das Paar genießt die tropische Wärme, den ausgezeichneten Kaffee und freut sich, ein Land zu erleben, das vom Krieg verschont geblieben ist. Sie haben viel zu tun – dafür sorgt Walter Mocchi –, finden aber auch Zeit für Ausflüge, fahren in Rio mit der Seilbahn auf den Zuckerhut oder besuchen von São Paolo aus, wo sie am 31. Juli eintreffen, das Instituto Butantan, wo Schlangen gehalten und Seren gegen Schlangenbisse hergestellt werden. Sie sind beeindruckt von der üppigen Vegetation in Stadt und Landschaft und staunen über alltägliche Begegnungen mit der lokalen Fauna: »Ein Tramwaywagen scheucht ein Bündel von Schmetterlingen aus einem Baume auf. Große Flügel in schweren Farben, einige brennend rot, flattern einige Zeit umher, oft kaum sich regend, träumen sie dahin durch die zitternd warme Luft.« Auf einer nächtlichen Autofahrt blitzt es auf: »Ich glaube, daß ein Auto entgegenkommt. Doch das Blitzen wiederholt sich an anderen Orten und auch in nächster Nähe. Es sind Leuchtkäfer.« Ein Tier, das Weingartner für ein großes Insekt hält, entpuppt sich bei genauerer Betrachtung als Kolibri. Ein Affe schwingt sich von einem Baum an einen Leitungsdraht.

Am Abend des 22. August endet der Aufenthalt von Lucille und Felix Weingartner in Brasilien. Im Hafen von Santos besteigen sie die *Principe d'Udine* der Reederei Lloyd Sabaudo, eines Konkurrenzunternehmens der N.G.I., das mit Geldern aus Kreisen des Hauses Savoyen gegründet worden war. »Wieder sitze ich in einem Wintergarten eines Schiffes«, notiert Felix Weingartner. »Er ist nicht so luftig wie der auf der ›Principessa Mafalda‹. Auch stehen wohl viele Stühle darin, aber nur ein einziger kleiner Tisch. Da aber sicherlich nicht viele Leute an Bord sind, die etwas zu schreiben haben, so hoffe ich, ihn ungestört benützen zu können.« Am 26. August erreicht der Zweischornsteindampfer, der rund zehn Meter kürzer ist als die luxuriösere *Mafalda*, Buenos Aires.

Auch in Argentinien, wo Auftritte in der Hauptstadt und in Rosario anstehen, kommen sowohl der Dirigent als auch die Sängerin gut an. In Richard Wagners *Lohengrin* übernimmt Lucille die weibliche Hauptrolle an der Seite des italienischen Startenors Beniamino Gigli, der den Gralsritter verkörpert.

Auf einem Einkaufsbummel im Zentrum der südamerikanischen Metropole staunen Weingartners über das reichhaltige Angebot. »Wehmut, aber auch Zorn ergreift uns, wenn wir diese Berge von Leinwandballen, von Stoffen, von Wäsche- und Kleidungsstücken aller Art betrachten, die hier im Glanze von tausend elektrischen Lampen sich vor unseren Augen auftürmen, zu Preisen, die hier normal, in unsere Währung umgerechnet, allerdings abenteuerlich hoch erscheinen. Wehmut und Zorn ergreifen uns, als der Reichtum der Lebensmittelgeschäfte uns daran erinnert, daß es einmal bei uns ebenso ausgesehen hat. Wie ein betrunkener Spieler nicht nur sein Vermögen, sondern auch Anzug und Hemd verliert und überdies noch Schulden kontrahiert, so haben unsere gekrönten Häupter und jene am grünen Tisch Reiche und Völker verspielt.«

In der Nacht auf den 4. Oktober fahren Felix und Lucille Weingartner über den Río de la Plata nach Montevideo, der letzten Station ihrer Tournee. Es stürmt. »Kurze Zeit nach der Ausfahrt führt unser Schiff einen Tanz auf, daß die Koffer von einer Ecke in die andere wandern und man überall das Klirren umfallenden und zerbrechenden Glases hört.«

In Montevideo trifft Felix Weingartner den uruguayischen Präsidenten Baltasar Brum, der wenige Monate später die sterblichen Überreste des anarchistischen Dramatikers Florencio Sánchez auf der *Principessa Mafalda* nach Uruguay überführen lässt. Weingartner unterhält sich mit Brum, »einem noch jungen, bartlosen Herrn«, der ihm einen aufgeklärten Eindruck macht, auf Französisch. Brum fragt sich während des Gesprächs, ob nicht vielleicht zwischen verschiedenen Staaten der Donaumonarchie eine Einigung erzielt werden könnte: »Deutsche, Franzosen und Italiener leben in der Schweiz friedlich nebeneinander. Warum sollten es Österreicher, Tschechen und Ungarn nicht können?«

Der Lloyd-Sabaudo-Dampfer *Tomaso di Savoia* bringt Felix und Lucille Weingartner schließlich wieder nach Genua. Die Reise von Montevideo nach Italien dauert dreiundzwanzig Tage. In Genua werden sie von Emma Carelli empfangen, »der klugen, energischen Leiterin des römischen Teatro Costanzi, die hierher gekommen ist, um Zukunftspläne zu besprechen«.

In Mailand streiken die Eisenbahner.

Felix Weingartner veröffentlicht sein Reisetagebuch unter dem Titel *Eine Künstlerfahrt nach Südamerika* im folgenden Sommer. Die ersten Exemplare des gedruckten Buches erhält er am Tag nach dem Begräbnis seiner Frau Lucille. »Oft hatte Frau Lucille in den letzten Wochen nach diesem Buche gefragt; die Reproduktion des Umschlagbildes und der dem Buch beigegebenen, Weingartner und seine Frau an Bord der ›Principessa Mafalda‹ darstellenden Bildbeilage verzögerte die Fertigstellung, und so hat Lucille Weingartner das Buch, auf dessen Erscheinen sie ungeduldig wartete, nicht mehr gesehen«, schreibt das *Prager Tagblatt* am 19. Juli 1921. Auf dem Umschlag des Buches glitzert das Meer hinter den schwarzen Silhouetten hochstämmiger Palmen und auf der auf Seite 2 eingeklebten Fotografie steht Lucille in einem hellen gestreiften Kleid hinter Felix, der mit Sakko, Krawatte, weißen Hosen und weißen Schuhen auf einem Deckchair mit heruntergeklappter Fußstütze sitzt.

Lucille starb am 22. Juni infolge einer schweren Nierenentzündung. Eine Woche zuvor hatte sie als Tosca das letzte Mal auf der Bühne der Wiener Volksoper gestanden. An der Trauerkundgebung für die verstorbene Künstlerin nahmen rund achttausend Menschen teil. »Infolge des Andranges kam es zu sehr stürmischen Szenen, bei denen zahlreiche

Personen ernstlich verletzt wurden«, berichtet das *Salzburger Volksblatt* am 27. Juni.

Im Jahr darauf, 1922, fuhr Felix Weingartner erneut nach Südamerika. Diesmal mit dem Orchester der Wiener Philharmoniker, das er seit 1908 als Chefdirigent leitete. »Es war geradezu komisch«, schreibt Weingartner in seinen *Lebenserinnerungen*, »welche Vorstellung Manche der braven Wiener Musiker von Südamerika hegten, wo, wie sie meinten, die Leute noch halbnackt gingen und mit vergifteten Pfeilen schössen.«

Weingartner hatte wieder geheiratet, zum nunmehr vierten Mal. Die sechsunddreißigjährige Schauspielerin Roxo Betty Calisch, war – laut Weingartner – zur Überzeugung gelangt, dass sie, »wenn sie die wechselnden Schicksale der Bühne endgültig mit einem Leben an meiner Seite vertauschte, keinen Fehlschritt täte.« Die neue Gattin begleitete Weingartner auf seiner zweiten Südamerikareise. Sie verfügte, wie ihr Ehemann festhält, über gute Sprachkenntnisse und verstand sich vortrefflich auf die Handhabung der Schreibmaschine, konnte einen großen Teil der Korrespondenz ihres Gatten erledigen und hielt ihm den Rücken für seine künstlerische Arbeit frei.

Für die folgende Saison lud Impresario Mocchi die Wiener Philharmoniker erneut nach Südamerika ein – jedoch ohne Weingartner. Nach anfänglichem Zögern zeigten sich die Orchestermusiker bereit, ihren enttäuschten Dirigenten zu Hause zu lassen und 1923 ihre zweite Südamerikatournee unter der Leitung von Richard Strauss und Franz Schalk zu unternehmen, den Direktoren der Wiener Hofoper. »Ausgerechnet Weingartners Erzfeind, Richard Strauss, leitete nun die Philharmoniker«, schreibt Christoph Wagner-Trenkwitz in seiner 2017 erschienenen Geschichte des berühmten Wiener Orchesters.

Weingartner galt als großes Talent, Strauss als Genie. Beide leiteten in Wien ein Opernhaus – Weingartner die Volksoper und Strauss die Staatsoper, an der vor dem Krieg, als sie noch Hofoper hieß, auch Weingartner für drei Jahre als Nachfolger von Gustav Mahler gewirkt hatte. Strauss erfreute sich als Gastdirigent der Philharmoniker, für die Weingartner verantwortlich war, großer Beliebtheit, und als Komponist erreichte Weingartner trotz seiner umfangreichen Produktion, die mehrere Opern und insgesamt sieben Symphonien umfasst, nie die Beliebtheit, die Vielseitigkeit und die Reichweite seines Konkurrenten, dessen Werke nach wie vor bekannt sind, während Weingartners Kompositionen heute nur noch selten aufgeführt oder eingespielt werden.

Weingartner hütet sich in seinen autobiografischen Schriften davor, über seinen berühmten »Erzfeind« herzuziehen – er schweigt ihn einfach tot. Dass Richard Strauss schon im Herbst 1920, während sich auch Felix Weingartner in Südamerika aufhielt, in Buenos Aires und Rio de Janeiro auftrat, bleibt im Reisetagebuch unerwähnt, und in den Lebenserinnerungen gibt er zwar seiner tiefen Enttäuschung Ausdruck, bei der zweiten Südamerikareise der Philharmoniker übergangen worden zu sein, vermeidet es aber konsequent, den Namen seines Konkurrenten zu nennen.

In Buenos Aires, Montevideo, Rio de Janeiro und São Paolo gaben die Philharmoniker mit Richard Strauss sechsunddreißig Konzerte, zudem dirigierte Strauss in der argentinischen Hauptstadt fünf Aufführungen seiner *Salome* und drei der *Elektra*. »Das Orchester ist von unerhörter Schönheit, vollendetster rhythmischer Präcision und folgt mir auf neuen Wegen des Vortrages mit rührendster Begeisterung. Der Erfolg war überall enthusiastisch«, berichtet Strauss in einem Brief aus Argentinien.

In Montevideo nahm sich der Philharmoniker Karl Knoll das Leben. Der Violinist, der unter Depressionen litt, versuchte sich am 6. August »in einem plötzlichen Anfall von Trübsinn und hochgradiger Nervosität«, wie das *Neue Wiener Journal* formuliert, mit einem Taschenmesser die Pulsadern der linken Hand zu öffnen. Der Versuch misslang. Darauf stürzte sich der unglückliche Geiger vom obersten Stockwerk des vierstöckigen Gran Hotel del Globo in der Altstadt der uruguayischen Hauptstadt auf die Straße hinunter, »wo er mit zerschmettertem Haupte sofort tot liegen blieb«. Richard Strauss drückte sein »wärmstes Beileid« aus, fehlte jedoch wie Walter Mocchi am darauffolgenden Tag an Knolls Begräbnis, da das Orchester Montevideo verlassen und »den kontraktlichen Verpflichtungen in Argentinien« nachkommen musste. Mocchi und Strauss ließen Kränze an Knolls Grab deponieren.

Zwei weitere Mitglieder des Orchesters starben während der von Strauss begleiteten Fahrt an Lungenentzündungen, der Klarinettist Franz Behrends in Buenos Aires und der Kontrabassist Eduard Madensky während der Heimreise. Er wurde im Ozean bestattet.

Auf der Hinreise hatten Strauss und die Philharmoniker den Atlantik auf der *Principessa Mafalda* überquert. In Rio waren der russische

Musiksalon: Der Pianist Alexander Borovsky spielt Richard Strauss am Flügel Beethovens Waldstein-Sonate vor.

Pianist Alexander Borovsky und seine Frau Maria, genannt Moussia, zugestiegen.

Borovsky, der sich der russischen Emigrantenszene in Paris angeschlossen hatte, hatte in Brasilien einige Konzerte gegeben und war wie Richard Strauss auf dem Weg nach Buenos Aires. Als Passagiere erster Klasse liefen sich Komponist und Pianist regelmäßig über den Weg. Alexander und Moussia drehten auf dem Deck ihre Runden, kamen mehrmals an Richard Strauss vorbei, ohne ein Wort mit ihm zu wechseln, bis Strauss den Pianisten bei der fünften Begegnung begrüßte und ihn bat, ihn seiner Frau vorzustellen. Die siebenundzwanzigjährige Maria Borovsky, auch sie eine russische Emigrantin, unterhielt sich anschließend in der Halle des Salondecks ausführlich mit dem weltberühmten Musiker und überredete ihn schließlich, sich das Spiel ihres Mannes anzuhören.

Sie begaben sich in den nahen geräumigen Musikraum, der wie die Halle und der Speisesaal von einer Glaskuppel überdeckt war. Gepolsterte Stühle und Sofas boten bequeme Sitzgelegenheiten. Strauss ließ sich nieder, Borovsky setzte sich an den Flügel, klappte den Tastaturdeckel hoch und intonierte Beethovens Waldstein-Sonate, die mit einer schnellen, klopfenden Folge von gleichartigen C-Dur-Dreiklängen in Basslage beginnt. Als die letzten Töne der dreisätzigen Sonate verklungen waren, fragte Strauss:

»Was war das?«

Borovsky konnte kaum glauben, dass der Meister die Sonate nicht kannte, und meinte scherzhaft:

»Das wissen Sie sicher!«

»Schubert?«

»Beethoven!«

Strauss zeigte sich keineswegs erstaunt und erklärte, dass ihn die in Dur gesetzten Phrasen im dritten Satz der Sonate, die unmittelbar anschließend in Moll wiederholt werden, an Schubert erinnert hätten.

Dann spielte Borovsky das Adagio und die Fuge der Toccata C-Dur von Johann Sebastian Bach.

Er war sich sicher, dass sein Hörer auch dieses Stück nicht erkannte.

Doch Strauss, offensichtlich sehr beeindruckt, sprang auf und verkündete mit Nachdruck: »Mit solcher Musik wird die deutsche Nation nie untergehen!«

# ALLES GERINNT ZUR ERINNERUNG

## *Carlo Emilio Gadda und der kleine Faschist*

Als am Mittag des 30. Novembers 1922 in Genua die *Principessa Mafalda* auslief, stand der neunundzwanzigjährige Carlo Emilio Gadda an Deck und winkte mit einem grün gemusterten Taschentuch seiner geliebten Schwester Clara zu. Sie war in ein Boot gestiegen, das dem Dampfer eine Weile folgen konnte und sich schließlich im Hafen verlor.

Gadda steckte sein Taschentuch ein und begab sich in den Speisesaal, wo das Mittagessen aufgetragen wurde:

»Ich fragte den *mâitre*, wo ich mich setzen sollte. Er wies mich an einen Tisch, an dem bereits zwei saßen, beim Glasfenster auf der rechten Seite. Ich setzte mich an meinen Platz, meine Schultern dem Vorschiff zugekehrt. Und während die Diener mit ruhigen Schritten über den Teppich gingen und kamen und da und dort Besteck klingelte, studierte ich das *menu* auf der Karte«, schreibt Gadda in seinem zweiseitigen Bericht *Diario di bordo* über die ersten Stunden seiner Transatlantikreise, erschienen 1931 in einer unter dem Titel *La Madonna dei Filosofi* publizierten Sammlung von kürzeren Texten – dem ersten Buch, das der Schriftsteller veröffentlichen konnte.

> »Die Fenster, das Silber, der Teppich, die Kellner in Handschuhen und der Anblick der goldblonden, lächelnden Riviera (die mir einen im Vorjahr unternommenen Ausflug in Erinnerung ruft, von Genua nach Rapallo, auf der ›Bon voyage‹) befreiten mich in diesen Augenblicken von schmerzlichen Gedanken, von aktuellen Angstgefühlen wegen der Trennung von Mama, von Clara.
>
> Alles sagt mir: Iss, lass es Dir gut gehen! Inzwischen ist ein vierter Tischgenosse gekommen: jung, glatzköpfig, untersetzt: und er isst schweigend.
>
> Indessen ein lebhaftes Gespräch zwischen den beiden andern: einem alten Spanier, elegant und rüstig, der in Barcelona aussteigen

wird, und einem Herrn, bei dem es mir nicht klar wird, ob er Argentinier oder Italiener ist, völlig kahlgeschoren.

Der spanische Herr, trocken und klar, lächelnd und hochrot, in schneeweißer Wäsche, spricht lebhaft über dieses und jenes: und rühmt zu einem gewissen Zeitpunkt die kluge spanische Neutralität, vergleicht diese mit dem italienischen Kriegseintritt, Keim unsäglicher Übel, darunter der beklagenswerten Abwertung der Lira.

Der Kahlgeschorene stimmt zu, wenn auch ohne Begeisterung.

Dann berichtet der spanische Herr von seinen Reisen, von Freunden, die ihn erwarten; lässt eine Hymne auf San Remo los, das verzauberte Lächeln Italiens, und erinnert an weitere Reisen, Freunde und vieles mehr. Ich finde ihn intelligent und sympathisch und dass er sein Leben zu genießen versteht: und ich beneide ihn um sein nicht speziell erwähntes Vermögen, das ihm erlaubt, intelligenter zu sein als ich.«

Wie der vierte Tischgenosse scheint sich Gadda nicht am Gespräch zu beteiligen. Er beobachtet, denkt nach und hält seine Eindrücke im zweistöckigen Speisesaal der ersten Klasse fest – vom goldenen Signet der Reederei auf der Speisekarte in seinen Fingern bis zur ligurischen Küste in weiter Ferne:

»Die Kellner bringen die letzten Dinge, Früchte, ruhig, schnell, vertieft in ihre Probleme mit Besteck und Abräumen. Drüben hinter dem Fenster liegt Ligurien im Sonnenlicht. Müde betrachte ich die Speisekarte mit geprägtem goldenem Sigel N.G.I. und roter Überschrift *P.fo Principessa Mafalda*; die Gerichte in italienischen Bezeichnungen, Suppe inbegriffen. Jener goldene Fries hat mich abgelenkt, abgelenkt hat mich der Gobelin, der im großen Wandquadrat platziert ist: gut platziert, mit Geschmack. Da der Gobelin rechteckig ist, sind die zwei seitlichen Flächen, die er nicht einnimmt, aus grünem Damast, geblümt. Die beiden grünen Seitenflächen, die höfischen Figuren in der Mitte, der schöne Holzrahmen, der Blumenschmuck, von welchem die Tische überhaucht werden, die Tischlämpchen, der flauschige blaugrüne Teppich, Kristallgläser und Silberbesteck sind das, was mich über das vornehme Mittelmeer begleitet.«

Speisesaal der Luxusklasse – ziemlich genau aus der Perspektive, die Carlo Emilio Gadda von seinem zugewiesenen Sitzplatz einnahm. Am linken Bildrand Glastür zum Restaurant, an der gleichen Wand Gobelin und Tür zur Galerie, die zur Halle und zum Musiksalon führt.

Jahrzehnte später sollte Carlo Emilio Gadda zu einem Star unter den italienischen Schriftstellern werden – eine Rolle, die ihm nicht behagte: »Ich bin eine Art Lollobrigido oder Sophio Loren geworden, ohne den Diven vergleichbare Qualitäten zu besitzen.« Der renommierte Literaturkritiker Pietro Citati hält ihn für den »wichtigsten Schriftsteller des 20. Jahrhunderts, und zwar nicht nur für Italien, da besteht gar kein Zweifel.« Zweifellos ist Gadda eine zentrale Figur der besonders in Literatur und Film spürbaren Aufbruchstimmung Italiens in den ersten Jahrzehnten nach dem Zweiten Weltkrieg.

Gadda veröffentlichte wenige Bücher und zögerte jeweils lange, bis er seine Texte aus der Hand gab. Er hielt sie grundsätzlich für unvollendet, zweifelte an der Fähigkeit der Sprache, die Wirklichkeit wiederzugeben. Wie es in seinem berühmtesten, preisgekrönten Werk, dem Kriminalroman *Die gräßliche Bescherung in der Via Merulana*, dem ermittelnden Kommissar nicht gelingt, den Mordfall aufzuklären und den Täter dingfest zu machen, so scheitert die Sprache an der Rätselhaftigkeit des Lebens. Gadda, der oft mit James Joyce assoziiert wird, arbeitet mit Wortspielen, Wortschöpfungen, Dialekten, eigenwilliger Zeichensetzung; seine Texte, die so tragisch wie komisch sind, setzen sich aus Bruchstücken zusammen.

Als er auf der *Principessa Mafalda* einschiffte, war er noch weit entfernt von seinem Traum, sich als Schriftsteller durchs Leben zu schlagen. Er zählte zu den Migranten, die in Argentinien ihr Glück versuchten – nicht als Auswanderer der dritten Klasse, sondern als studierter Elektroingenieur, der in Buenos Aires eine Arbeitsstelle gefunden hatte. Er stammte aus einer großbürgerlichen Familie, der es nach dem frühen Tod des ohnehin wenig geschäftstüchtigen Vaters nicht recht gelingen mochte, den gewohnten Standard zu halten, und wurde von seiner Mutter, die als Lehrerin beschäftigt war, gezwungen, sich in Mailand als Ingenieur ausbilden zu lassen.

1915 unterbrach er sein Studium und meldete sich freiwillig zum Kriegsdienst, wurde zum Offizier befördert und kämpfte an der Isonzofront. Zusammen mit 300 000 weiteren Armeeangehörigen geriet er Ende Oktober 1917 im Verlauf der für Italien verheerenden Schlacht bei Caporetto in Kriegsgefangenschaft.

Das Leben im deutschen Gefangenenlager war hart. Die Gefangenen litten unter der Kälte, erkrankten an Tuberkulose und hatten Hunger. Einige starben. Die Wächter plünderten die Essenspakete, die den Italienern gesandt wurden. Gadda führte ein Tagebuch, das Jahrzehnte später veröffentlicht wurde:

> »Das Lager ist mit einem doppelten Stacheldraht umzäunt, bewacht von elektrischen Lampen und zahlreichen Wachposten. Zwischen den beiden Drahtzäunen und im Innern des Lagers patrouillieren nachts Streifen mit Hunden an der Leine.
>
> Jeder Block hat seine Bibliothek und seine Musikbaracke. – In diesen Tagen hat uns der Dolmetscher beim Appell davon unterrichtet, dass von den 5 Offizieren, die versucht hatten, aus einem anderen Lager zu fliehen, 3 getötet wurden und 2 verwundet.«

Gadda sah sich als Versager: »Ich fühle mich am Ende. Ich fühle, dass ich nicht genug getan habe für das Vaterland und für die Überwindung meiner selbst, und dass ich das nie mehr nachholen kann.« Er wusste, dass die Kriegsgefangenen vom italienischen Generalstab trotz – oder gerade wegen – des Dilettantismus der Armeeführung als Feiglinge und Deserteure denunziert wurden und zur Rechenschaft gezogen werden sollten. Aus deutscher Sicht galten die Italiener, die aus dem Dreibund mit Österreich und Deutschland ausgeschert waren, ohnehin als Verräter. Beim Eintritt ins Lager im norddeutschen Celle riefen ihnen die Wachen zu: »Verräter, Verräter, Kanaillen.«

Nach dem Krieg erfuhr Gadda, dass sein Bruder Enrico in den letzten Kriegstagen ums Leben gekommen war. Carlo Emilio schloss sein Ingenieurstudium ab und fand eine Stelle bei der von Italienern geführten Firma Compañía General de Fósforos, einem argentinischen Mischkonzern, der unter anderem *fósforos* – Streichhölzer – herstellte. Die Überfahrt auf der *Principessa Mafalda* beschäftigte Gadda nicht nur in seinem *Diario di bordo*, sondern auch in einem weiteren, ebenfalls wenige Seiten umfassenden Text, der im Juli 1939 in *Le Meraviglie d'Italia* publiziert wurde, einem Bändchen, das in einer Auflage von genau 405 Exemplaren gedruckt wurde.

Der als Erinnerung deklarierte Einschub, der sich auf die Fahrt auf dem Transatlantikliner bezieht, beginnt mit den Worten: »il *Mafalda*, vettore di migrabondi destini« (die *Mafalda*, Vektor migrabundierender Schicksale), greift den im Deutschen aus der Mathematik bekannten Begriff des Vektors auf, der eine gerichtete Größe beschreibt und eine räumliche Verschiebung anzeigt, in der Biologie den Träger beispielsweise eines Erregers bezeichnet und im Italienischen auch die Bedeutungsfelder von Verkehrsmittel und Transportunternehmer abdecken kam. Gadda bedient sich weiter des literarischen, äußerst selten auftretenden Wortes *migrabondo*, das gewissermaßen eine Kreuzung zwischen migrierend und vagabundierend darstellt. Der Autor rückt im Folgenden seinen Mitreisenden zu Leibe, weitgehend empathiefrei, beginnt mit ihrer aus einer Coty-Duftwolke bestehenden Aura und arbeitet sich bis in die Innereien vor. Hinter der Duftwolke der »Halbgötter« erster Klasse stand François Coty, einer der ersten industriellen Parfümhersteller. Coty war international tätig, sehr erfolgreich und verwendete sein enormes Vermögen dazu, französische Schlösser und Villen aufzukaufen, rechtsextreme und nationalistische Bewegungen zu unterstützen sowie den *Figaro* und andere Zeitungen unter Kontrolle zu bringen, um sein antisemitisches, antikommunistisches und faschistisches Gedankengut zu verbreiten.

»Die Schiffsschraube«, berichtet Gadda, »hatte während achtzehn Tagen pulsiert, mich von den Dingen und Personen, denen ich nachtrauerte, an den Kai von Buenos Aires versetzt, mit Pässen und Attesten. Man schloss aus, dass ich tuberkulös oder syphilitisch war. Diese achtzehn ozeanischen Tage habe ich in Gesellschaft einiger Herrschaften verbracht mit sehr augenfälligen Manschetten, mit Knöpfen aus Gold und Malachit: jeder Einzelne eingewickelt in eine eigene, äußerst elegante Wolke, Halbgötter parfümiert mit Coty, vom Meeresgott Ozean in einem Korbsessel abgesetzt. Hinter ihren starren Augen ein ›eiserner Wille‹, zu wollen und zu können. Manchmal wirkten diese Augen so starr, dass sie mir geradezu betäubt erschienen in der Weite des Ozean; hinter ihnen wurde der Wille zu physischer Beharrlichkeit, Kreislauf, Atmung, Verdauung, Tätigkeit des Dickdarms, der sich mit dem Milchkaffee herumschlägt, und, obendrauf, zur Permanenz eines unbewohnten Gehirns. Es waren Immobilienspekulanten oder Eisenwarenhändler: also Persönlichkeiten: auch wenn die genuesischen Kellner sie Nummer 45, Nummer 127 nannten. ›Eine eisgekühlte Limonade für die 45!‹, hörte ich von Zeit zu Zeit aus den Eingeweiden der Korridore oder in die Krypta der Bar hinunter brüllen.

Dort besetzte der Barkeeper seit undenklichen Zeiten seine Nische, dem Kult der Drinks mit englischen Namen geweiht, und übte mit tadellosem Ernst den Ritus des Lächelns, des Spritzens, der exquisiten Aufmerksamkeiten aus. In den Pausen seines Gottesdienstes war er einfach ein Brummler aus dem Genueser Vorort Pegli. ›Ein Cherry-Brandy für die 127!‹ ›Ein Whisky and Soda für die 128!‹

Mein üblicher Gesprächspartner, Nummer 45, trug über dem Brustkorb und den Pranken eines Wurst- und Käsehändlers Hemden und Manschetten aus Seide von einer glänzenden, honigsüßen Zartheit: frisch verschnörkelt eingekleidet in der neuen Pracht eines jeden Morgens. Oft waren seine Frau und seine bildhübschen Kinder bei ihm.

Unbeweglich in einen Decksessel niedergelassen, mit unbeweglichem Kopf, wie wenn er unter einem steifen Hals litte, streichelte er sich mit Anmut und Würde unter Verwendung des rechten Pfötchens die Finger der Linken: dann, unter Verwendung der Linken, die Finger der Rechten.

So ging das von Minute zu Minute, bis der Gong zum Frühstück oder Mittagessen dröhnte. Er glich dem Senator, den der Gallier am Bart riss, nachdem die Kurie entweiht und gestürmt worden war. Hier, auf der *Mafalda*, war es nicht ein Gallier, sondern ein Genuese: nicht ein Blutbad, sondern die Limonade: die gewandte, schwanzwedelnde Flucht des Fracks.«

Wenn die Nacht einbrach, verließ Gadda gelegentlich die mit »Gold und Damast« verzierten Salons, die den »Prunk reichster Renaissance« imitierten, begab sich nach draußen und beobachtete, wie der Meeresgott sich verfärbte: »Ozean nahm gräuliche und aschgraue Farbtöne an mit roten Reflexen in den Wellentälern und wurde dann gänzlich zu einer bläulichen Salzlake: der Himmel versah sich mit Streifen, mit feinen Fransen aus Purpur und trüben Gedanken.« Auf dem Vorschiff ragte vor den Augen des Ingenieurs der Mast mit dem Ausguck in die Höhe, und ausgehend von der Basis des Vormasts spreizten sich vier mit Seilen und Kranhaken versehene Ladebäume ab, die mit Winden bedient werden konnten, um Ladung an Bord zu schaffen oder zu löschen. Gadda blickte auf das Deck hinunter und sah, wie die Passagiere dritter Klasse beim Einbruch der Dunkelheit aus dem Schiffsbauch krochen: »Nach dem Reis mit Bohnen haben sie ihre Zinntellerchen abgespült und legten sich nun an Deck hin«, suchten sich ein Plätzchen zwischen Winden und Tauen und wickelten sich in ihre grauen Decken. »Sie flohen vor der Schwüle und dem Geruch der Schlafsäle, der zwanghaften Wiederholung der ewig von Wassertropfen benetzten Latrinen.«

An Bord der *Mafalda* verfasste Gadda mehrere Briefe an seine Schwester Clara, die in Mailand wohnte – ein erster ging in Barcelona an Land, der zweite in Dakar und der letzte in Rio de Janeiro. Sie erfuhr, dass er wohlauf war, nichts zu tun hatte, dass das Schiff sauber und ordentlich war. Gadda liebte grundsätzlich ordentliche Verhältnisse, auch wenn es ihm, dem *ingegner fantasia*, wie er sich einmal bezeichnete, nur schlecht gelang, seine überbordende Phantasie zu zügeln und wohlgeordnete Texte zu erzeugen. Besonders schätzte er die ausgezeichnete

Küche, für die der Dampfer bekannt war, die exquisiten Gerichte, Vor- und Süßspeisen, und gelegentlich musste er sich zurückhalten, um sich nicht zu überessen. Es war sehr heiß, aber sowohl an Deck als auch in der mit einem Ventilator ausgestatteten Kabine schaffte ein Luftzug Linderung.

Er lernte, wie er Clara mitteilte, eine sympathische lombardische Familie kennen: Signora Trolli und deren Tochter Signora Testoni mit Ehemann und den Kindern Bruna und Cochito. Gadda beschreibt sie als freundlich und herzlich, sehr reich, wohlerzogen und wirklich höflich. Mit den beiden Kindern, die einen Meccano-Metallbaukasten bei sich hatten, konstruierte er auf der Überfahrt Kräne, Flugzeuge und Schaukeln. Die alte Signora, die Witwe des Firmengründers des Calzaturificio di Varese, erzählte dem Ingenieur die Geschichte der Schuhfabrik.

Was sie genau erzählte, schreibt Gadda nicht.

Während des Kriegs konnte die Schuhfabrik, deren Tagesproduktion schon um die Jahrhundertwende 1500 Paare betragen hatte, Millionen von Schuhen an die italienische Armee liefern.

In der Nachkriegszeit setzte sie, wie die Werbung zeigt, auf Liebe statt auf Krieg: Eine einfache Zweibildergeschichte unter der Überschrift *Una storia d'amore del Calzaturificio di Varese* zeigt einen Herrn, der beschuhten Frauenbeinen nachschaut – *Vide il piede ...* – und anschließend prompt um die Hand der Frau mit den Schuhen aus Varese anhält – *e domandò la mano*.

In der großen Halle mittschiffs, die ebenfalls zwei Stockwerke hoch war und an den Speisesaal anschloss, wurde Gadda beim Fest anlässlich der Überquerung des Äquators auf den Namen Schwertfisch getauft. Er erhielt eine von Kapitän Francesco Tarabotto, der unterdessen das Kommando über die *Mafalda* übernommen hatte, unterzeichnete Urkunde ausgehändigt, während das Schiffsorchester einen Paso doble intonierte. Schließlich wurde »ein wahrhaft fürstliches Nachtessen serviert: unter anderem gab es gebratene Wachteln in einem kunstvoll aus Pasta gebildeten Nest. Die Nachspeise wurde dann in kunstvollen Schlössern aus Eis serviert, die von innen beleuchtet wurden.« Auch die Kinder der sympathischen Fabrikantenfamilie verkleideten sich zum Äquatorfest – Cochito, der Junge, »als Faschist, mit Schlagstock und schwarzem Hemd«.

Ende 1922 war es bei der festlichen Maskerade auf der *Mafalda* im Kreis der Passagiere erster Klasse durchaus salonfähig, sich im Kostüm der faschistischen Banden zu zeigen, die seit rund zwei Jahren mordend und sengend durch Italien zogen. Der Wind hatte gedreht. Auf das *Biennio rosso*, die beiden von Arbeitskämpfen geprägten Nachkriegsjahre, in denen eine Revolution in der Luft zu liegen schien, folgte das von der faschistischen Bewegung zunehmend bestimmte *Biennio nero*, das einen Monat vor Gaddas Reise in der Ernennung von Benito Mussolini zum Ministerpräsidenten gipfelte.

Der Kampf der progressiven Kräfte um eine neue Gesellschaft, der sich in Fabrikbesetzungen, Landnahmen und Streiks äußerte, war aus verschiedenen Gründen zum Scheitern verurteilt gewesen. Die Konzepte zur Umwandlung des Systems blieben diffus, und die Linke, der es ohnehin nicht gelang, die Mehrheit der Bevölkerung hinter sich zu scharen, war in zahlreiche Strömungen aufgesplittert. Reformsozialisten, Anarchisten, Syndikalisten, Kommunisten und Maximalisten verfolgten unterschiedliche Ziele. Ein Teil der Arbeiterschaft organisierte sich zudem in katholischen Gewerkschaften und Kooperativen.

Für die politische Entwicklung Italiens entscheidend waren jedoch die Aktionen der paramilitärischen faschistischen Kampfverbände. Die *Squadre d'Azione* überfielen und zerstörten die Einrichtungen der linken Bewegung und brachten deren Protagonisten um. Auch den Linken war Gewaltbereitschaft nicht fremd, was Anschläge und Attentate ebenso bezeugen wie die Versuche, sich gegen faschistische Übergriffe zur Wehr zu setzen. Gegen das systematische Vorgehen der Aktionskommandos der Schwarzhemden fanden sie jedoch kein Rezept.

Größere Gruppen von mit Schusswaffen und Schlagstöcken ausgerüsteten Faschisten fuhren nachts jeweils auf Lastwagen in Dörfer und Städte, überfielen, verletzten und töteten ohne Vorwarnung und mit Unterstützung durch lokale Sympathisanten Bürgermeister und andere Exponenten der Arbeiterbewegung, verwüsteten deren Lokale und zogen sich wieder zurück. Alleine im ersten Halbjahr 1921 erfolgten über siebenhundert derartige Aktionen, bei welchen unter anderem siebzehn Zeitungsredaktionen und Druckereien, 59 Volkshäuser, 119 Arbeitskammern, 190 Kooperativen und landwirtschaftliche Vereinigungen, die Büros von 141 sozialistischen oder kommunistischen Sektionen und 28 von Gewerkschaften, hundert Kulturzirkel sowie zehn

Volksbibliotheken und Theater in Brand gesetzt, zerstört und zertrümmert wurden. Die politischen Gegner der Faschisten wurden regelrecht dezimiert. Schätzungen sprechen von viertausend Toten, die in den blutigen Auseinandersetzungen bis 1922 ums Leben kamen, darunter rund sechshundert Faschisten. Die Schwarzhemden agierten weitgehend unbehelligt von Polizei und Justiz. Vom Militär erhielten sie logistische Unterstützung.

Auf dem Weg an die Schalthebel der Macht bediente sich Benito Mussolini eines Doppelspiels – ähnlich wie Adolf Hitler ein Jahrzehnt später in Deutschland: Auf der einen Seite setzte er auf die brutalen Aktionen der Schwarzhemden und drohte unverhohlen mit einem Putsch, auf der andern Seite bemühte er sich als Vorsitzender des 1921 gegründeten Partito Nazionale Fascista (PNF), durch eine gewisse Gesprächs- und Kompromissbereitschaft als Partner auf dem politischen und parlamentarischen Parkett ernst genommen zu werden. Ideologisch ohnehin sehr flexibel, näherte er seinen Standpunkt den Interessen der herrschenden Kreise – Krone, Kapital und Kirche – an und brachte es schließlich so weit, dass nur ihm zugetraut wurde, das Gespenst des »Bolschewismus« zu bannen, die Squadristen zu zügeln und ein Abschlittern des Landes in einen Bürgerkrieg zu verhindern. Am 29. Oktober 1922 berief König Vittorio Emanuele III, dem das faschistische Gehabe eigentlich zuwider war, Mussolini zum Ministerpräsidenten – vorerst als Chef einer Mehrparteienregierung.

Der Faschismus entsprach Carlo Emilio Gaddas Haltung in verschiedenerlei Hinsicht. Wie andere Kriegsteilnehmer und Angehörige von Kriegsopfern hielt Gadda an seiner nationalistischen Gesinnung fest, die den erlittenen Verlusten einen gewissen Sinn verlieh. Als äußerst ordnungsliebender Mensch ließ er sich beeindrucken von Mussolinis Versprechen, in Italien für Ordnung zu sorgen. Und als Vertreter des norditalienischen Bürgertums waren dem *ingegner fantasia* die Anliegen von Land- und Fabrikarbeitern fremd. Der Tod sozialistischer Aktivisten in der Provinz ging ihm weniger nahe als die rund zwanzig Toten, die ein individualanarchistischer Bombenanschlag im März 1921 im Mailänder Kursaal Diana forderte. Der Anschlag, der während einer Operettenaufführung verübt wurde, hatte einem über dem Theatersaal wohnhaften Polizeichef gegolten, der sich zu diesem Zeitpunkt jedoch anderswo aufhielt.

Vierzig Minuten nach der Explosion im Kursaal verwüstete ein faschistisches Kommando den Sitz des sozialistischen *Avanti!* und setzte – ebenfalls in der lombardischen Hauptstadt – die Redaktion der anarchistischen Tageszeitung *Umanità Nuova* in Brand. Deren Leiter, Gigi Damiani, der anderthalb Jahre zuvor auf der *Principessa Mafalda* aus Brasilien nach Italien ausgewiesen worden war, verlegte daraufhin die Redaktion nach Rom.

Beurteilte Gadda schon die Fähigkeit der Sprache skeptisch, die Dynamik des realen Lebens zu erfassen, so misstraute er umso mehr dem »Wahnsinn des Absoluten« der Gedankengebäude des Sozialismus und des Katholizismus, denen er »Unfähigkeit« vorwarf, »die Grenzen einer Idee zu erkennen«. Im Faschismus dagegen sah er eine »präzise, praktische, menschliche Reaktion auf den gordischen Knoten des ideologischen Blödsinns des 18. und 19. Jahrhunderts. Das Leben muss Leben sein und nicht Opfer von Geschwätz.« Gadda trat 1921 der faschistischen Partei bei.

Aus den Briefen, die Gadda aus Argentinien an Clara und den befreundeten Schriftsteller Ugo Betti verfasste, geht hervor, dass ihm das Arbeitsklima bei der Compañía General de Fósforos behagte. Von seinen vorwiegend italienischstämmigen engeren Mitarbeitern wurde er herzlich aufgenommen. Er erhielt ein schönes Büro und verfügte über ein Auto. Die Firma führte laut Gadda neun Werke und beschäftigte 5000 Personen. Neben der Fabrikation von Streichhölzern widmete sie sich auch der Herstellung von Papier und der Verarbeitung von Baumwolle. Sie ging auf eine Gründung von Antonio Devoto und dessen Brüdern zurück, die um die Mitte des neunzehnten Jahrhunderts aus Ligurien nach Buenos Aires emigriert waren und in La Boca ein Geschäft eröffnet hatten, das Baumaterialien und Rohstoffe importierte. Als der argentinische Staat im Zuge der sogenannten Wüstenkampagne unter Führung des Generals und späteren Präsidenten Julio Argentino Roca die Kontrolle über die Pampa und Patagonien übernahm und die frühere Bevölkerung enteignete, investierten die Gebrüder Devoto ihr ganzes Vermögen in den Kauf von Grundstücken, die schnell eine enorme Wertsteigerung erfuhren. In der zentralargentinischen Provinz La Pampa nahm eine von Antonio Devoto geführte Gesellschaft ein Areal von über 3000 Quadratkilometern in Besitz. Im Westen von Buenos Aires erinnert der Name des Stadtteils Villa Devoto noch heute an die Familie, in deren Eigentum sich das Quartier ursprünglich großteils befand. Antonio Devoto spielte eine wichtige Rolle in der Gemeinschaft der Italoargentinier. 1915 verlieh ihm der italienische König den Titel eines Grafen, im folgenden Jahr starb Graf Devoto. Nach dem Krieg zeichnete seine Witwe italienische Kriegsanleihen, die für den Wiederaufbau des Landes bestimmt waren, im Wert von fünf Millionen Lire, die Compañía General de Fósforos trug eine weitere Million bei.

Gadda wurde in verschiedenen Betrieben der Compañía eingesetzt. Seine berufliche Tätigkeit in Argentinien findet Niederschlag in der Beschreibung der Herstellung von *cerini* – Wachszündhölzchen – in *Der Mensch und die Maschine*:

> »In einer Streichholzfabrik, in der ich am Rio Plata häufig zu tun hatte, stellte ich fest, daß alle Operationen maschinell ausgeführt wurden: nicht aber das Einfüllen der Wachshölzchen in die Schachteln. Das zu mechanisieren war nicht möglich: und es besorgten die flinken Hände und beweglichen Finger netter Mädchen, braune wie helle, von spanischem und italienischem Blut. Das Anbringen der Gummischnürchen an die Schächtelchen, Donnerwetter!, das sogar besorgte eine Drehmaschine auf waagrechter Platte, die höchst raffiniert erdacht war: die drehte sich, tracktrack, tracktrack, und schnalzte und schnalzte. Ein Schächtelchen ums andere traf auf den Punkt, wo ein Leimpinselchen es beleckte: und schon war das bereitliegende Gummischnürchen auf den Leim gegangen.«

Erfunden hatte diese Maschine in der italoargentinischen Fabrik ein bärbeißiger Genuese mit Speckbauch und Doppelkinn »nach jahrzehntelangem Basteln und Brummeln«.

Geschäftsreisen führten den dreißigjährigen Ingenieur außerhalb des Großraums Buenos Aires nach Montevideo und nach Resistencia im heißen, subtropischen Norden Argentiniens, wohin er nach einer mehrtägigen Schiffsreise auf dem Paraná gelangte, einem der beiden Ströme, die in den Río de la Plata münden. Die Gebäude der Anlegestelle in Resistencia können, berichtet Gadda seiner Schwester, bestenfalls mit einem norditalienischen Hühnerstall wetteifern. Bei den Straßen der Stadt handelte es sich um staubige oder sumpfige Pisten. Mit

Gadda hielt sich mehrere Wochen im subtropischen Resistencia im Norden Argentiniens auf, wo er als Ingenieur für die Compañía General de Fósforos ein Werk zur Verarbeitung von Baumwolle einzurichten half.

wenigen Ausnahmen bestand Resistencia, die Hauptstadt der Provinz Chaco, aus einstöckigen Gebäuden. Immerhin verfügte die Stadt, wie Gadda bemerkt, über ein Krankenhaus, elektrische Beleuchtung und ein Freiluftkino. Im Umland wirtschafteten Kleinbauern. Die Ufer der Flüsse und Seen waren üppig bewachsen und wurden von Wasservögeln, Schlangen und Krokodilen besiedelt.

In Resistencia richtete die Compañía General ein Werk zur Verarbeitung von Baumwolle ein. Auch Öl aus Baumwollsamen wurde hergestellt. Als Ingenieur beschäftigte sich Gadda unter anderem mit der thermo-elektrischen Zentrale dieser Anlage: »Ich war mit dem Montieren dieser Zentrale befaßt: Heizkessel, Dampfantrieb, Wechselstromgeneratoren, Schaltzellen; dazu die elektrischen Leitungen und die Installierung der Motoren in den einzelnen Abteilungen. Dann gab's die Verteilnetze für den Dampf und das Wasser. Das Licht und die internen Telefonanlagen.«

Von seinem Aufenthalt in Argentinien berichtet Gadda in *Le Meraviglie d'Italia*: Römische Wölfin in Resistencia.

Bei den herrschenden Temperaturen von über 40° Celsius unterbrach Gadda seine Arbeit um die Mittagszeit. Er stellte sich mehrmals täglich unter die Dusche und schlief hinter mit Mückengittern ausgekleideten Fenstern unter einem Moskitonetz.

Die Mücken sind lästig, meldet Gadda nach Hause, aber immerhin übertragen sie keine Malaria.

Die Lokalität außerhalb der Stadt, wo sich die Fabrik befand, hieß »La Liguria«. Die Kaderleute des Werkes stammten durchwegs aus Norditalien. In der einzigen großzügigen Grünanlage im Zentrum der Stadt, die zum großen Teil von italienischen Immigranten und Immigrantinnen besiedelt worden war, stand seit 1920 eine monumentale Römische Wölfin, die 2018 einer Restaurierung unterzogen wurde.

Selbst die abgelegene Provinzstadt war für Gadda in einem Maße italienisch geprägt, dass er seine Erinnerungen an den Aufenthalt in Argentinien als *Wunder Italiens* deuten konnte und ihnen in seiner Sammlung *Le Meraviglie d'Italia* mehrere Texte widmete.

Nach seinem mehrwöchigen Abstecher in den Chaco kehrte Gadda im Frühjahr 1923 wieder nach Buenos Aires zurück. Er arbeitete viel. In seiner Freizeit besuchte er italienische Theateraufführungen. Ein befreundeter Ingenieur lud ihn mehrmals ins Teatro Colón ein, wo Opern gegeben wurden. »Ins Colón«, schreibt er Clara Anfang September, »bin ich auch auf eigene Rechnung gegangen, dementsprechend auf die Galerie, zu verschiedenen Konzerten der Wiener Philharmoniker unter der Leitung von Richard Strauss persönlich. Wie haben praktisch alle Opern von Strauss gehört sowie viele Werke von Beethoven und Wagner.«

Für die in Buenos Aires erscheinende Tageszeitung *La Patria degli Italiani* verfasst er eine enthusiastische Besprechung des Gedichtbandes *Il re pensieroso* seines Freundes Ugo Betti, mit dem er einige Monate im Kriegsgefangenenlager bei Celle eingesperrt war. Später beschließt Gadda, nicht mehr in der *Patria* zu publizieren, da sie wenig Sympathien für den italienischen Faschismus zeigt (was sich im Verlauf der zwanziger Jahre für einige Zeit ändern sollte).

Er verfolgt die Tournee des Fußballclubs Genoa, der im August auf der *Mafalda* in Argentinien eintrifft und »wegen des grässlichen Wetters nicht spielen kann«. Schließlich kommen die Spiele doch noch zustande: Der italienische Meister spielt gegen die argentinische Nationalmannschaft 1:1 unentschieden und unterliegt Uruguay 2:1.

Einmal wöchentlich widmet sich Gadda der Parteiarbeit: »Jede Woche findet eine Versammlung des örtlichen *Fascio* statt, den wir trotz tausenderlei Schwierigkeiten zu stärken suchen, und ich bin als Mitglied des Direktoriums verpflichtet, daran teilzunehmen: von 9 bis 1 Uhr nachts.« Unter den Ausländern genießt Mussolini in Argentinien laut Gadda einen ausgezeichneten Ruf, doch bei den Italienern sieht die Bilanz zu seinem Leidwesen durchwachsen aus: »Die bessergestellten Italiener schätzen ihn sehr: den Arbeitern, scheint mir, gefällt er nicht wirklich.« Einer seiner Arbeitskollegen, der im Krieg zwei seiner Brüder verloren hat, wird als »Fascista importado de Italia« beschimpft.

Gadda achtete darauf, dass seine Briefe rechtzeitig auf die auslaufenden Schiffe gebracht werden konnten, die Post nach Europa beförderten. Die Abfahrtszeiten der Liner wurden jeweils in der Presse veröffentlicht. Gelegentlich notierte er unter dem Datum des Briefes den Namen des Dampfers, der als Vektor seines Schreibens diente: etwa *Mafalda* oder *Giulio Cesare*.

Gadda ließ es sich nicht nehmen, die *Giulio Cesare* im Hafen von Buenos Aires zu besichtigen. Sie verkörperte eine neue Generation italienischer Transatlantikliner und traf 1922 zum ersten Mal in Südamerika ein. Mit Ölfeuerung und Dampfturbinen ausgestattet ließ der neue Zweischornsteindampfer der N.G.I. das mit Kohle betriebene und einer Kolben-Dampfmaschine ausgerüstete Vorkriegsmodell alt aussehen: wesentlich großzügiger dimensioniert, mit 193 Metern 45 Meter länger als die *Mafalda*, mit über 22000 Bruttoregistertonnen mehr als doppelt so groß wie das 1909 in Betrieb genommene Schiff und mit einer Höchstgeschwindigkeit von 20 Knoten schneller als die laut Gadda nach wie vor als »Windhund des Meeres« bekannte *Principessa*

*Mafalda*, die während der kriegsbedingten Ruhezeit ohnehin an Kraft und Wendigkeit verloren hatte. Wie auf der *Mafalda* wurde die Küche der *Giulio Cesare* von den beiden führenden Genueser Grand Hotels Bristol und Savoia betrieben.

Die *Giulio Cesare* löste die *Principessa Mafalda* als Flaggschiff der Navigazione Generale Italiana ab.

Carlo Emilio Gadda gefiel es nicht in Südamerika. Er hatte zwar Arbeit und konnte seiner Mutter und seiner Schwester immer wieder größere Geldbeträge überweisen, aber er vermisste seine Familie, Landschaft und Städte, Kultur und Küche seines Heimatlandes. Als er einmal in einem Hotel in Montevideo eine echte »*minestra* aus gutem Gemüse, auf italienische Art mit Reis und Bohnen« vorgesetzt bekam, brach er in Begeisterung aus.

Im Frühjahr 1924 kehrte der heimwehgeplagte faschistische Ingenieur, der sein literarisches Werk später als »seltsame Reise auf dem Ozean der Buchstaben« beschreiben sollte, über den Atlantik nach Italien zurück. Seine in den *Wundern Italiens* veröffentlichte Erinnerung an die Hinreise auf der *Mafalda* schließt er:

»Und alles wird zu einer Erinnerung werden, zu einer bloßen Erinnerung.

Eine Erinnerung die Mama, der vertikale Glanz der Alpen, zersplittert und blutbespritzt, von Blitzen gekrönt.«

# HARRY GRAF KESSLER FÄHRT NACH BARCELONA

*Die Schönheit der Welt*

Die Navigazione Generale Italiana beabsichtigte, die *Principessa Mafalda*, ihr langjähriges Flaggschiff, auf der Route nach Südamerika durch die beiden größeren, modernen und luxuriösen Neubauten *Giulio Cesare* und *Duilio* abzulösen. Die *Duilio*, benannt nach einem Feldherrn, der im dritten Jahrhundert vor Christus eine Seeschlacht gegen die karthagische Flotte für die Römer entscheiden konnte, wurde 1923, ein Jahr nach der *Giulio Cesare*, in Dienst genommen.

Doch die Reederei musste umdisponieren. Auf der Route zwischen Europa und New York stieg in den zwanziger Jahren die Nachfrage nach Plätzen in den gehobenen Klassen, während die Emigration in die Vereinigten Staaten und damit die Belegung der dritten Klasse stark rückläufig war. Durch den *Immigration Act* von 1924 wurde die Einwanderung gerade aus Italien stark beschränkt, da die Kontingente für jedes Land auf jährlich zwei Prozent der Anzahl der bisher in den USA ansässigen Landsleute begrenzt wurde. Um den Ansprüchen der Reisenden erster und zweiter Klasse gerecht zu werden, setzte die N.G.I. nun ihre beiden schönen, eigentlich für die La-Plata-Route gebauten Motorschiffe auf dem Nordatlantik ein. So konnte die Reederei gegen ihre Konkurrenz aus dem Inland bestehen, etwa den Lloyd Sabaudo mit seinen Nachkriegsmodellen *Conte Verde* und *Conte Rosso*.

Die Immigration nach Südamerika hingegen blieb weiterhin auf hohem Niveau. Mitte der zwanziger Jahre wanderten weit mehr Italiener und Italienerinnen nach Argentinien aus als in die USA. Für die Emigranten und Emigrantinnen setzte die N.G.I. auf dem Südatlantik ihre älteren Dampfer ein, die der Schifffahrtshistoriker und Leiter des Genueser Meeres- und Migrationsmuseums Pierangelo Campodonico als »Museumsflotte« bezeichnet. Dank ihres traditionell guten Rufs behielt die *Principessa Mafalda* nach wie vor eine gewisse Attraktivität auch für bessergestellte Passagiere. Der »Windhund des Meeres« war zwar immer noch schneller als die anderen Schiffe der aus Vorkriegsmodellen bestehenden Südamerikaflotte, passte sich im Linienverkehr jedoch an deren Geschwindigkeit von gemütlichen vierzehn Knoten an.

Die Navigazione Generale baute ihre Flotte weiter aus. 1926 nahm die 215 Meter lange *Roma* ihren Dienst auf und begann zwischen Genua und New York hin und her zu pendeln. Die *Giulio Cesare* und die *Duilio* konnten nun wieder auf die anfänglich für sie vorgesehene Südatlantikroute verlegt werden.

Die Reederei hatte beschlossen, in neue Schiffe zu investieren und die Vorkriegsdampfer nur noch notdürftig instand zu halten, um sie nach und nach aus dem Verkehr zu ziehen. 1925 fiel die Entscheidung, auch die *Principessa Mafalda* in absehbarer Zeit abzuwracken. Da sich bei den Neubauten Verzögerungen ergaben, hatte sie ihren Dienst an der Seite der beiden Motorschiffe vorerst weiter zu versehen. Um im Takt der jüngeren Schiffe zu bestehen, die ohne weiteres mehr als zwanzig Knoten erreichen konnten, musste die *Mafalda* nun wieder auf achtzehn Knoten hochgefahren werden. War sie dazu ursprünglich durchaus fähig, erwiesen sich ihre Maschinen aber infolge der Auszeit während des Kriegs und des vernachlässigten Unterhalts in den Jahren danach von der hohen Geschwindigkeit überfordert. Im Februar 1926 mussten die Antriebswelle, die die Drehung der linken Dampfmaschine an den Propeller weitergab, ersetzt werden. Die Vibrationen der Motoren, die an ihrer Belastungsgrenze operierten, übertrugen sich auf das ganze Schiff und waren noch auf den Passagierdecks spürbar, was dem »Windhund des Meeres« den neuen Spitznamen *ballerina* – Tänzerin – einbrachte. Harry Graf Kessler, der am 16. April 1926 in Genua auf der *Mafalda* einschiffte, entging der abgewirtschaftete Zustand des ehemaligen Flaggschiffs der italienischen Handelsflotte nicht: »Mittags um zwölf ab auf dem Südamerika-Dampfer der ›Navigazione Generale Italiana‹, der ›Principessa Mafalda‹«, notiert er in sein Tagebuch. »Hübsches Zehntausend-Tonnen-Schiff, recht freundlich und sogar luxuriös (wenn auch schon etwas verblichener Luxus) eingerichtet in einem ziemlich einfachen Louis-XVI.-Stil; große, luftige weiße Kabinen mit Betten, ausgezeichnetes Essen.«

Kessler reiste oft. Er hatte von seinem 1879 geadelten Vater, einem erfolgreichen Geschäftsmann, ein beträchtliches Vermögen geerbt und machte sich einen Namen als Schriftsteller, Kunstliebhaber, Mäzen,

Verleger und Diplomat. Während des Ersten Weltkriegs engagierte er sich wie Felix Weingartner im innereuropäischen Kulturkampf. Im Auftrag des Auswärtigen Amts des Kaiserreichs organisierte er in der Schweiz Veranstaltungen mit deutschen Kulturschaffenden.

»Wir müssen«, stellte Kessler 1915 in seinem Tagebuch fest, »unsere Feinde auch geistig niederringen, unsere Kultur über die ihrige heraus erheben. Frankreichs geistige Waffen sind für Deutschland viel gefährlicher als seine militärischen.« Es gelang ihm, das Leipziger Gewandhausorchester nach Bern zu bringen und Richard Strauss, den er bei der Arbeit an *Rosenkavalier* und *Josephs Legende* unterstützt hatte, 1917 für ein Gastspiel in Zürich zu gewinnen: »Der Erfolg der Vorstellung war ungeheuer.« Eine groß angelegte Ausstellung deutscher Malerei des neunzehnten und zwanzigsten Jahrhunderts im Zürcher Kunsthaus im gleichen Jahr erwies sich dagegen als Fehlschlag: Kessler stellte neben älteren Malern auch Expressionisten wie Oskar Kokoschka und August Macke aus, was das Schweizer Publikum hoffnungslos überforderte.

Mafalda di Savoia als junge Frau, fotografiert von ihrer Mutter, der Königin, für einen wohltätigen Zweck.

Da sich Harry Graf Kessler im Gegensatz zum überwiegenden Teil des deutschen Adels nach dem Krieg auf die Seite der Demokratie schlug und Sympathien für die Unabhängigen Sozialdemokraten zeigte, machte er sich als »roter Graf« in konservativen Kreisen unbeliebt. Im Januar vor seiner Fahrt auf der *Mafalda* lud ihn die Generalstochter Pauline Strauss, Richards Ehefrau, nach einem Opernbesuch zum gemeinsamen Essen ein, wo laut Kesslers Tagebuchaufzeichnungen folgendes Gespräch geführt wurde:

»Pauline (geheimnisvoll flüsternd): Man sagt, der Graf Kessler sei ganz rot geworden.

Ich: Ach, ich bin bloß ein biederer Demokrat.

Pauline: Sie, ein Graf, ein Demokrat? Da beschmutzen Sie Ihr eigenes Nest.

Ich: Verzeihen Sie, gnädige Frau, darüber, ob ich mein eigenes Nest beschmutze, muß ich mir selber mein Urteil vorbehalten.

Allmählich war Richard Strauss immer ungeduldiger geworden. Jetzt brach er in das Gespräch ein, um es zu beenden, erklärte mir, seine Frau sei ganz unpolitisch, ich sollte nicht darauf achten, was sie sagte.«

Um auf die *Mafalda* zu gelangen, war Kessler über die Schweiz nach Genua gereist. Im Tessin herrschte Durcheinander: »Hier ist alles überfüllt«, schreibt er am 13. April 1926 in Lugano in sein Tagebuch, »weil sich der ganze Strom der Deutschen, die sonst nach Italien reisen, im Tessin gestaut hat. Huguenin, der Konditoreibesitzer, der jetzt einen Monat in Nervi war, sagt, dort seien die Hotels ganz leer ›wegen der Mussolini-Rede‹. Hier ist kein Zimmer zu haben. Obwohl wir schon vor vierzehn Tagen im Hotel Zimmer bestellt hatten, sind wir in einer Privatwohnung untergebracht. Einige hundert Millionen wird Mussolinis schöne Rede Italien gekostet haben! Ein etwas teurer National-Tenor. Dafür, daß es eine komische Figur an der Spitze der Regierung hat, ist der Preis für Italien etwas hoch.«

Mussolini hatte in seiner Rede am 6. Februar vor der italienischen Abgeordnetenkammer, die sich gegen die deutsche Kritik an der Italianisierung des Südtirols wandte, die Deutschen als barbarische Relikte der Völkerwanderung bezeichnet und gedroht, das faschistische Italien würde seine Trikolore nötigenfalls über den Brenner hinaustragen.

Wenige Tage bevor Harry Graf Kessler auf der *Principessa Mafalda* die »schöne Fahrt an der ligurischen Küste entlang, über der die schneebedeckten Seealpen glänzten«, genoss, begab sich Benito Mussolini zu einer Art Staatsbesuch nach Tripolis. Die italienische Armee bemühte sich, Libyen, das ihr während des Weltkriegs weitgehend entglitten war, wieder unter Kontrolle zu bringen. Im Verlauf des Zweiten Italienisch-Libyschen Kriegs, der bis 1932 dauerte, kamen in Kampfhandlungen und bei Massenhinrichtungen, Giftgaseinsätzen

Im September 1925 heiratete Mafalda Prinz Philipp von Hessen, einen Neffen des letzten deutschen Kaisers.

und Massakern an der Zivilbevölkerung, auf Todesmärschen und in Konzentrationslagern schätzungsweise 100 000 Libyerinnen und Libyer ums Leben – rund ein Achtel der damaligen Bevölkerung der nordafrikanischen Kolonie.

Mussolini saß 1926 fest im Sattel. Dank eines geänderten Wahlgesetzes verfügten die faschistische Partei und ihre Verbündeten seit 1924 im Parlament über die absolute Mehrheit, die übrigen Parteien wurden entmachtet, Oppositionelle eingeschüchtert, in Haft gesetzt, umgebracht oder in die Verbannung geschickt, regierungskritische Beamte entlassen und missliebige Bürgermeister durch Kandidaten der Zentralmacht ersetzt. Zeitungen, die nicht die Parteilinie vertraten, wurden zur Aufgabe oder zum Verkauf gezwungen, die übrigen der Zensur unterworfen. Außenpolitisch markierte Mussolini Präsenz, die Wirtschaft wuchs, die Löhne der Arbeiter sanken, die freien Gewerkschaften wurden ihrer Rechte beraubt.

Auch als Diktator blieb der *Duce* jedoch auf das Wohlwollen des Königs, des italienischen Staatsoberhaupts, angewiesen. Und das Königshaus verkörperte nicht nur die erst wenige Jahrzehnte zuvor erreichte Einigung Italiens, die die Grundlage für den für die Faschisten so zentralen Nationalismus bildete, sondern erfreute sich auch beim Volk großer Beliebtheit und Wertschätzung. Mussolini kam also nicht darum herum, die Monarchie zu hofieren, und ließ sich am 23. September 1925 anlässlich der mit großem Pomp gefeierten Hochzeit der Prinzessin Mafalda mit Prinz Philipp von Hessen blicken – diesmal nicht umgeben von Schwarzhemden, sondern von Vertretern des europäischen Hochadels. Die Hochzeit fand im königlichen Schloss Racconigi südlich von Turin statt, wo Mafalda als Kind im Kreis ihrer Familie oft die Ferien verbracht hatte. Hinter dem Schlossgebäude erstreckt sich ein weiter Landschaftspark mit Waldpartien, einem künstlichen See, einer russischen Datscha und einem Schweizerhaus.

Mafalda hatte den Hessenprinzen im Vorjahr in Rom bei einer Gartenparty des Prinzen Paul von Jugoslawien und dessen Frau Olga von Griechenland kennengelernt: Liebe auf den ersten Blick, versichern die Biografien. Die beiden Verliebten pflegten sich auf Englisch zu unterhalten. Um sich inoffiziell zu treffen, besuchten sie die Oper. Von der königlichen Loge aus konnte Mafalda mit ihrem Prinzen, der sich in die erste Reihe setzte, Blickkontakt aufnehmen. Roms Opernhaus, das Teatro Costanzi, wurde nach wie vor sehr erfolgreich von Emma Carelli geleitet, der Partnerin von Walter Mocchi, der noch immer als Impresario italienische und südamerikanische Bühnen bespielte und den Atlantik im Sommer 1925 einmal mehr auf der *Principessa Mafalda* überquerte.

Aus dynastischer Sicht war Philipp von Hessen eine gute Partie für die italienische Königstochter – immerhin war er der Sohn der Schwester des ehemaligen deutschen Kaisers Wilhelm. Philipp hatte nach dem Ersten Weltkrieg in Darmstadt Architektur und Kunstgeschichte studiert, ohne abzuschließen, und zog 1923, als Deutschland unter der Hyperinflation litt, nach Rom, wo es dem Kunstinteressierten gut gefiel. In der italienischen Hauptstadt beschäftigte er sich als Innenarchitekt und fand seine Kundschaft dank seiner Beziehungen zum Adel.

Die Hochzeit von Mafalda von Savoyen und Philipp von Hessen fand weltweite Beachtung. Die *New York Times* betont, dass die dreiundzwanzigjährige Mafalda nicht nur dekorative Funktionen als Königstochter zu übernehmen fähig war, sondern dem Bild einer modernen Frau entsprach – gebildet, sportlich und musikalisch:

»Verblichener Luxus, ausgezeichnete Küche«: Harry Graf Kessler verließ die *Mafalda* in Barcelona. Einfahrt des Dampfers im dortigen Hafen auf einer spanisch und in Esperanto beschrifteten Karte.

»Mafalda spricht Englisch, Französisch, Deutsch und Russisch so fließend wie ihre italienische Muttersprache, spielt vier Musikinstrumente und ist Expertin für verschiedene Sportarten.

Die Prinzessin spielt Piano, Violine und Mandoline, am liebsten aber Gitarre. Gemeinsam mit Prinz Umberto treibt sie fast täglich Sport. Sie fährt ihren eigenen Wagen, ist eine fähige Radfahrerin und eine gute Fechterin.«

Mafaldas Eltern waren zuerst etwas skeptisch, als die Prinzessin ihnen erklärte, dass sie Philipp zu heiraten beabsichtigte – nicht zuletzt, weil dieser aus einer protestantischen Familie stammte. Eine päpstliche Kommission unter der Leitung des Kardinals Merry del Val, der seinerzeit Pater Genocchi auf Wunsch des Papstes nach Südamerika geschickt hatte, zeigte sich schließlich unter gewissen Bedingungen einverstanden mit der Ehe zwischen der katholischen Königstochter und dem protestantischen Prinzen.

Zur Hochzeit schenkten Mafaldas Eltern dem Brautpaar ein Haus am südwestlichen Rand des weitläufigen, heute unter dem Namen Villa Ada Savoia bekannten königlichen Parks in Rom, in welchem sich auch die Villa Savoia befindet, wo die königliche Familie seit 1911 lebte. Das junge Paar ließ das Haus umbauen, nannte es Villa Polissena und umgab das Gebäude mit einem großzügigen Garten. Prinz Philipp, der sich gut mit dem kleinen König verstand, zeichnete die ersten Pläne dazu auf Vittorio Emanueles Yacht, als die beiden einen Ausflug nach Montecristo unternahmen. Die Villa Polissena wird heute von der Modedesignerin Mafalda von Hessen bewohnt, einer Enkelin von Mafalda und Philipp, in der Villa Savoia befindet sich die ägyptische Botschaft. Die Stallungen und andere Gebäude in der ehemaligen königlichen Parkanlage, die als Villa Ada bekannt ist, sind am Zerfallen, im verwilderten Park haben sich exotische Papageien angesiedelt.

»Nachts, im Golf du Lion«, berichtet Harry Graf Kessler von seiner Fahrt auf der *Mafalda*, »wurde die See etwas stürmisch.«

Der rote Graf verließ den Dampfer in Barcelona, einer »ganz modernen Stadt, die nichts südlich Verschlafenes oder Opernhaftes an sich hat« und Kessler vorkommt wie »halb Paris, halb Buenos Aires«: »Um zwölf in Barcelona an Land.«

Das Schiff, das Kessler verließ, war zumindest in der ersten Klasse unterbelegt: »Nur wenige Passagiere erster Kajüte«, hält er in seinem Tagebuch fest, »unter diesen der Genfer Kapellmeister Ansermet mit Frau und Tochter, die sämtlich ihr Gepäck an der italienischen Grenze verloren haben und so ohne Gepäck nach Südamerika reisen!«

Wie Ernest Ansermet, der während der Sommermonate jeweils ein argentinisches Symphonieorchester und im Winter das Orchestre de la Suisse Romande leitete, überquerten auch europäische Schauspieltruppen regelmäßig den Südatlantik. Im Juni 1926, wenige Wochen nach Ansermet, reiste die 1890 in Tarent geborene Italia Almirante, damals eine der bekanntesten Schauspielerinnen Italiens, mit ihrem Ensemble auf der *Principessa Mafalda* über den Ozean, um Gastspiele in Rio de Janeiro, São Paulo, Buenos Aires und Montevideo zu geben. Auch der fünfundzwanzigjährige Vittorio De Sica war mit von der Partie. In den dreißiger Jahren sollte er als Charmeur und Frauenliebling zu einem der bekanntesten Schauspieler Italiens avancieren, bis er in den vierziger Jahren als Regisseur von Werken wie dem neorealistischen Filmklassiker *Fahrraddiebe* (1948) Weltruhm erlangte.

Während der Fahrt auf der *Principessa Mafalda* drehte die von Italia und ihrem Cousin Luigi Almirante geführte Kompanie einen Stummfilm. *La bellezza del mondo* spielt zum größten Teil auf dem Schiff. Regie führte Mario Almirante, Luigis Bruder und Vater von Giorgio, dem späteren langjährigen Vorsitzenden der neofaschistischen Partei Movimento Sociale Italiano.

1926 spielte Italia Almirante die Hauptrolle im Film *La bellezza del mondo*, der zum großen Teil auf der *Principessa Mafalda* gedreht wurde.

*La bellezza del mondo* erzählt die Geschichte des jungen Grafen Reni, der sich auf einem Transatlantikdampfer in die durch Italia Almirante verkörperte Schauspielerin Diana Altieri verliebt. Doch auch ein brasilianischer Großgrundbesitzer macht sich an Altieri heran. Als Altieri eine wertvolle Perlenkette abhandenkommt, gelingt es dem Brasilianer, den Verdacht auf den Grafen zu lenken, der nach der Ankunft in Brasilien verpflichtet wird, seine Schuld abzuarbeiten. Als die Betrogene die Machenschaften des Großgrundbesitzers durchschaut, macht sie sich auf die Suche nach dem zu Unrecht beschuldigten Grafen, wird aber vom betrügerischen Brasilianer überwältigt und in eine Hütte gesperrt, die er in Brand steckt. Glücklicherweise kommt die Ex-Geliebte des Bösewichts daher und erschießt ihn.

Gegen Ende des Films, der nicht erhalten geblieben ist, entpuppt sich die Geschichte als Fiktion, ausgeheckt von einem Schriftsteller, der als Passagier des Dampfers seine Mitreisenden beobachtet: Nachdem das Hündchen der Schauspielerin die Perlenkette verschleppt hat, denkt er sich nämlich einen anderen Fortgang der Geschichte aus – bunter und weniger banal als die tatsächliche.

»Überall warteten junge Leute auf Pirandello«, berichtet Marta Abba vom Besuch der Theatertruppe in Buenos Aires, »die Stadt wurde von einer Welle der *italianità* erfasst.«

## DIE BEIDEN SIZILIANER VOR DEM LÜFTERKOPF

*Carlos Gardel überrascht Luigi Pirandello im Café Tortoni*

Luigi Pirandello, als Autor spätestens seit seinem 1921 uraufgeführten Theaterstück *Sechs Personen suchen einen Autor* weltbekannt, stattete Südamerika im Sommer 1927 mit der von ihm geleiteten Compagnia del Teatro d'Arte einen Besuch ab. Auf der Hinfahrt nach Buenos Aires reiste die Theatertruppe auf der *Re Vittorio*, einem zwanzig Jahre alten Zweischornsteindampfer der Navigazione Generale Italiana, für den Rückweg wählte Pirandello die fast gleich alte, aber etwas größere *Principessa Mafalda*.

An Bord der *Mafalda* ließ er sich zusammen mit Kapitän Simone Gulì fotografieren.

Pirandello steht in einem dunkeln Anzug neben dem Kapitän, mit Ballonmütze auf dem Kopf und Fliege unter dem von einem Spitzbärtchen bedeckten Kinn. Gulì, in weißen Schuhen, weißer Hose und dunkler Jacke, stellt sich in leicht geneigter Haltung neben den großen Schriftsteller, den er an Körpergröße überragt. Im breiten Gesicht unter der Kapitänsmütze deuten die Lippen ein Lächeln an, während die Mundwinkel unter dem schmalen weißen Schnurrbart des Dichters nach unten zeigen. Gulì wirkt heiter, Pirandello besorgt. Die beiden stehen an Deck vor einem der riesigen Lüfterköpfe, durch deren auf der Innenseite rot bemalte Mündungstrichter Frischluft in die Innenräume des Schiffs gelangte.

Simone Gulì war der fünfte Kapitän, der die *Principessa Mafalda* über den Ozean führte: Der erste, der den Schnelldampfer nach Buenos Aires brachte, war Marchese Renzo Durand de la Penne, Sprössling einer noblen Familie aus der Grafschaft Nizza. 1910 bis 1912 stand die *Principessa Mafalda* dann unter dem Kommando von Francesco Noera, auf den Vittorio Emanuele Parodi folgte, der einer weit verzweigten ligurischen Reederfamilie angehörte und die *Mafalda* in den Jahren sowohl vor als auch nach dem Ersten Weltkrieg kommandierte.

Gulìs direkter Vorgänger war Francesco Tarabotto. Tarabotto war mit dem Flaggschiff der italienischen Handelsmarine bestens vertraut. Als Erster Offizier hatte er bereits an der Jungfernfahrt der *Mafalda* teilgenommen. Auch unter Noera und Parodi wirkte er in dieser Funktion, bis er 1913 zum *comandante* der *Indiana* berufen wurde und fortan Emigranten und Emigrantinnen nach Nordamerika verfrachtete. 1920 übernahm er die *Mafalda*. Als Siebenundvierzigjähriger gab er das Kommando über das alternde Schiff im Jahr 1924 an Simone Gulì ab, um in der Folge eine ganze Reihe neuer Motorschiffe zu führen und schließlich 1933 mit der *Rex* das »Blaue Band« zu gewinnen, die Auszeichnung für die schnellste Überfahrt von Europa nach Nordamerika, was die italienische Nation mit Stolz erfüllte.

Gulì war bereits fast sechzigjährig, als ihm die *Principessa Mafalda* anvertraut wurde. Er galt als besonnener Kapitän und wird als *lupo di mare*, als alter Seebär, charakterisiert, dem zugetraut werden konnte, mit den Tücken der vernachlässigten »Ballerina«, die ohnehin bald ausrangiert werden sollte, fertigzuwerden. Gulì stammte aus Palermo, wo heute eine Straße in der Nähe des Hafens nach ihm benannt ist. Seine nautische Karriere begann er als Schiffsjunge auf Segelschiffen, 1889 erlangte er das Patent als Kapitän auf Großer Fahrt (*capitano di lungo corso*), das ihn berechtigte, Schiffe jeder Größe auf allen Weltmeeren zu führen. Seit 1894 arbeitete er für die Navigazione Generale Italiana. Im Libyenkrieg 1911/12 war er als Kommandant der *Sannio* und der *Lombardia* im Einsatz, im Sommer 1916 führte er – während des Ersten Weltkriegs – die 156 Meter lange *Milazzo* auf ihrer Jungfernfahrt von Genua nach New York. Dabei verlor der damals größte Frachter der Welt einen Propellerflügel.

Im Großen Krieg – wie in Italien der Erste Weltkrieg genannt wird – sammelte Simone Gulì Erfahrungen mit Schiffsuntergängen.

Wenige Monate nach der ersten Fahrt der *Milazzo* brachte er Pferde, Versorgungsgüter und Kriegsmaterial auf der *Palermo*, einem 1899 gebauten Auswandererschiff, von Amerika nach Europa. Am 2. Dezember 1916 wurde der Dampfer fünfundzwanzig Seemeilen vor dem katalanischen Cap de Sant Sebastià von einem deutschen U-Boot versenkt. Bis auf einen Heizer konnte die gesamte Besatzung gerettet werden, die Pferde ertranken.

Anderthalb Jahre später, am 11. Mai 1918 um 12.25 Uhr, verließ Gulì auf der *Verona* den Hafen von Messina mit Ziel Tripolis. An Bord des zehn Jahre alten Passagierdampfers befanden sich fast dreitausend Armeeangehörige, überwiegend Deserteure und ehemalige Häftlinge, die in Libyen in Internierungslagern untergebracht werden sollten. Als Deserteure galten nicht nur Soldaten, die ihre Formation verließen, sondern auch junge Männer, die dem Stellungsbefehl nicht Folge leisteten. Um 13 Uhr, kaum auf See, wurde die *Verona* von einem deutschen U-Boot torpediert und sank innerhalb von fünfundzwanzig Minuten. Da sich das sinkende Schiff zu diesem Zeitpunkt nur zwei Meilen vor der kalabrischen Küste befand, konnten rund zweitausend der Passagiere und Besatzungsmitglieder durch Boote, die zu Hilfe eilten, gerettet werden. Die Zahl der Todesopfer wird mit 880 angegeben. Gulì überlebte auch seinen zweiten Schiffsuntergang.

Nach dem Krieg übernahm der Palermitaner wieder Auswanderer- und Handelsschiffe der Navigazione Generale. Bevor er auf die *Mafalda* wechselte, stand er im Steuerhaus der *Duca degli Abruzzi*.

Luigi Pirandello war zwei Jahre jünger als Simone Gulì und stammte ebenfalls aus Sizilien. Er wurde 1867 in der Nähe von Agrigento auf einem Landgut geboren, das den Namen Caos trägt, was Pirandello später amüsierte: »Ich bin ein Sohn des Chaos; und das nicht im allegorischen Sinn, sondern tatsächlich.« Sein tyrannischer Vater, der sich sittenstreng gab und seine Frau mit einer Geliebten betrog, war im Schwefelhandel tätig und besaß Schwefelgruben.

Um die Jahrhundertwende stammte der Großteil der weltweiten Schwefelproduktion aus den Minen im Innern Siziliens. Der Schwefel wurde in unterirdischen Stollen von den Hauern losgeschlagen und von Knaben, *carusi* genannt, in langen, engen und steilen Treppen mit hohen Stufen ans Tageslicht geschleppt. Diese *carusi* wurden den Hauern von ihren Eltern verkauft und damit faktisch zu Sklaven, da sie nur gegen die Rückerstattung der Kaufsumme von ihrer Verpflichtung, als Träger zu arbeiten, erlöst werden konnten. Schon den sieben- bis zehnjährigen Kindern wurden Lasten von dreißig Kilo zugemutet, sie arbeiteten nackt in der unerträglichen Hitze im Innern des Berges täglich zwölf Stunden, dann ruhten sie sich in einer Hütte, im Eingang der Grube oder im Freien aus. Ihr Lohn bestand aus etwas Mehl minderer Qualität, das ihnen zu einem überhöhten Preis abgegeben wurde. Wenn sie zu fliehen versuchten, wurden sie verprügelt oder erschlagen.

Auch um die sizilianischen Landarbeiter war es schlecht bestellt. Booker T. Washington, der Leiter einer Bildungsinstitution für Schwarze in Alabama, unternahm 1909 eine Reise nach Europa, um die Arbeitsbedingungen im alten Kontinent zu dokumentieren, und stellte fest: »Nicht der Schwarze ist das menschliche Wesen, das auf der untersten Stufe der Gesellschaft steht. Die Lebensbedingungen des farbigen Bauern in den rückständigen Gebieten der Vereinigten Staaten von Amerika sind selbst dort, wo dieser eine minimale Ausbildung erhält und kaum Ermutigung zur Verbesserung seiner Situation erfährt, zweifellos besser als die Voraussetzungen und Chancen, die der Landbevölkerung von Sizilien geboten werden.«

Zwischen 1901 und 1915 wanderten mehr als eine Million Sizilianer und Sizilianerinnen aus, was – ohne Berücksichtigung der Rückwanderung – fast dreißig Prozent der Gesamtbevölkerung der Insel entsprach. Im Süden der Vereinigten Staaten wurden die Sizilianer, die in der Rassenlehre als beinahe ebenso minderwertig eingestuft wurden wie Schwarze, mehrfach aus nichtigem Anlass Opfer willkürlicher Lynchmorde.

Nach den Beobachtungen Washingtons, der selber noch als Sklave geboren worden war, wurden die Frauen, die wie Gefangene in ihren Dörfern leben, von den sizilianischen Männern als minderwertige Wesen und gewissermaßen als Eigentum betrachtet: »Sie leben in einer Art geistiger und moralischer Sklaverei unter der Kontrolle ihrer Männer und der ignoranten, möglicherweise auch lasterhaften Dorfpriester. Daher bedeutet die Reise nach Amerika für die Sizilianerin eine echte Emanzipation.«

1894 heiratete Luigi Pirandello im Alter von sechsundzwanzig Jahren Antonietta Portulano, die Tochter eines Schwefelunternehmers, der mit Luigis Vater persönlich und geschäftlich in Beziehung stand. Antonietta war in einem Kloster aufgezogen worden und wurde angehalten, wenn sie auf ihrem Sonntagsspaziergang in Begleitung ihrer Freundinnen Männern begegnete, den Blick zu Boden senken. Die Schwefelheirat wurde von den Vätern arrangiert und diente nicht zuletzt der Stärkung der wirtschaftlichen Position beider Familien. Antonietta wurde vorerst nicht um ihre Meinung gefragt, Luigi zeigte sich einverstanden. Das »Geschäft«, wie er es nennt, bestand aus einer Mitgift von einhunderttausend Lire, die im Schwefelsektor gewinnbringend angelegt werden und dem Ehepaar und bald auch seinen drei Kindern ein sorgenloses Leben ermöglichen sollten. Denn Pirandello verfügte lange Zeit über sehr geringe Einkünfte. Statt ins väterliche Unternehmen einzusteigen, hatte er in Rom und Bonn Romanistik studiert und sich als Schriftsteller und Journalist durchzuschlagen versucht. Auch die Arbeit als Dozent für Literaturgeschichte an der Pädagogischen Akademie in Rom, wohin das Paar kurz nach der Hochzeit gezogen war, war nicht wirklich einträglich.

Als eine der Schwefelminen 1903 nach einem Brand oder einer Überflutung zerstört wurde – die Ursache ist unklar –, versiegte der Gewinn aus den Investitionen, der der jungen Familie hätte zugutekommen sollen. Der sizilianische Schwefelbergbau verlor seine Bedeutung ohnehin innerhalb weniger Jahre fast völlig, da ein besonders in den USA angewandtes, wesentlich kostengünstigeres Verfahren entwickelt worden war, dank welchem Schwefel mit überhitztem Wasser aus durch Bohrungen erschlossenen Lagerstätten gelöst und an die Oberfläche gepumpt werden konnte.

Antonietta, die sich im Kreis von Luigis römischen Freunden nie wohlgefühlt hatte und der die Arbeit ihres Mannes als Schriftsteller und Lehrer fremd blieb, wurde krank. »Das Bindemittel, das ihre Identität als Ehefrau zusammenhielt, war ja gerade die Rendite ihrer Mitgift: durch sie bekräftigte Antonietta tagtäglich ihre Präsenz, ihr Dasein. Sie war es, die das tägliche Brot für alle garantierte, und sie war es auch, die es ihrem Mann letzten Endes ermöglichte, weiter zu schreiben«, schreibt Andrea Camilleri, der wie Pirandello aus der Provinz Agrigento stammt, in seiner Pirandello-Biografie. Antoniettas Krankheit begann mit Lähmungserscheinungen, gefolgt von immer heftigeren Wahnvorstellungen, die Luigi, der sich lange Zeit um sie zu kümmern bemühte, schließlich dazu bewegten, seine Frau 1919 in einer geschlossenen Anstalt unterzubringen. Dort verbrachte sie die letzten vier Jahrzehnte ihres Lebens.

Pirandello begann schon als Schüler zu schreiben, publizierte 1889 seinen ersten Gedichtband und verfasste im Verlauf seines Lebens rund zweihundertfünfzig Erzählungen. 1904, ein Jahr nach dem Untergang des väterlichen Schwefelbergwerks, feierte er mit seinem Roman *Mattia Pascal* seinen ersten großen Erfolg. Der Titelheld, Sohn eines Schwefelminenbesitzers, gerät in familiäre und finanzielle Schwierigkeiten und beschließt, sich nach Amerika abzusetzen. Auf dem Weg nach Marseille, wo er Europa den Rücken kehren will, hält er sich in Monte Carlo auf, spielt Roulette und gewinnt ein Vermögen. Als er in der Zeitung seine eigene Todesanzeige liest, beginnt er unter einem anderen Namen ein neues Leben.

*Mattia Pascal* machte Pirandello auch im Ausland bekannt. Mit seinen Theaterstücken sicherte er sich seinen Platz in der Weltliteratur. In der Vorrede zu *Sei personaggi in cerca d'autore* beschwört der Autor die Phantasie als kundige Magd im Dienst seiner Kunst herauf, die sich einen Spaß daraus mache, ihm laufend »Leute ins Haus zu schleppen«, damit er »Novellen, Romane und Theaterstücke aus ihnen mache«. In Pirandellos berühmtestem Schauspiel platzen sechs solcher Personen – Vater, Mutter, eine erwachsene Tochter, ein erwachsener Sohn sowie zwei Kinder – in eine Theaterprobe, die bei hochgezogenem Vorhang schon im Gang zu sein scheint, wenn die Zuschauer den Saal betreten, und bitten um einen Autor, der ihnen zum Leben verhilft. Geprobt wird gerade ein Stück von Pirandello, *Das Rollenspiel*. Der Direktor lässt sich schließlich von den Geschichten der Eindringlinge faszinieren und versucht, diese mit seinem Ensemble in Szene zu setzen.

In der Figur des Vaters entwickelt Pirandello ein Thema, das ihn auch in seinem Roman *Einer, Keiner, Hunderttausend* beschäftigt: Der Vater, lange Zeit von der Familie getrennt, ist der achtzehnjährigen Tochter, die als keck, fast unverschämt, sehr schön und elegant vorgestellt wird, peinlicherweise bei einem Besuch in einem Bordell begegnet, wo sie als Sexarbeiterin beschäftigt war. Die Tochter verachtet ihn. Der Vater sträubt sich dagegen, sich auf diese eine Begebenheit reduzieren zu lassen, und hält es generell für falsch, wenn jemand mit einer einzelnen seiner Handlungen identifiziert wird, da es »eine grausame Ungerechtigkeit wäre, uns nur nach ihr zu beurteilen, uns an den Pranger zu stellen, ein ganzes Leben lang«. Denn, so erklärt er dem Theaterleiter, »meiner Überzeugung nach hält sich jeder von uns für ›einen‹. Aber das ist nicht richtig: er ist ›viele‹, Herr Direktor, ›viele‹, all den Seinsmöglichkeiten entsprechend, die in uns sind: ›einer‹ für diesen und ›einer‹ für jenen – immer anders! Und wir geben uns dabei der Täuschung hin, für alle stets ›einer‹ zu sein, und dieser ›eine‹, für den wir uns halten, auch in jeder unserer Handlungen zu sein. Aber das ist einfach nicht wahr!«

Die Uraufführung von *Sechs Personen suchen einen Autor* fand am 9. Mai 1921 im Teatro Valle in Rom statt. Der Vater wurde von Luigi Almirante gespielt, der einige Jahre später mit seiner Cousine Italia auf der *Principessa Mafalda* den verschollenen Film *La bellezza del mondo* drehte. Bereits im Sommer 1922 wurde Pirandellos Stück von einer italienischen Theatertruppe nach Südamerika gebracht, wo es mit Interesse aufgenommen wurde.

Marta Abba, der Star in Pirandellos Teatro d'Arte, hielt den verliebten Schriftsteller auf Distanz.

Luigi Pirandello war dem argentinischen Publikum also längst bekannt, als er mit dem von ihm geleiteten Teatro d'Arte am 13. Juni 1927 in Buenos Aires von Bord ging. Der Star seiner Truppe war Marta Abba.

Abba und Pirandello hatten sich im Februar 1925 zum ersten Mal getroffen, als der Autor im Begriff war, ein eigenes Ensemble zu gründen. Er verpflichtete die fünfundzwanzigjährige Schauspielerin, die am Beginn ihrer Karriere stand, augenblicklich und bezahlte ihr eine höhere Gage als den anderen Mitgliedern seiner Schauspieltruppe, die teilweise über langjährige Berufserfahrung verfügten. Ebenso augenblicklich verliebte sich der achtundfünfzigjährige Pirandello unsterblich in Marta Abba – sie wurde zu seiner wichtigsten Schauspielerin und blieb bis an sein Lebensende die wichtigste Bezugsperson des alternden Schriftstellers. Er bezeugte seine Liebe in mehreren hundert Briefen an Abba und bezeichnete sie als heilig und göttlich, erklärte sie zu seiner einzigen und absoluten Inspirationsquelle, beteuerte, dass sie seine Kunst bedeute und diese ohne ihren Atem stürbe, dass auch er selbst nur für sie und durch sie lebe, und versicherte ihr, die er als »Marta mia, mia, mia« anspricht, ohne sie sterben zu müssen: »Mein ganzes Leben bist Du.«

Marta hielt Pirandello jedoch auf Distanz: »Caro Maestro«, lautet ihre Standardanrede in den Briefen an ihren Mentor, denen jegliche amouröse Überschwänglichkeit abgeht. Sie nutzte die Rolle, die ihr der Verehrer zuschrieb, und entwickelte sich unter Pirandellos Obhut zu einer großartigen Schauspielerin. Sie galt als intelligent, jung, schön, energiegeladen, brillant und fähig, die unterschiedlichsten Rollen überzeugend zu verkörpern. Sie übernahm die Rolle der Tochter in *Sechs Personen suchen einen Autor* und bald auch die ihr auf den Leib geschnittenen Hauptrollen in verschiedenen Dramen, die Pirandello im Verlauf der mehrjährigen Zusammenarbeit verfasste.

Pirandellos Liebe blieb unerfüllt. Die junge Mailänderin verhielt sich sachlich und reserviert und ließ ihren Verehrer, der sich nach ihr verzehrte, nicht zu nahe kommen.

Die Südamerika-Tournee des Teatro d'Arte di Roma verlief durchaus erfolgreich. Auf dem Programm standen mehrere Stücke des Meisters, darunter solche, die er speziell für seine Lieblingsschauspielerin geschrieben hatte. »Überall warteten junge Leute auf Pirandello«, erinnert sich Marta Abba, »vor dem Theater, im Restaurant, im Kaffee, mit Büchern, lebhaften Gesprächen und auf öffentlichen Veranstaltungen. Die Stadt wurde von einer Welle der *italianità* erfasst. Selbst Kinder erkannten Pirandello auf der Straße.« Doch in die Begeisterung, mit der Pirandello empfangen wurde, mischte sich Skepsis, galt er doch als Aushängeschild des faschistischen Italien.

Im September 1924 hatte der Dichter nämlich Mussolini telegrafisch um die Aufnahme in die Nationale Faschistische Partei gebeten – dies zu einem bemerkenswerten Zeitpunkt: Wenige Wochen zuvor war die Leiche des sozialistischen Oppositionsführers Giacomo Matteotti gefunden worden, der im Juni von Squadristen vor seinem Haus in ein Auto gezerrt und entführt worden war. Matteotti hatte im Parlament die Wahlen angefochten, die der faschistischen Partei und ihren Verbündeten die Mehrheit verschafften, und Mussolini und seine Schwarzhemden krimineller Machenschaften bezichtigt. Nach dem Mord an Matteotti wandten sich weite Kreise empört vom faschistischen Regime ab. Mussolinis Stellung schien zu wanken, obwohl der Duce noch immer die Unterstützung des Königs genoss. Dass Pirandello ausgerechnet in dieser Phase sein Prestige mit dem Bekenntnis zum Faschismus in die Waagschale warf, mag damit zusammenhängen, dass er für sein Theaterprojekt staatliche Subventionen benötigte. Er bekam tatsächlich großzügige Zuschüsse aus der Staatskasse für die Errichtung eines eigenen Theatersaals, musste die Bühne im Zentrum Roms jedoch bereits nach wenigen Monaten hochverschuldet wieder schließen, woraufhin er sich mit seinem Teatro d'Arte di Roma als Tourneetruppe durchzuschlagen versuchte.

Es bleibt irritierend, dass ein Schriftsteller, dessen knappe, präzise Sprache meilenweit vom hohlen Pathos der von Mussolini großmäulig verbreiteten Gemeinplätze entfernt ist und dessen Weltbild in seiner Gebrochenheit nichts mit der besserwisserischen und vermeintlich allwissenden Haltung der faschistischen Führungskräfte gemein hat, zum Gefolgsmann des Partito Nazionale Fascista wurde. Bei allen schriftstellerischen und stilistischen Differenzen zeigen sich Parallelen zwischen Luigi Pirandello und Carlo Emilio Gadda: Beide stammten aus bürgerlichen Verhältnissen, hatten infolge des Niedergangs ihrer großbürgerlichen Familien mit finanziellen Problemen zu kämpfen, waren konservativ, hingen einer nationalistischen Gesinnung an, wandten sich enttäuscht von den schwachen, liberalen Regierungen der Vor- und unmittelbaren Nachkriegszeit ab und misstrauten geschlossenen Systemen wie dem Sozialismus. Beide blieben gefangen in der Unmöglichkeit, die Wirklichkeit zu fassen, und überließen der Politik das Feld der aktiven Eingriffe in die real existierenden Verhältnisse. »Die Politik? Damit beschäftige ich mich nicht«, erklärte Pirandello in einem Interview, »damit habe ich mich nie beschäftigt. Wenn Sie auf meinen kürzlich erfolgten Eintritt in die faschistische Partei anspielen, dann muss ich Ihnen sagen, daß es nur geschehen ist, um den Faschismus bei seinem Werk der Erneuerung und des Wiederaufbaus zu unterstützen.« An Mussolini bewunderte er, wie dieser die »Bewegung« in eine Form brachte, »die nicht mehr leeres Idol ist, sondern das Leben, pulsend und brausend, in sich aufnimmt, so daß sie es von Moment zu Moment wiederschafft und immer bereit ist zur Tat, die sie aus sich selbst bestätigt und anderen aufdrängt.«

Benito Mussolini illustrierte exemplarisch Pirandellos Grundthese, die der Vater in *Sechs Personen suchen einen Autor* vertritt und die in *Einer, Keiner, Hunderttausend*, dem bekanntesten Roman des Sizilianers, weiterentwickelt wird: Der Mensch verfügt über keine kohärente, festgefügte Identität, sondern besteht aus einer Vielzahl von je nach Situation unterschiedlichen Erscheinungsformen, die im Fluss des sich beständig ändernden Lebens aufblitzen.

Mussolini ließ sich – besonders in seinen ersten Jahren als Führer der faschistischen Bewegung – nicht auf eine klar deklarierte Ideologie festlegen: »Unser Programm ist einfach: Wir wollen Italien regieren.« Seine Persönlichkeit ist kaum fassbar, die Bilder, die der Duce von sich verbreiten ließ, zeigen ihn in einer »ganz unbestimmbaren Vielheit«: Er ließ sich, oft mit grimmigem Gesicht, als gestikulierender Volkstribun, als weißgekleideter Admiral oder als Staatsmann im Anzug fotografieren, in Uniform mit zum faschistischen Gruß erhobenem rechten Arm, als Motorradfahrer und als Bauarbeiter mit Spitzhacke, mit nacktem Oberkörper in den Pontinischen Sümpfen, als Pilot, Tennisspieler, Familienvater, Reiter, als Drescher bei der Weizenernte, Bergmann im Stollen oder athletischer Skifahrer – wieder mit nacktem Oberkörper – sowie natürlich als Soldat mit Stahlhelm.

Wahrscheinlich würde sich der Schriftsteller über den Erklärungsnotstand wundern, in welchen moderne Pirandello-Liebhaber im Zusammenhang mit dem Bekenntnis des Autors zum Faschismus geraten, und mit dem Vater, der in *Sechs Personen suchen einen Autor* im Bordell ertappt wird, feststellen, dass es »eine grausame Ungerechtigkeit wäre«, ihn aufgrund einer einzelnen Facette seiner Biografie »an den Pranger zu stellen, ein ganzes Leben lang« – und darüber hinaus.

Der Vorwurf, dass er mit dieser Sicht der Dinge einer moralischen Beliebigkeit Vorschub leistet, wäre damit allerdings nicht entkräftet.

Pirandellos Beziehung zu offiziellen Vertretern des faschistischen Regimes bekam erste Risse, als italienische Zeitungen Berichte aus der argentinischen Presse aufgriffen. Von Journalisten bei seinem Besuch in Buenos Aires auf seine Beziehung zum Faschismus angesprochen, hatte der Theaterleiter nämlich geäußert, dass er Südamerika weder als Repräsentant der italienischen Regierung oder einer bestimmten Partei besuche noch als Politiker betrachtet werden möchte, der eine Propaganda-Kampagne betreibe, sondern ganz einfach als Künstler um die Welt reise, der seine Werke vorstellt. Von der Parteiführung für diese Äußerungen hart kritisiert, wandte sich Pirandello nach seiner Rückkehr nach Italien innerlich vom Faschismus ab, kehrte auch seinem Land für lange Zeit den Rücken, hielt dem faschistischen Regime jedoch bis zu seinem Tod im Jahr 1936 die Treue.

Im Anschluss an eine der gelungenen Aufführungen des Teatro d'Arte besuchte Luigi Pirandello in der kalten Nacht des 25. Juni 1927

Ein Packard-Limousine fuhr durch die nächtliche Avenida de Mayo und hielt vor dem Café Tortoni. Carlos Gardel stieg aus und ging im Café zum Tisch, an welchem Luigi Pirandello döste.

das Café Tortoni, das 1858 von einem Franzosen in Buenos Aires nach dem Vorbild eines gleichnamigen Pariser Cafés, das zum Treffpunkt der Literaten wurde, eröffnet worden war. Auch in Buenos Aires entwickelte sich das Tortoni, das im späten neunzehnten Jahrhundert an die Avenida de Mayo verlegt wurde und heute noch den Charme der Belle Époque ausstrahlt, zu einem Literatencafé, wo etwa Jorge Luis Borges und die im Tessin geborene Dichterin und Feministin Alfonsina Storni verkehrten. Als Pirandello an jenem Abend am Kaffeehaustisch dem Schlaf entgegendämmerte, kam es zu einer Begegnung, die in unterschiedlichen Versionen geschildert wird.

Beispielsweise so: Der weltberühmte Schriftsteller, eben noch auf der Bühne beklatscht und von der lokalen Presse als sympathischer, freundlicher, erstaunlich jugendlich wirkender älterer Herr beschrieben, stellt fest, dass eine gewaltige Differenz zwischen seinem Selbstbild und der Art besteht, wie er gesehen wird. Seine Ehefrau lebt in der Irrenanstalt, die Kinder sind zerstritten, die Wanderbühne steht vor dem finanziellen Kollaps, die Liebe zu Marta Abba ist eine hoffnungslose *Amour fou*, seinem Heimatland fühlt er sich entfremdet, und er kommt sich vor wie der Erzähler in *Una giornata*, einer seiner letzten Novellen, der irgendwie aus dem Zug geworfen wird und sich in einer Stadt wiederfindet, die er genauso wenig kennt wie seine eigene Vorgeschichte und wo unverständlicherweise alle so tun, als sei alles normal.

Vor dem Tortoni hält ein Packard. Aus der Limousine steigen drei gut gekleidete Männer. Sie betreten das Café, suchen Pirandello, begrüßen ihn lächelnd, ziehen Stühle vor den Tisch des traurigen Dichters und setzen sich. Die anderen Gäste verstummen. Der eine der Männer nimmt seinen Hut ab und beginnt zu singen, die beiden andern begleiten ihn auf der Gitarre. Im Lied *Mi noche triste*, das der Sänger mit dem nach hinten gekämmten, gescheitelten Haar nun anstimmt, klagt ein Mann, dass er von seiner Geliebten verlassen wurde. Dann folgt die Geschichte eines Mädchens, das in einem *conventillo*, einem der ärmlichen Unterkünfte für eingewanderte Familien, geboren wird und mit vierzehn Jahren als »Sumpfblüte« – *Flor del fango* – in die Prostitution gerät. Das Lied verstummt, der Sänger schüttelt Pirandello, der unterdessen hellwach ist, die Hand, die drei Männer verlassen das Lokal und fahren zu ihrem nächsten Auftritt.

»Wer war das?«, fragt Pirandello.

»Tja«, antwortet ein Sitznachbar erstaunt, »das war Gardel.«

»Wer ist das?«

»Der größte Tangosänger der Welt.«

»Bravo«, sagt Pirandello und fällt zurück in seinen unglückseligen Dämmerzustand.

Carlos Gardel dagegen kannte Pirandello. Er verstand ordentlich Italienisch und hatte in Buenos Aires Stücke des Autors gesehen. Wie es der Tango aus den Bars und Bordellen am Rand der argentinischen Hauptstadt auf die Bühnen der Welt geschafft hatte, so war es Gardel gelungen, der 1893 mit seiner unverheirateten Mutter als dreijähriges Kind aus Frankreich nach Buenos Aires emigriert war, sich aus der Unterschicht zum international bekannten Star hochzuarbeiten.

Er konnte eine von Salesianer-Patern geführte Schule besuchen und soll als Jugendlicher, der während seiner Arbeit als Kulissenschieber jeweils vor sich hin sang, dem italienischen Bariton Titta Ruffo aufgefallen sein, der ihm umgehend Gesangsunterricht erteilte. Titta Ruffo sang schon damals oft im Ausland – nach der Ermordung von Giacomo Matteotti, viele Jahre nach der Begegnung mit Gardel, arbeitete er ausschließlich auf ausländischen Bühnen. Er weigerte sich, im faschistischen Italien aufzutreten, denn der im Sommer 1924 zu Tode geprügelte sozialistische Abgeordnete war sein Schwager.

1912 hatte sich Gardel ein Gesangs-Duell mit José Razzano zu liefern, ebenfalls Tangosänger. Zur großen Enttäuschung der jeweiligen Anhänger der beiden Sänger, die auf eine anschließende Schlägerei spekuliert hatten, begegneten sich Gardel und Razzano mit größter Höflichkeit und gegenseitiger Wertschätzung und bildeten dann in den folgenden Jahren ein erfolgreiches Gesangsduo. Gardels Ruhm reichte bald über die Stadt Buenos Aires hinaus. Tourneen führten ihn durch verschiedene lateinamerikanische Länder, nach Spanien und Frankreich und schließlich in die USA, wo er mehrere Filme drehte. Enrico Caruso, der ihn schätzte, kannte er persönlich, er unterhielt sich mit Charlie Chaplin auf Spaziergängen am Strand von Nizza, war mit dem Spanier Ricardo Zamora befreundet, der als bester Torhüter der Welt galt und täglich sechzig Zigaretten rauchte, trat in Paris vor Maurice Chevalier und Josephine Baker auf und lernte in Buenos Aires den spanischen Dichter Federico García Lorca kennen. Eine der ersten Fahrten nach Europa unternahm Gardel im Oktober 1925 auf der *Principessa Mafalda*.

Als Carlos Gardel 1925 den Ozean auf der *Mafalda* überquerte, war er in einen Streit verwickelt, der in eine Schießerei auszuarten drohte.

In einem Brief an José Razzano, der 2017 in Montevideo versteigert wurde, berichtet Carlos Gardel von einem »Ehrenhandel«, in den er während der Überfahrt nach Barcelona involviert wurde.

Der argentinische Konsul in Neapel war irgendwo auf dem Atlantik zwischen Amerika und Afrika von einem anderen Passagier, dem Sohn

Personal und Passagiere ließen sich gerne vom Bordfotografen fotografieren. Wegen des Maschinenschadens verlor Fotograf Salomoni das Vertrauen in die *Mafalda* und heuerte in Genua ab.

eines italienischen Orchesterleiters namens Vitale, beleidigt worden und bat nun Gardel, ihn als Sekundant zu vertreten. Gardel traf sich mit den Vertretern Vitales und einigte sich mit diesen dahingehend, dass die Angelegenheit gütlich geregelt werden sollte, da es sich bei den beiden Parteien ja um Argentinier und Italiener handelte. Bedingung sei allerdings, dass sich der junge Vitale beim Konsul entschuldigte.

Da sich Vitale weigerte, entschied der Konsul, den Konflikt am kommenden Tag an Bord der *Mafalda* mit Pistolen auszutragen. Davon wollte Kapitän Gulì allerdings nichts wissen, da sich unter den Räumlichkeiten des Dampfers weder eine Schießhalle noch sonst ein für Pistolenschützen geeigneter Raum befand.

Das Schiff näherte sich Dakar. Nun sollte das Duell auf dem Festland stattfinden. Doch auch in der Hauptstadt Französisch-Westafrikas, wo die *Principessa Mafalda* mitten in der Nacht anlegte, wurde dem argentinisch-italienischen Feindespaar die Erlaubnis verweigert, sich zu duellieren. Die beiden Streithähne ließen sich davon nicht beeindrucken und machten ihre Pistolen bereit. Im letzten Augenblick erfuhren Vitales Eltern von der Angelegenheit und konnten ihren Sohn, der möglicherweise erschossen worden wäre, aus der Verstrickung lösen.

Pirandellos Truppe tourte acht Wochen in Argentinien. Nach Buenos Aires stand Rosario auf dem Programm, wo ebenfalls viele Italienerinnen und Italiener lebten. Anschließend besuchte die Wanderbühne Montevideo, wo sich Luigi Pirandello mit Hut und Anzug beim Bocciaspiel fotografieren ließ. Zum Abschluss spielte das Teatro d'Arte in Brasilien. Mitte September, nach drei Monaten in Südamerika, schifften sich Pirandello, Abba und die weiteren Mitglieder des Ensembles in Rio de Janeiro auf der *Principessa Mafalda* zur Heimfahrt ein.

Die *Mafalda* kam von Buenos Aires, wo die linke Maschine des Dampfers, die nicht ordnungsgemäß funktionierte, im Hafen notdürftig repariert worden war. Doch die defekte Maschine bereitete während der Fahrt nach Europa weiterhin Probleme und setzte wiederholt aus. Das Schiff fuhr mit Schlagseite, vibrierte und wackelte.

Am 20. September überquerte die *Mafalda* den Äquator nordwärts. Als prominentester Passagier wurde Pirandello zum Ehrenpräsidenten der mit Taufe, Maskenball und mehrgängigem Menü verbundenen Festlichkeiten ernannt.

Die Reisenden verließen die »Ballerina« in Genua erleichtert – glücklich, die Überfahrt überstanden und wieder festen Boden unter den Füßen zu haben.

Bald sollte die *Principessa Mafalda* ihre nächste Fahrt antreten. Der Erste Ingenieur, direkter Untergebener des Chef-Ingenieurs Silvio Scarabicchi, hielt es für verantwortungslos, den Dampfer mit defekter Maschine noch einmal über den Ozean zu schicken. Er äußerte dies nach der Ankunft in Genua gegenüber der Reederei, worauf ihm nahegelegt wurde, den Dienst zu quittieren. So gab der *primo ufficiale di macchina* seine Stelle auf, über die Gründe für seinen Abgang hatte er zu schweigen.

Zahlreiche weitere Mitglieder der Besatzung, denen die *Principessa Mafalda* unheimlich geworden war, heuerten ab. Auch Fotograf Salomoni ging von Bord: »Lieber sterbe ich vor Hunger, als dass ich den Fuß noch einmal auf dieses Schiff setze.«

Der neunzehnjährige Jacques Bille, Halbbruder der Schriftstellerin S. Corinna Bille, wuchs in Sierre im Kanton Wallis auf. Im Oktober 1927 wollte er auf der *Mafalda* nach Argentinien fahren, um auf einer Rinderfarm zu arbeiten.

# KNALL IM KIELWASSER

*Schwarze Bestie, Schlagseite, verdorbenes Fleisch*

»Lieber Papa, ich bin diesen Morgen in Genua angekommen nach einer sehr angenehmen nächtlichen Fahrt. Morgen schiffe ich mich zwischen 9 und 11 Uhr ein. Ich freue mich. Liebe Grüße«, schrieb der neunzehnjährige Walliser Jacques Bille seinem Vater am 10. Oktober 1927 auf die Rückseite einer Ansichtskarte mit einer Schwarz-Weiß-Fotografie der Piazza Acquaverde, wo sein Nachtzug wenige Stunden zuvor im Bahnhof Genova Porta Principe angekommen war. Er adressierte die Karte an Edmond Bille in Rotzberg bei Stans, wo die Familie ein Ferienhaus hatte, klebte eine gezackte rosa Briefmarke zu 75 Centesimi auf, die ein von Eichenblättern umranktes Porträt des Königs Vittorio Emanuele III zeigt und auf der Bahnhofspost mit dem Rundstempel *Genova Ferrovia* entwertet wurde.

Jacques hatte im Sommer den Militärdienst in der Schweizer Armee absolviert, nun zog es ihn in die weite Welt hinaus. Er hatte vor, seine ältere Schwester Anne-Marie zu besuchen, die sich seit Weihnachten des Vorjahrs als Au-pair in Argentinien aufhielt, und anschließend in Laprida in der Provinz Buenos Aires auf der Estancia La Loma zu arbeiten, einer Rinderfarm südöstlich der Hauptstadt, wo ihn beim Schwiegersohn eines Bekannten seines Vaters eine durchaus anstrengende Beschäftigung erwartete, der sich der kräftige und lebenslustige junge Mann jedoch gewachsen fühlte.

Auch an seine »chère maman« in Sierre schrieb Jacques eine Karte, in der er ihr mitteilte, dass sein Schiff am kommenden Mittag um 12 Uhr ablegen werde. Genau genommen war die Adressatin seine Stiefmutter, denn seine leibliche Mutter Elisa Bille-Mayor war 1911, als Jacques drei Jahre alt war, gestorben, bei der Geburt ihres vierten Kindes, das nicht lange lebte. Sie war die Erbin eines einflussreichen Waadtländer Geschäftsmanns und Nationalrats, Mitinhaber der Milchpulverfabrik Nestlé, was der Familie einen großen finanziellen Spielraum eröffnete. 1905 ließen sich Edmond und Elisa in Sierre im Walliser Rhonetal ein von Rebhängen umgebenes Schlösschen mit zahlreichen Wohnräumen und einem großzügigen Atelier errichten. Vater Edmond Bille war ein bekannter Maler, Illustrator und Grafiker mit einer Vorliebe für Gebirgslandschaften und ländliche Szenen. Während des Ersten Weltkriegs engagierte er sich für die pazifistische Bewegung und porträtierte den jurassischen Pastor und Kriegsdienstverweigerer Jules Humbert-Droz, der später die Kommunistische Partei der Schweiz mitbegründete und zu der Zeit, als Jacques auf der *Mafalda* unterwegs war, im Präsidium des Exekutivkomitees der Kommunistischen Internationale saß. Für zahlreiche Kirchen in der Westschweiz schuf Edmond Bille Glasfenster. Er war ein Lebemann, ritt gerne aus, kaufte als einer der ersten Walliser ein Auto, präsidierte den kantonalen Automobil Club, unternahm Reisen, die ihn bis auf die Färöer und nach Island führten, und heiratete wenige Monate nach dem Tod seiner ersten Frau die dreizehn Jahre jüngere Catherine Tapparel aus einem benachbarten Bauerndorf, die in der Villa in Sierre als Kindermädchen gearbeitet hatte. Jacques fühlte sich seiner Halbschwester Stéphanie, dem ältesten der drei Kinder aus der zweiten Ehe seines Vaters, eng verbunden. Sie wurde später unter dem Namen S. Corinna Bille zu einer der bekanntesten Schriftstellerinnen der Romandie.

Am Morgen des 11. Oktober begab sich Jacques zum Hafen, ließ die Abfertigungsprozedur über sich ergehen, ging über den Pier zum Schiff und stieg um zehn Uhr über die Gangway auf das Hauptdeck der *Principessa Mafalda*.

Die Eingangshalle für die Passagiere der ersten und zweiten Klasse befand sich im Mittelteil des Schiffs. Die vordere Querfront des Eingangsbereichs wurde von einer beidseitig abgerundeten Theke dominiert, die auf den Deckplänen als Bureau bezeichnet wird. Sie diente als Rezeption, an deren Schalter nicht nur Auskünfte zum Leben an Bord eingeholt, sondern auch Übernachtungen und weitere touristische Dienstleistungen am Reiseziel gebucht werden konnten. Gegenüber führte die Haupttreppe auf das der ersten Klasse vorbehaltene Salondeck. Im Umfeld der Eingangshalle waren die Telefonzentrale, das Kinderzimmer, die Praxis der beiden Schiffsärzte und der Friseursalon angesiedelt.

Als Passagier der zweiten Klasse wurde Jacques zum Achterschiff verwiesen, wo seine Kabine im Deck 4 lag, dem Stockwerk unterhalb des Hauptdecks. Die Passagiere der dritten Klasse betraten das Schiff nicht auf der Höhe des Hauptdecks, sondern durch eine Pforte im Schiffsrumpf.

Die Abfahrt verzögerte sich, da versucht wurde, die defekte linke Maschine zu reparieren.

Die Kontrolle des Schiffs durch die Hafenbehörden, die die Erlaubnis zur Ausfahrt erteilen mussten, erfolgte nur oberflächlich, dafür in gelöster Stimmung: Chef-Ingenieur Silvio Scarabicchi trank ein Gläschen mit dem Inspektor der Maschinen, den er seit seiner Ausbildung zum Schiffsingenieur kannte, und Kapitän Simone Gulì aß zusammen mit den Kommissionsmitgliedern zu Mittag.

Um 17 Uhr war es so weit: Die *Mafalda* legte mit fünfstündiger Verspätung ab. Kaum hatte sie den Hafen verlassen, begann die Ausgabe des Essens für die Zwischendeckpassagiere. Mit 821 von 1200 Plätzen war die dritte Klasse gut besetzt. Nach wie vor löffelten die meisten ihre Blechteller irgendwo auf dem Deck oder in den Schlafsälen aus, während sich andere gegen einen Aufpreis von 65 Lire an Tischen im Speisesaal bedienen ließen. Viele der rund 110 Emigranten aus Syrien und Libanon, die sich diesmal auf der *Mafalda* befanden, nahmen diesen Dienst in Anspruch. Sie waren bei den Kellnern beliebt, da sie Trinkgeld in englischen Pfund gaben, einer stabileren Währung als die italienische Lira.

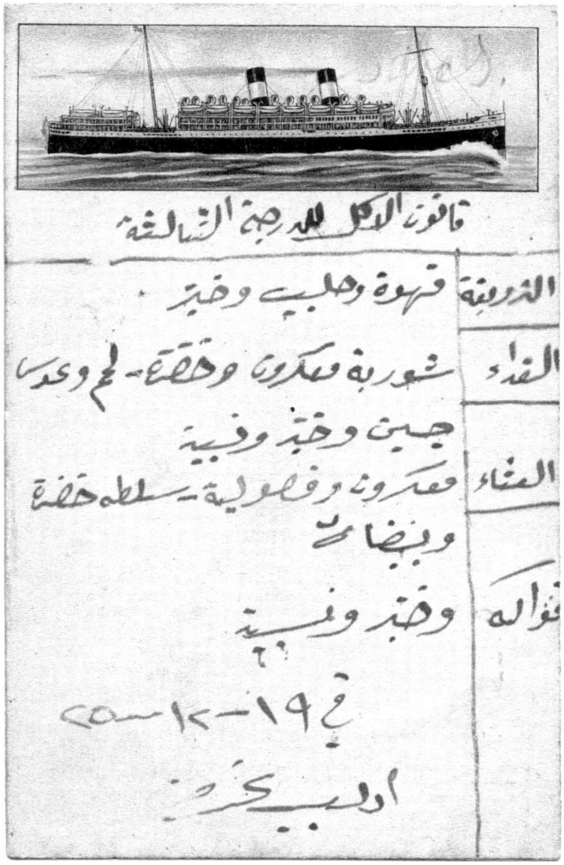

Hektografierte Menükarte für arabisch sprechende Passagiere der III. Klasse auf der *Duca degli Abruzzi* für den 19. Dezember 1925: Frühstück (Kaffee, Milch und Brot), Mittagessen (Suppe, Pasta und Gemüse, Fleisch und Linsen, Käse, Brot und Wein) und Abendessen (Makkaroni und Bohnen mit grünem Salat und Eiern). Auch auf der *Principessa Mafalda* befanden sich im Oktober 1927 zahlreiche Fahrgäste aus Syrien und dem Libanon mit Destination Argentinien.

Die Emigration aus dem Nahen Osten nach Argentinien hatte schon vor dem Ersten Weltkrieg eingesetzt – 1914 stammten immerhin drei Prozent der außerhalb des Landes geborenen Einwohner aus dem

Osmanischen Reich. Auch in den 1920er Jahren, als Syrien und der Libanon nach dem Zusammenbruch des Osmanischen Reichs vom Völkerbund zum französischen Mandatsgebiet erklärt worden waren, wanderten jährlich mehrere Tausend Personen aus der Levante nach Argentinien aus. Die »Turcos« waren den Einwanderern aus Europa rechtlich nicht gleichgestellt, so mussten sie etwa bis 1933 auf das Recht der Familienzusammenführung warten.

»Die sonst dem Juden in aller Herren Länder eigentümliche Handelstätigkeit haben in Argentinien, besonders was den Klein- und Krämerhandel anbetrifft, die Syrer inne. Die türkische Einwanderung, die ähnlich der russischen im letzten Friedensjahrzehnt ständig wuchs, setzt sich vorwiegend aus Syrern zusammen. Die argentinische Statistik verzeichnet seit 1887 den regelmäßig wachsenden Zufluß syrischer Einwanderer, deren Gesamtzahl sich bis 1915 auf 136 447 belief«, heißt es in einer 1920 in Kiel veröffentlichten Arbeit Ernst Wilhelm Schmidts über *Die agrarische Exportwirtschaft Argentiniens.*

> »Ihr Hauptberufszweig ist Handel und Gewerbe. In den großen Städten des Landes gibt es bereits namhafte syrische Geschäftshäuser. Die meisten ankommenden Syrer widmen sich dagegen dem Hausierhandel, ziehen im Kamp von Ansiedlung zu Ansiedlung und haben als Pioniere des Handels für entlegene Landesteile sich zweifellos gewisse Verdienste um das Land erworben. Auch als Pächter kleiner Farmen sind sie in den Provinzen Buenos Aires und Santa Fe sowie im Weingebiet von Mendoza ansässig.«

Jacques Bille fühlte sich wohl auf der *Mafalda*. Das Schiff ist sauber, gut durchlüftet, und das Essen schmeckt ihm: »Wir essen sehr gut an Bord, das Nachtessen besteht aus mehreren warmen Gängen und Wein wird à discretion ausgeschenkt.«

Bei den Passagieren der zweiten Klasse handelte es sich laut Bille »fast ausschließlich um Italiener, mit Ausnahme von 2 Schweizern, einem Neuenburger und einem Zürcher, der eine fährt nach Santos, der andere nach Rio. Sie sind nicht sehr interessant, denn sie reden nur von der Schweiz. Einige der Italiener sprechen Französisch und ich ziehe es vor, mich an sie zu halten.« Edmond Grandjean, der Neuenburger, war wie Jacques Bille erst neunzehnjährig.

Bevor Carl Eduard und Ernst Bucherer Juwelier- und Uhrengeschäfte in Südamerika eröffneten, führten sie ein Geschäft an der Kreuzung Unter den Linden–Friedrichstrasse in Berlin – auf dem Bild erkennbar rechts neben der Uhr.

Auch in der dritten Klasse fuhr ein Schweizer mit: Robert Meyerhofer aus Zürich, der vor der Fahrt nach Brasilien in Luzern als Portier gearbeitet hatte.

Ebenfalls aus Luzern stammte eine Frau, die in der ersten Klasse reiste: die 1899 als Tochter eines Appenzeller Stickereifabrikanten geborene Wilhelmina Bucherer-Heeb, genannt Mina oder Mimi. Mimi hatte 1921 Carl Eduard Bucherer geheiratet, einen der beiden Söhne des Gründers der renommierten Uhrenfirma Bucherer, deren Hauptgeschäft in Luzern sich damals am Kapellplatz befand und um 1930 an den Schwanenplatz verlegt wurde, wo es sich heute noch befindet.

Carl Eduard und sein Bruder Ernst führten seit 1915 ein Uhrengeschäft an bester Adresse in Berlin – Unter den Linden 47, gegenüber dem Café Kranzler und unweit von Brandenburger Tor, Pariser Platz und Hotel Adlon. C. & E. Bucherer hatten es in den letzten Jahren des Kaiserreichs immerhin geschafft, zu Hoflieferanten zu avancieren, doch im verarmten und politisch instabilen Nachkriegsdeutschland entschlossen sich die Brüder, ihre geschäftlichen Aktivitäten in Regionen zu verlegen, die aus wirtschaftlicher Sicht attraktiver erschienen. 1922 gaben sie ihren Berliner Betrieb auf, reisten nach Südamerika und eröffneten Uhren- und Juweliergeschäfte in Buenos Aires und Santiago de Chile.

Mimi begleitete ihren Mann nach Santiago und reiste im Sommer wiederholt in die Schweiz zurück, wo sie die Familie besuchte, ihrem Schwiegervater im Luzerner Stammhaus aushalf und Uhren und Schmuck auswählte, die für den Verkauf in Chile bestimmt waren. Im Oktober 1927 führte sie im Bordtresor der *Principessa Mafalda* wertvolle Waren mit sich, die sie nach Buenos Aires und von dort aus über die Anden nach Santiago zu bringen gedachte.

Wie es Wilhelmina Bucherer während ihrer Fahrt auf der *Mafalda* ergangen ist, weiß man nicht. Wahrscheinlich versteckt sich die achtundzwanzigjährige Geschäftsfrau jedoch hinter jener Mina Bulter, von der Mitreisende Mitte der 1950er Jahre einem Reporter des italienischen Wochenblattes *L'Europeo* berichteten – eine andere Luxuspassagierin mit Vornamen Mina ist jedenfalls nicht bekannt, und fremdsprachige Namen fallen in argentinischen Passagierlisten oder italienischen Publikationen zuweilen abenteuerlichen Verballhornungen zum Opfer. »Die schönste Frau an Bord«, heißt es im am 1. Januar 1956 erschienenen Artikel, »war eine Fremde, ein junges und wunderschönes Mädchen, Mina Bulter, das alleine reiste, und zwar in einem der beiden Appartements der ersten Klasse, über welche die *Mafalda* verfügte.« Die schöne Fremde besaß gemäß Aussagen von Mitreisenden eine Uhr, deren Armband mit Brillanten besetzt war.

Im in Grüntönen gehaltenen, zwei Stockwerke hohen Speisesaal auf dem Salondeck wird die mit einem Luzerner verheiratete Frau den dreiundvierzigjährigen Karl Arthur Vollrath bemerkt haben, der zum Lesen der Speisekarte ein Monokel vor sein rechtes Auge zu klemmen pflegte. Vollrath »zigeunerte«, wie er sich ausdrückte, als hochrangiger Mitarbeiter des Zirkus Hagenbeck fast ununterbrochen durch Europa und war nun unterwegs zu einem Gastspiel in Südamerika. Während die Tiere auf dem HAPAG-Dampfer *General Mitre* über den Atlantik gebracht wurden und Lorenz Hagenbeck, der Tierpark und Zirkus gemeinsam mit seinem Bruder führte, sich zusammen mit Generaldirektor Richard Sawade in Boulogne auf der *Cap Norte* der Hamburg-Süd einschiffte, zog es Vollrath vor, auf der *Principessa Mafalda* zu reisen.

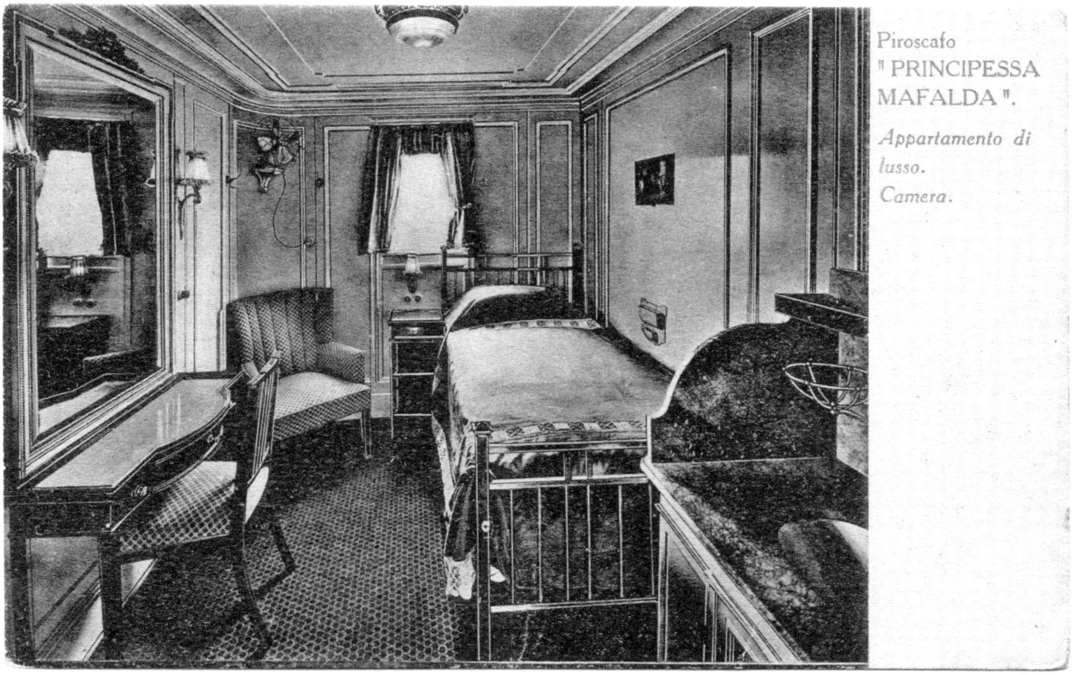


Wilhelmina Bucherer, genannt Mina oder Mimi, befand sich mit Uhren und Juwelen im Gepäck auf dem Weg nach Südamerika. Sie logierte in einem der Luxus-Appartements auf dem Salondeck: Schlafzimmer mit Schminktisch, Waschbecken und Ventilator.

Sawade, der als Tigerbändiger und Raubtierdompteur bekannt geworden war, hatte die Absicht, Vollrath zu begleiten. »Ursprünglich«, berichtet Lorenz Hagenbeck in seinen Lebenserinnerungen, »wollte Richard Sawade mit unserem Pressechef, Karl Arthur Vollrath, fahren. Beide hatten schon auf dem italienischen Luxusdampfer ›Principessa Mafalda‹ ihre Kabinen belegt. Dennoch ließ Sawade sich von mir überreden, den Hamburger Dampfer zu benutzen, während Vollrath, der eine besondere Vorliebe für die italienische Küche hatte, seinen Schiffsplatz behielt.«

Vollrath, geboren in Breslau, hatte nach seinem Jurastudium als Zeitungsredakteur gearbeitet und wirkte anschließend, unterbrochen von sechs Jahren Kriegsdienst, lange Zeit als Mitglied der Geschäftsführung des Zirkus Sarrasani. Nach seinem Wechsel in die Direktion des Zirkus Hagenbeck waren ihm seine Erfahrungen nützlich, die er wenige Jahre zuvor bei der Südamerika-Tournee mit Sarrasani erworben hatte.

Denn der Dresdener Zirkus ergriff im Herbst 1923, als Deutschlands Geschichte – laut Vollrath – ihren »finstersten Punkt« erreicht hatte, die Flucht nach vorn, setzte alles auf eine Karte und begab sich – ohne gesicherte Finanzierung der Rückfahrt – für ein Jahr nach Südamerika. Unmittelbar nach der Ankunft in Montevideo begann, so Vollrath in seinem 1925 erschienenen Reisebuch *La Plata Zick-Zack* »eine Zeit der Freuden, weil wir alle, eine bunte Schar von dreihundert Menschen und zweihundert Tieren, die freie Luft eines schönen Landes atmen durften, ein herrliches Labsal nach den Nervositäten des heutigen Europa.« Trotz vieler befremdlicher Eindrücke erscheint Vollrath das Leben in Uruguay als eine Vision *aus dem Lande von Morgen*, wie er seine Reportage untertitelt: »Neun grausame Jahre des Elendes sinken hinab als eine düstere, märchenhafte Erinnerung. Fleisch, Gemüse, Leckerbissen: alles strömt auf uns ein in Hülle und Fülle. Nach wenigen Tagen schon tragen unsere Damen die reizvollsten Toiletten, die Herren gehen in eleganten Anzügen, die sie in Deutschland unvermeidbar zu Großschiebern stempeln würden.«

Vollraths Reiseerinnerungen, die er selbst als »kleine, harmlose Plaudereien« bezeichnet und die in der *New York Times* wohlwollend besprochen wurden, geben ein lebendiges Bild besonders der La-Plata-Staaten. Argentiniens Wirtschaft charakterisiert er kurz und knapp: »Die Weltwirtschaft hat das Land okkupiert, pumpt es aus, entnimmt ihm Wolle, Weizen, Felle und Gefrierfleisch und schleudert hinein Maschinen, Autos, Radiostationen, französische Balletts, Wagneropern und Jazzband-Nigger.«

Auch die Betriebsamkeit der Immigranten aus dem Nahen Osten entgeht ihm nicht: »Es gibt ein ganzes Türkenviertel in Buenos-Aires. Die Türken haben ihre Basare bis tief in die Pampas hinein. Sie strömen durch Südamerika, wie sie irgendwie aus dem Orient hierher geströmt sind, emsig, bescheiden, aufregungslos, aber hartnäckig.«

Und wenn er der Frage nachgeht, weshalb Buenos Aires als »traurigste Weltstadt der Welt« gilt, streicht er »das eigenartige Verhältnis der Geschlechter« heraus: »Die Frau lebt in ständiger Abwehr vor den Angriffen des Mannes. Den Männern und Frauen ist jede Unbefangenheit im gegenseitigen Verkehr geraubt. In den Restaurants, in den Kaffeehäusern sind Männer und Frauen durch hohe Schranken getrennt.«

Südamerika erwies sich für den Zirkus als Glücksfall. Der Gewinn, den die Tournee einbrachte, erlaubte es Sarrasani, nach Europa zurückzukehren und auf dem alten Kontinent an seinen früheren Erfolg anzuknüpfen.

Die erste Nacht auf der *Principessa Mafalda* verbrachte Jacques Bille in einer engen Dreierkabine, die er für sich alleine hatte. In der zweiten Klasse waren laut offiziellen Angaben 95 von 150 Plätzen besetzt. Jacques vermutete, dass er in Barcelona, wenn weitere Fahrgäste zusteigen, Gesellschaft bekommen werde. Die Kabine, schreibt er seinem Vater in einem Brief, der am zweiten Reisetag in Barcelona zur Post ging, ist »so winzig, dass man beim Anziehen den Arm fast durch das Bullauge hinausstrecken muss«.

»Das Meer ist sehr ruhig«, berichtet Jacques weiter, »trotzdem werden wir kräftig durchgeschüttelt«, denn – was Bille zu diesem Zeitpunkt noch nicht wusste oder jedenfalls nicht erwähnte – der Defekt der linken Maschine, die der Chef-Ingenieur als *bestia nera* bezeichnete, konnte nach wie vor nicht behoben werden.

»Mein lieber Vater«, schrieb Jacques am Morgen vor der Ankunft in Barcelona, »ich habe Dir versprochen, oft zu schreiben, und bis jetzt halte ich mein Versprechen. Ich rechne damit, heute Barcelona besichtigen zu können« – in Begleitung derjenigen Italiener, mit denen er sich auf Französisch verständigen konnte. Zeit für einen Landgang war reichlich gegeben, denn der Dampfer lag nicht (wie vorgesehen) nur kurz im Hafen der katalanischen Hauptstadt, sondern einen ganzen Tag lang. Mit Hilfe örtlicher Mechaniker wurde versucht, die defekte Maschine in Ordnung zu bringen. Kapitän Gulì misstraute den Bemühungen und bat die Reederei aus Sicherheitsgründen um die Erlaubnis, die Fahrgäste umsteigen zu lassen und die Fracht auf ein anderes Schiff zu überführen, erhielt aber abschlägigen Bescheid.

Ein deutscher Ingenieur, der in der ersten Klasse fuhr, soll das Schiff in Barcelona vorzeitig verlassen haben. Alarmiert durch die ungewöhnlichen Geräusche, die die Maschine während der Fahrt des beständig zitternden Schiffs erzeugte, erkundigte er sich nach dem Zustand des Dampfers und erfuhr, dass die *Mafalda* bald aus dem Verkehr gezogen werden sollte.

Es gelang dem beunruhigten Ingenieur nicht, Fritz-Henning von Lücken, den er an Bord kennengelernt hatte, dazu zu bewegen, das Schiff ebenfalls zu verlassen. Der junge Aristokrat beabsichtigte, nach einem mehrwöchigen Aufenthalt in Deutschland baldmöglichst nach

Buenos Aires zurückzukehren, wo seine Frau Maria, die als aparte südländische Schönheit beschrieben wird, und sein einjähriges Kind auf ihn warteten.

Nach vierundzwanzigstündiger Liegezeit legte die *Principessa Mafalda* ab, folgte, nun schon mit einem Tag Verspätung, der spanischen Küste und erreichte nach der Durchquerung der Meerenge von Gibraltar den Atlantik.

Am Samstag, 15. Oktober, setzte die linke Maschine aus, auch die rechte wurde gestoppt. Der Dampfer blieb, berichtet Vollrath, »zum ersten Mal stehen, trieb stundenlang, vom Westwind getrieben, der afrikanischen Küste zu«. Die Maschine musste erneut repariert werden.

Auch Ferdinando Campera, ein anderer Passagier, hält den Ausfall der Maschinen auf dem Weg zu den Kanarischen Inseln in seinen tagebuchartigen Notizen fest, die er wenige Tage später seiner Familie nach Livorno sendet: »15. Oktober. Es ist 18 Uhr (bei euch 19.30 Uhr), und der Dampfer hält im offenen Meer. Wir wissen, dass eine Havarie bei den Maschinen vorgefallen ist. Nach einer Weile nehmen wir wieder Fahrt auf, allerdings nur mit einer Schraube und daher mit verminderter Geschwindigkeit. Wir sollten eigentlich bereits bei den Kanarischen Inseln sein. In fünf Tagen haben wir rund 1300 Meilen zurückgelegt, und ungefähr 3800 liegen noch vor uns! In diesem Tempo (falls der Schaden anhält) werden wir Buenos Aires zu Weihnachten erreichen!«

Commissario Ferdinando Campera war im September von Arturo Bocchini zu sich gerufen worden, dem Chef der Staatspolizei und der OVRA – einer Art geheimer Staatspolizei, die über ein großes Netz von Spitzeln verfügte und Kommunisten und andere Antifaschisten bekämpfte. Bocchini erteilte Campera, der als brillanter Polizist galt und vor seiner Schiffsreise ein Einsatzkommando in Livorno geleitet hatte, den Auftrag, einige Kästen nach Südamerika zu bringen. In den Bordbüchern der *Mafalda* als Handelsreisender eingetragen, war Campera ebenso wie die vier weitern Polizeibeamten, die ihn begleiteten, inkognito unterwegs, Kapitän Gulì allerdings war informiert über die Identität der Staatspolizisten.

Auch die Mitreisenden begriffen bald, dass es sich bei den fünf Männern, die rund um die Uhr eine Kabine der ersten Klasse bewachten, um Zivilpolizisten handelte.

In den Kästen, die die fünf Polizisten nicht aus den Augen lassen durften, befanden sich, wie Campera später gegenüber der Zeitschrift *L'Europeo* erklärte, Scheine für Staatsanleihen im Wert von sechsundsechzig Millionen Lire – eine Summe, die den Wert des gesamten Dampfers überstieg, der auf fünfzig Millionen Lire geschätzt wurde. Die Staatsanleihen sollten von Angehörigen der diplomatischen Vertretungen in Buenos Aires, Montevideo, Santos und Rio de Janeiro gegen Devisen an reiche Italiener in Südamerika verkauft werden. Da die Lieferungen als Diplomatengepäck galten, konnten mit dieser Transaktion nicht nur dringend benötigte Devisen beschafft, sondern auch die Devisenkontrollen umgangen werden.

Im Verlauf der Fahrt begann sich Jacques Bille zu langweilen. »Das Leben an Bord ist nicht sehr abwechslungsreich, besonders für mich, der kaum Italienisch versteht«, teilt er seinem Vater auf dem Briefpapier mit, das mit dem Signet der Navigazione Generale Italiana geschmückt und mit dem Schriftzug *P.fo »P.ssa MAFALDA«* versehen war. »Die Leute sind sehr nett und wir veranstalten Versteckspiele.« Einige der Schiffsreisenden allerdings sind krank geworden und »kotzen sich die Seele aus dem Leib«, wie Jacques bemerkt. Er selbst hält sich ordentlich.

Die beiden Schiffsärzte hatten mittlerweile alle Hände voll zu tun, denn zahlreiche Passagiere und Besatzungsmitglieder litten unter den Folgen einer Lebensmittelvergiftung. Unterdessen versagte nämlich nicht nur die linke Maschine ihren Dienst, auch die Aggregate der Kühlräume funktionierten nicht mehr. Das mitgeführte Fleisch, das für die Zubereitung der Mahlzeiten verwendet wurde, war in der afrikanischen Hitze schnell verdorben. Jacques scheint die Ursache der Krankheitsfälle nicht bekannt gewesen zu sein, möglicherweise verschwieg er den Ausfall der Kühlung in seinem Schreiben aber auch, um den Vater nicht unnötig zu beunruhigen.

Am 16. Oktober bewegte sich das Schiff tagsüber nur langsam fort. »Am Abend hatten wir eine Filmvorführung«, meldet Commissario Campera nach Hause, »gezeigt wurde *Il Vampiro*.«

In der Nacht konnten – so glaubt Ferdinando Campera – die Maschinen repariert werden, das Schiff nahm wieder Fahrt auf.

Am Tag darauf, am Montag, 17. Oktober, erreichte die *Principessa Mafalda* den Hafen von Mindelo auf São Vicente, einer der Kapverdischen Inseln. Der Porto Grande von Mindelo ist ein Naturhafen, der von einem unterseeischen Vulkankrater gebildet wird. Wie das nur wenig südlicher gelegene Dakar wurde São Vicente von Südatlantikdampfern oft aufgesucht, um Kohle zu bunkern. »Wir fahren São Vicente anstelle von Dakar an, weil dort die Cholera ausgebrochen ist«, erklärt Jacques Bille seinem Vater im zweiten Brief von Bord der *Mafalda*. Dieser Brief braucht mehrere Wochen, um vom Hafen in Mindelo auf dem Postweg in die Schweiz zu gelangen.

Wiederum verzögerte sich die Weiterfahrt. Die Kohlebunker wurden gefüllt, weitere Versuche unternommen, die Maschinenschäden zu beheben, und schließlich musste auch frisches Fleisch beschafft werden. Da die Kühlsysteme der Lagerräume nach wie vor versagten, nahm der *Commissario di bordo*, der für die Verpflegung zuständige Purser, einen Ochsen, einige Schweine und Dutzende von Hühnern an Bord – lebend.

»Wir blieben vierundzwanzig Stunden in St. Vicente«, erinnert sich Karl Vollrath, »angeblich, um Kohlen zu nehmen. Andere Dampfer brauchen dafür unterwegs vier bis sechs Stunden. Des Nachts höre ich das Getöse eines Wasserstromes, das Sausen einer Maschine, das mich nicht schlafen ließ. Ich ging hinaus: aus dem Schiffskörper wurde Wasser gepumpt! Die ›Mafalda‹ hatte ein Leck! Nun, da eine Nacht gepumpt war, richtete sie sich wieder auf.«

Später erfuhr der Zirkusdirektor, »daß sich ein Lager der Schraubenwelle gelockert habe. Daß die stuckernde Welle den Austritt erweiterte. Daß fortlaufend Wasser eingequollen sei.«

Kapitän Simone Gulì hielt es für zu riskant, mit der *Principessa Mafalda* weiterzufahren, und telegrafierte seine Einschätzung nach Genua – und erhielt erneut die Order, die Reise möglichst schnell fortzusetzen. Der Dampfer wurde am 25. in Rio erwartet.

Mindestens vier Personen kamen in Mindelo neu an Bord: zwei Afrikaner, die mit Hilfe eines Mitglieds der Besatzung als blinde Passagiere an Deck gelangen konnten, und das Ehepaar Bulgarini.

Blinde Passagiere waren nicht selten auf den Dampfern der Südatlantikroute, wie sich Lucia Nebbiolo erinnert, die auf der *Principessa Mafalda* und anderen Schiffen unzählige Male in der dritten Klasse zwischen Genua und Buenos Aires hin und her pendelte. Bei den *clandestini* handelte es sich laut Nebbiolo immer um junge Männer. Sie versteckten sich etwa in den Rettungsbooten, wurden von Lucia und anderen wohlwollenden Passagierinnen und Passagieren mit Essen versorgt,

Am Montag 17. Oktober erreichte die *Principessa Mafalda* den Hafen von Mindelo auf São Vicente, einer der Kapverdischen Inseln. Die Kohlebunker wurden gefüllt, weitere Versuche unternommen, die Maschinenschäden zu beheben, und schließlich musste auch frisches Fleisch beschafft werden.

gelegentlich jedoch aufgegriffen und zum Kohleschaufeln verdonnert oder eingesperrt und, falls ihnen die Flucht nicht gelang, wieder dorthin zurückspediert, wo sie herkamen.

Luigi und Elsa Bulgarini, die beiden anderen Personen, die in Mindelo zustiegen, hatten in Deutschland geheiratet und anschließend einige Zeit in Las Palmas auf Gran Canaria verbracht. Luigi, Anwalt von Beruf, stammte aus Rom, seine Frau war Berlinerin. Die beiden waren auf einem argentinischen Motorschiff mit Destination Buenos Aires unterwegs, einem Frachter, der auch einige wenige Passagiere aufnehmen konnte. Als nach einer Explosion die Schiffsmaschine und damit der Stromgenerator irreparabel ausfielen, trieb das Schiff tagelang auf dem Meer, ohne einen Notruf absetzen zu können. Schließlich wurde das Unglücksschiff glücklicherweise von einem italienischen Schiff entdeckt und in mühsamer zweitägiger Fahrt in den Hafen von Mindelo geschleppt. Als Gäste des italienischen Konsuls konnten sich Luigi und

Elsa Bulgarini einige Wochen auf São Vicente erholen. Dann schifften sie als Passagiere zweiter Klasse auf der großen *Principessa Mafalda* ein, auf der sie sich gut aufgehoben glaubten.

Wie ein paar Tagen zuvor in Barcelona konnten die Passagiere nun auf São Vicente an Land gehen und sich in Mindelo umsehen, der zweitgrößten Stadt der damals noch zu Portugal gehörenden Kapverden, die in einer hügeligen Landschaft mit halbwüstenartiger Vegetation liegt.

Davide Campodonico, Vertreter einer Olivenöl-Exportfirma, und Vincenzo Cherubini, Rancher und zugleich Arzt im Spital von Mendoza am Fuß der Anden, wurden nach ihrem Landausflug von einer Schaluppe zur abfahrbereiten *Principessa Mafalda* gebracht, als alle längst ungeduldig auf die zwei letzten fehlenden Passagiere warteten. Die beiden säumigen Landgänger wurden von Kapitän Gulì höflich getadelt. Dessen Vorgänger Tarabotto – bemerkte der Erste Offizier Francesco Moresco gegenüber Campodonico – hätte die beiden einfach auf der Insel zurückgelassen, wenn sie nicht rechtzeitig zur Abfahrt erschienen wären.

Der Dampfer fuhr in südsüdwestlicher Richtung weiter, zitternd, schief und schnell. Nun lief die linke Maschine wieder und das alte Schiff, das mit mehrtägiger Verspätung unterwegs war, wurde, so Vollrath, »gehetzt auf Tod und Leben«.

Eigentlich liebte Karl Arthur Vollrath Seefahrten: »Man promeniert sich durchs Leben von Mahlzeit zu Mahlzeit«, beschreibt er in *La Plata Zick-Zack* das üblicherweise beschauliche Leben an Bord, »lehnt sich über die Bordwand stundenlang und sucht die fliegenden Gedanken im Schäumen der Wogen zu fangen, und packt jedes Schiff, das fernweg am Horizont vorbeischleicht, als Eindruck, als Erlebnis. Man hat vergessen, an das Morgen zu denken.«

Doch diesmal war es anders: »Diese Reise wurde zur Höllenpein. Vor uns lag die ›weite Strecke‹ der Südamerikatour, über den Äquator nach Rio. Und langsam kam wieder backbords die Schlagseite.« Schließlich wurde die Schlagseite so beängstigend, dass man, wie Vollrath schreibt, »von Backbord zum Steuerbord ›steigen‹ mußte«.

Das Fleisch des kapverdischen Ochsen erwies sich als dermaßen zäh, dass es den Klassen-Passagieren nicht zugemutet werden konnte. Fortan erhielt die erste Klasse Huhn und die dritte Stockfisch.

Am Montag, 24. Oktober, eine Woche nach São Vicente, überquerte die *Principessa Mafalda* den Äquator. Etwa zwölf Stunden später passierte sie Fernando de Noronha, damals eine Gefängnisinsel, die 350 Kilometer vor dem brasilianischen Festland liegt. Zum ersten Mal, seit die Kapverden aus dem Blickfeld verschwunden waren, gelangte wieder Land in Sicht. Die bizarre, über dreihundert Meter hohe Felsformation, die die üppig bewachsene, tropische Gefängnisinsel überragt, kam dem piemontesischen Emigranten Andrea Botto aus der Ferne wie eine riesige Kröte vor, die in einer weiten grünen Wiese sitzt.

Abends wurde das Äquatorfest gefeiert. Neptun setzte sich die Krone auf, packte seinen Karton-Dreizack und besuchte in allen drei Klassen die Täuflinge, die sich zum ersten Mal in die südliche Hemisphäre begaben. Er trug einen langen Bart und einen weißen Mantel und verteilte kleine Geschenke an die Kinder, die ihn mit großen Augen bestaunten. Bordfotograf Boero nahm in den Salons und auf den Gängen an Deck Gruppenbilder von verkleideten und festlich herausgeputzten Personen auf, mit und ohne Neptun, und achtete darauf, dass alle Gesichter gut zu sehen waren, denn er hoffte, möglichst viele Abzüge unter die Leute bringen zu können, auf Karton aufgezogen zu zwanzig Lire das Stück. Die Bilder, die beim Bordfotografen erhältlich waren, wurden auf Passagierschiffen üblicherweise mit Nummern versehen ausgehängt. Auf der *Principessa Mafalda* befanden sich Fotoatelier und Dunkelkammer auf Deck 4, gerade unterhalb der Rezeption, vom Eingangsbereich bequem über die Haupttreppe erreichbar. Mario Boero war als Bordfotograf eingesprungen, da sein Vorgänger die bedrohlich unzuverlässige, lärmig wackelnde und unerwartet abstoppende *Mafalda* bei der letzten Ankunft in Genua fluchtartig verlassen hatte.

Die Nacht war klar und mondlos – Neumond. Wie jede Nacht wurde verdorbenes Fleisch über Bord geworfen. Die angelockten Haie, die dem Dampfer folgten, galten als Unglückszeichen.

Am nächsten Morgen fuhr die *Mafalda* so schief, dass der Kaffee aus den Tassen schwappte. Der bedenkliche Zustand des Dampfers, berichtet Vollrath, wurde in der ersten Klasse – im Gegensatz zu den anderen Klassen – kaum zum Gesprächsthema: »Man hockte auf einem Vulkan. Wir sprachen nicht darüber, wir wollten keine Beängstigung zeigen. Aber von der dritten Klasse, die mit den Maschinisten in Berührung kamen, ging eine Abordnung zum Kapitän und fragte, was das alles bedeute. Sie wurden bestraft, kraft der Disziplinargewalt.«

Auch in der zweiten Klasse, die im Hinterschiff von Motorenlärm und Vibrationen besonders stark betroffen war, wurden Unterschriften gesammelt, um bei der Gesellschaft Protest einzulegen. Schließlich wurde jedoch auf die Eingabe verzichtet, um keinen Konflikt mit der Besatzung heraufzubeschwören – vielleicht auch, weil der Delegation der dritten Klasse keinerlei Erfolg beschieden war.

Mina, die schönste Frau an Bord, hielt den 25. Oktober für ihren Glückstag. Denn am Morgen nach dem Äquatorfest brachte ihr der Hilfssteward Giobatta Figari ihre verloren geglaubte Uhr mit Brillantenarmband, die im Badezimmer, das zu ihrem Luxusappartement gehörte, liegen geblieben war.

Das Wetter war schön, das Meer ruhig. Gemäß dem täglich ausgehängten Bulletin fuhr der havarierte Dampfer mit Höchstgeschwindigkeit: 17,5 Knoten. Um 15.50 Uhr überholte die *Principessa Mafalda* die *Alhena*, einen holländischen Frachter. Der Kapitän der *Alhena* wunderte sich über die Schlagseite der *Mafalda*.

Die *Empirestar*, ein englisches Frachtschiff auf dem Weg nach Europa, passierte die *Mafalda* in Gegenrichtung und wurde vom Schiffshorn des italienischen Dampfers mit einem langen Signalton begrüßt.

Zwischen vier und fünf Uhr spielte das Streichorchester in der ersten Klasse zum Tee auf. Das Orchester bestand aus zwei Violinen, Violoncello, Kontrabass und Piano. In den olivgrünen Sesseln der Halle saßen Karl Vollrath, Ferdinando Campera und weitere Passagiere. Sie tranken Tee. Einige spielten Karten.

Ruggero Bauli, der in der zweiten Klasse reiste, ging zum Barbier. Bauli war auf dem Weg nach Buenos Aires, wo er eine Feinbäckerei zu eröffnen beabsichtigte. Im Gepäck führte er Werkzeuge und Gerätschaften mit, die er als Konditor für seine Arbeit benötigte. Der 1895 in der Nähe von Verona als neuntes von dreizehn Geschwistern geborene Ruggero Bauli hatte das Bäckerhandwerk schon vor dem Großen Krieg gelernt und war dann als Soldat einer motorisierten Einheit zugeteilt worden, die die Truppen an der Isonzofront mit Lebensmitteln versorgte. Er erhielt den Führerschein, überlebte den Krieg, auch die Schlacht von Caporetto, und wurde 1920 entlassen.

Zwei Jahre später begann er in Verona selbständig als Feinbäcker zu arbeiten und experimentierte mit der Produktion von Pandoro, einem lokalen Weihnachtsgebäck mit sternförmigem Grundriss, das mit feinem Vanillezucker bestäubt wird und Jahrzehnte später zu einem der bekanntesten Produkte des in den 1950er Jahren zu einem industriellen Betrieb ausgebauten Familienunternehmens Bauli werden sollte, das heute einen Jahresumsatz in der Größenordnung von einer halben Milliarde Euro erwirtschaftet.

Doch in den frühen 1920er Jahren bereitete im verarmten Italien schon die Beschaffung von Grundnahrungsmitteln wie Butter, Mehl und Eiern Schwierigkeiten, und Ruggero Bauli beschloss, nach Argentinien zu fahren, um herauszufinden, was es mit der Redewendung »riche comme un Argentin« auf sich hatte. Im Frühjahr 1924 überquerte er den Atlantik auf der *Giulio Cesare*. In Buenos Aires fühlte er sich wohl und entschied, mindestens für einige Jahre in die argentinische Hauptstadt zu ziehen, wo die wirtschaftliche Situation wesentlich vielversprechender aussah als in Verona. Er fuhr wieder nach Italien, bereitete seine Emigration vor und beschaffte sich eine Fahrkarte zweiter Klasse für die Überfahrt der *Principessa Mafalda* im Oktober 1927.

Im Barbiersalon auf dem Hauptdeck, wenige Meter von der Eingangshalle entfernt, wurde Ruggero Bauli einer der beiden Sessel zugewiesen. Nach der Rasur stand er auf und ging. Er war einen Meter neunzig groß. Er begab sich zum Heck, wo das offene Hauptdeck der zweiten Klasse zugeordnet war. Um fünf Uhr waren die Musiker des fünfköpfigen Streichorchesters in den Salon der zweiten Klasse hinuntergekommen, wo sie dasselbe Programm gaben, das sie soeben für die erste Klasse gespielt hatten. Bauli blieb draußen. Er spazierte auf der Promenade zwischen der Reling und dem achtern wie das Heck abgerundeten Salon der zweiten Klasse ganz nach hinten, blieb stehen, lehnte sich an das Geländer und schaute ins weiß schäumende Kielwasser hinunter, das von den Schiffsschrauben aufgewirbelt wurde.

Die *Principessa Mafalda* befand sich etwa auf dem halben Weg zwischen Salvador de Bahia und Rio de Janeiro und folgte der brasilianischen Küste in einer Entfernung von mehreren Dutzend Seemeilen.

Um 17.15 Uhr knallte es. Die Achse, die die Drehbewegung der linken Maschine auf die Schiffsschraube übertrug, brach, und Ruggero Bauli sah, wie sich der Propeller mit seinen übermannsgroßen Flügeln und die dicke Schraubenwelle vom Schiff lösten und wie ein gewaltiger Torpedo im Kielwasser nordwärts davonschossen.

Die Halle, Aufenthaltsort für die Gäste der gehobenen Klasse und Schauplatz für Feste, Sonntagsmessen und andere Veranstaltungen. Als sich am 25. Oktober 1927 um 17.15 Uhr die linke Schiffschraube löste, saßen viele der Gäste der ersten Klasse dort beim Tee. Einige spielten Karten.

# COMANDANTE, ANDEMO A FUNDO

*Undichte Schotten, lecke Boote*

Obwohl der Bruch der Schraubenwelle in der Halle deutlich zu spüren und zu hören war, ließen sich viele Passagiere der ersten Klasse nicht aus der Ruhe bringen. Einige der Kartenspieler blieben in ihren Polstersesseln sitzen und schlossen die Runde ab, bevor sie sich erhoben und erkundigten, was geschehen war.

Zirkusdirektor Vollrath, der eben noch den Nachmittagstee zu sich genommen hatte, befand sich bereits im Freien, als die *Mafalda* ihre linke Schraube verlor: »Ich saß nach dem Vier-Uhr-Tee auf dem Promenadedeck, ein paar Schritte vom Kapitän, der mit einem Argentinier plauderte. Plötzlich zuckte es durch den Rumpf wie ein vierfacher Erdbebenstoß«, berichtet Vollrath. »Der Kapitän sprang auf, wollte zum Heck, kehrte jäh um, lief zur Kommandobrücke.«

Der Verlust des einen der beiden Propeller wäre eigentlich durchaus zu verkraften gewesen – andere Doppelschraubendampfer wie die französische *La Savoie* oder die *Kroonland* der Red Star Line hatten es nach einem Achsenbruch durchaus geschafft, mit bloß einer Maschine den nächsten Hafen zu erreichen. Auch die *Principessa Mafalda* hatte auf ihrer letzten Fahrt große Strecken mit nur einer Schiffsschraube zurückgelegt. Doch durch die röhrenförmige Führung der Schraubenwelle, die losgebrochen war, drang nun Wasser in den Schiffsrumpf ein.

Selbst mit dem durch die tunnelartige Röhre eindringenden Wasser hätte die *Mafalda* grundsätzlich fertigwerden sollen, denn die Konstrukteure des Dampfers hatten den Rumpf in siebzehn Kompartimente geteilt, die im Falle eines Lecks durch Schotten abgetrennt werden konnten, welche sich von der Kommandobrücke aus schließen ließen.

Doch die Schotten ließen sich nicht bewegen. Ihre Scharniere waren verrostet, und zudem verhinderten Stützen, dass sich die Tore unbeabsichtigt schlossen. Mit Vorschlaghämmern machten sich Maschinisten und Heizer, denen das Wasser schon bis zu den Waden stand, an den

Schotten im Heck zu schaffen. Es gelang ihnen endlich, die Stützen wegzuschlagen und die Tore zu schließen, doch die Pforten waren nicht dicht: Zwischen Tor und Wand blieb ein zentimeterbreiter Spalt, durch den das Wasser zwar langsam, aber stetig hindurchströmen konnte. Laut dem offiziellen Untersuchungsbericht zum Schicksal der *Principessa Mafalda*, der im März 1928 auszugsweise veröffentlicht wurde, bereitete hauptsächlich eine kleine Klappe Probleme, die die Flutung der Räume beim großen Steuerruder hätte verhindern sollen: Die kleine Verbindungstür zu den Räumen der Steuermaschine, schreibt die deutsche Schifffahrtszeitschrift *Hansa* mit Bezug auf den Untersuchungsbericht, »konnte mit der Hand nicht geschlossen werden, da es nicht mehr die Möglichkeit gab, sich dem Platze zu nähern; der Raum war bereits überschwemmt; sie konnte aber auch nicht mittels Ferntransmission geschlossen werden, weil diese entweder nicht funktionierte oder das Manöver irgendwie verhindert wurde. So konnte sich denn auch die Ueberschwemmung im Steuerrudermaschinenraum ausdehnen und das Schiff nahm in 20 Minuten ungefähr 350 T. Wasser auf. So ernst nun dieser Umstand auch war, so wäre diese Situation nicht hoffnungslos gewesen, wenn man das Eindringen weiterer Wassermengen durch Schließen einer wasserdichten Tür« hätte verhindern können – dabei handelte es sich um eine Klappe, die bloß 63 mal 60 Zentimeter maß. »Die Versuche, diese wasserdichte Tür zu schließen, blieben infolge mangelhaften Zustandes der Riegel erfolglos; das Wasser stieg infolgedessen allmählich und überschwemmte dann, obwohl mit relativer Langsamkeit, auch den Handsteuerraum.«

Was sich in den Minuten und Stunden nach dem Verlust des Propellers abspielte, lässt sich nur ungefähr rekonstruieren. Der offizielle Untersuchungsbericht, die Verlautbarungen der Reederei, in der Tagespresse publizierte Artikel und die Erinnerungen von Augenzeugen stellen den Verlauf der Ereignisse unterschiedlich und widersprüchlich dar. Selbst die Zeitangaben gehen stark auseinander – und zwar nicht nur, weil sich die einen Quellen auf die Lokalzeit beziehen, andere hingegen auf die Weltzeit, die auf den Längengrad von Greenwich bezogene Zonenzeit, die im Schiffsfunk Verwendung fand.

Bemerkenswerterweise bleibt sogar in jüngeren Publikationen zur *Principessa Mafalda* eine der besten Quellen unbeachtet. In den ersten Wochen des Jahres 1956 veröffentlichte die italienische Zeitschrift

*L'Europeo* eine siebenteilige, reich bebilderte Reportage, die sich über insgesamt immerhin vierundvierzig Seiten im Format von dreißig mal vierzig Zentimetern erstreckt. Das Magazin *L'Europeo*, das von 1945 bis 1995 wöchentlich erschien, beschäftigte sich gerne mit Schauspielerinnen, Stars und Sternchen, die auf dem Titelbild strahlten, betrieb aber auch anspruchsvollen, investigativen Journalismus und veröffentlichte in den fünfziger Jahren regelmäßig Beiträge von über die Landesgrenzen hinaus bekannten Autorinnen und Autoren wie Oriana Fallaci und Alberto Moravia.

Redakteur Giuseppe Trevisani unterhielt sich bei seinen Recherchen mit Dutzenden von Zeitzeugen und nimmt für sich – nicht ganz zu Unrecht – in Anspruch, nach achtundzwanzig Jahren endlich die »freie Wahrheit über den Schiffbruch der *Mafalda*« berichten zu können, was unmittelbar nach der Tragödie weder in der von der faschistischen Zensur gelenkten italienischen noch in der von Misstrauen gegenüber Italien geprägten ausländischen Presse möglich gewesen sei. Trevisanis Arbeit erinnert an Walter Lords Buch *A Night to Remember*, das 1955, wenige Monate vor dem Erscheinen der Artikelserie im *Europeo*, Aufsehen erregte und zum ersten Mal die letzte Nacht der *Titanic* anhand zahlreicher Interviews mit Überlebenden nachzeichnete.

Unten im Heck der *Mafalda*, wo das Meerwasser durch den mit dem Bruch der Propellerachse frei gewordenen Tunnel ins Schiff strömte, entfalteten Maschinisten und Heizer, Handwerker und Ingenieure hektische Aktivität. Sie versuchten das Wasser aubzupumpen und mit Holz- und Metallkonstruktionen, Zement und Barrikaden aus von Möbeln beschwerten Matratzen aufzuhalten, die in großer Zahl in den Schiffsbauch hinuntergeschleppt wurden.

Beides misslang – die Pumpe sprang nicht an, und der Zustrom des Wassers ließ sich zwar verlangsamen, aber nicht stoppen. Das Volumen der Wassermenge, die gemäß Untersuchungsbericht in den ersten zwanzig Minuten vom Dampfer aufgenommen wurde, entsprach einem Würfel von sieben Metern Kantenlänge.

Silvio Scarabicchi, seit drei Jahren Chef-Ingenieur auf der *Principessa Mafalda*, wurde bewusst, dass das Schiff verloren war.

Er stieg vom Maschinenraum im untersten Teil des Schiffsbauchs, wo der Wasserspiegel backbord unerbittlich anstieg, die sieben Stockwerke hoch zur Kommandobrücke, wo vorerst keinerlei Folgen des

Schadenfalls wahrnehmbar waren, denn mit Schlagseite fuhr die *Mafalda* schon seit Tagen. Im Steuerhaus, wo Kapitän Gulì, Erster Offizier Moresco und weitere Offiziere versammelt waren, stellte sich Scarabicchi vor den Kapitän, außer Atem, fuhr sich mit schmierigen Händen durchs Haar und sagte: »Comandante, andemo a fundo – wir gehen unter.«

Gulì wies Moresco an, die Schiffsfunker Seenot melden zu lassen und Hilfe zu erbitten. Um 17.35 Uhr, zwanzig Minuten nachdem die linke Schraube vom Schiff gebrochen war und Wasser in den Rumpf zu strömen begonnen hatte, sandten Luigi Reschia und Francesco Boldracchi im Funkraum, der sich auf dem Bootsdeck nur eine Treppe entfernt von der Kommandobrücke befand, SOS-Signale aus, … ––– …, und gaben einige Minuten später ihre Position durch: 16.58 Süd, 37.51 West.

Der Notruf wurde von mehreren Schiffen empfangen. Zwei davon – beides Frachter – befanden sich in der Nähe der *Mafalda*: die holländische *Alhena*, die, wie sich Direktor Vollrath erinnert, »eine Stunde vor der Katastrophe« von der *Mafalda* überholt worden war, und die englische *Empirestar*, die, in Gegenrichtung unterwegs, dem italienischen Dampfer vor 17 Uhr begegnet war. In etwas größerer Entfernung befand sich die *Formosa*, ein immerhin rund 125 Meter langes Kombischiff der Société Générale des Transports Maritimes, das zusätzlich zu Frachtgütern mehrere Dutzend Passagiere aller Klassen aufnehmen konnte.

17.43 Uhr bestätigte der Funker der *Formosa* den Empfang von Notruf und Position und beeilte sich, umgehend den Kapitän zu informieren. *Alhena*, *Empirestar* und *Formosa* meldeten, unverzüglich zu Hilfe zu kommen, und erkundigten sich, was genau geschehen sei. »Ich befinde mich in der Funkkabine«, lautete um 17.47 Uhr die Antwort des Funkers der *Mafalda*, »ich weiß nicht, was vor sich geht. Doch der Kapitän beauftragt mich, SOS zu senden und um Hilfe zu bitten – wir haben ein ernsthaftes Problem mit den Maschinen.«

»Wir kommen in zwanzig Minuten«, versprach die *Alhena*.

Auch die Dampfsirene begann nun eindringlich das Notsignal abzugeben – drei kurze Töne, drei lange Töne, drei kurze Töne. »Schon vorher, auch am gleichen Tage«, berichtet Karl Arthur Vollrath, »hatten auf das gleiche Signal Rettungsproben für das Personal stattgefunden, übrigens lächerliche Karikaturen, ohne Ausschwingen der Boote. In unserer ersten Klasse glaubten die Leute, das sei nun wieder Spaß,

Die *Formosa,* ein Kombischiff der Société Générale des Transports Maritimes, war einer der Dampfer, die der in Seenot geratenen Mafalda zu Hilfe eilten. Im Gegensatz zu den stürmischen Verhältnissen, die das Bild zeigt, war das Meer während der Rettungsaktion vor der brasilianischen Küste weitgehend ruhig.

sie wurden von den Offizieren zur Ruhe gemahnt. Passieren könne ja nichts, eine Reparatur sei nötig.«

Im Auftrag von Kapitän Gulì servierte ein Steward kostenlos Cognac.

Hilfssteward Figari, der am Morgen die verloren geglaubte Armbanduhr der schönen reichen Mina gefunden hatte, bekam das Heulen der Alarmsirene zu hören, als er während einer Arbeitspause mit einem Freund das Nachtessen einnahm. Die beiden wussten, dass sie das ausnahmsweise mit erstaunlich viel Butter angerichtete Nudelgericht stehen lassen sollten, um sich als Mitglieder der Besatzung an den Rettungsarbeiten zu beteiligen.

»Hör mal«, meinte Giobatta Figari, »wir bleiben hier. Wenn wir bleiben, riskieren wir eine Strafe; aber wenn wir hinaufgehen, dann müssen wir auf die Pasta verzichten.«

Also aßen sie weiter. Aus der nahen Küche kam der Geruch nach Verbranntem. Die Küche bot ein ungewohntes Bild. Sie war leer, das

Küchenpersonal war verschwunden. Arbeitsflächen, Küchenmaschinen und Abwaschtröge, die entlang der Wände angeordnet waren, waren verwaist. Auf dem langgezogenen, von allen Seiten zugänglichen Herd, der die Mitte des Raumes einnahm und über welchem an den Stielen aufgehängte Pfannen und Schöpfgeräte baumelten, brannte in den Töpfen das Kochgut an.

In den Korridoren im Schiffsbauch fanden die beiden Freunde ein Gedränge vor, das ein Durchkommen praktisch unmöglich machte.

Obwohl auf den oberen Decks ebenfalls das Notsignal zu hören und die Unruhe zu spüren waren, blieben die direkten Folgen der Havarie zunächst weitgehend unbemerkt. Viele Passagiere der zweiten und vor allem der ersten Klasse ließen sich durch die Beschwichtigungen von Kapitän und Offizieren beruhigen. Der Großteil der Mannschaft und die Reisenden der dritten Klasse dagegen schätzten die Situation als äußerst bedrohlich ein. Die Zwischendeckpassagiere waren schon während der ganzen Fahrt mit Maschinisten und Heizern in Kontakt gekommen, die mit der schadhaften Maschine beschäftigt waren. Ihre Schlafsäle lagen direkt über den Maschinenräumen.

Den Emigranten Andrea Botto, für den die Insel Fernando de Noronha, das letzte Festland, das die Passagiere der *Mafalda* am Vortag aus der Ferne zu Gesicht bekommen hatten, wie eine Riesenkröte auf einer Wiese ausgesehen hatte, erinnerten die von sechs kurzen Pfiffen eingerahmten drei langen, heulenden Töne *moo, moo, moo* des Notsignals der Schiffsirene an die klagenden Schreie eines Ochsen, der geschlachtet wird. Botto stammte aus dem in den Ligurischen Alpen unweit der französischen Grenze gelegenen südpiemontesischen Dorf Lurisia bei Cuneo und war mit seiner Familie, der Familie seines Bruders und weiteren Bekannten unterwegs nach Argentinien.

Er machte sich auf die Suche nach seiner Frau und den beiden kleinen Kindern und stellte fest, dass sich viele Passagiere besonders der dritten Klasse bereit machten, das sinkende Schiff zu verlassen. Andrea fand seine Frau Margherita und die beiden Mädchen, die Eltern nahmen Maria und Angela, die spürten, dass etwas nicht in Ordnung war, in den Arm und versuchten sie zu beruhigen. Als Andrea in den Schlafsaal hinunterstieg, um Schwimmwesten zu holen, stand dort der Boden bereits unter Wasser. Das Wasser war infolge der zunehmenden Schieflage des Dampfers durch die Bullaugen, die bei ruhiger See offenstanden, in den Männerschlafsaal geflossen, der sich auf Deck 6 knapp über der Wasserlinie befand.

Andrea Botto begab sich zurück zu Frau und Kindern und stellte sicher, dass sie mit Schwimmwesten ausgerüstet waren. Auf dem Bootsdeck herrschte ein Durcheinander. Die Rettungsboote wurden zum Abfieren bereit gemacht, die *Alhena* und die *Empirestar* hatten sich der *Principessa Mafalda* bereits bis auf wenige hundert Meter angenähert. Aus Sorge um die eigene Sicherheit hielten sie jedoch Distanz zum Unglücksschiff, aus dessen Schornstein zischend eine mächtige weiße Dampfsäule aufstieg. Auf den beiden Frachtern wurde befürchtet, dass die Kessel der *Mafalda* durch eindringendes Meerwasser zur Explosion gebracht werden konnten, was nicht nur zu einem schnellen Untergang des beschädigten Dampfers geführt hätte, sondern auch für in unmittelbarer Nähe liegende Hilfsschiffe gefährlich gewesen wäre.

Diese Gefahr bestand jedoch nicht. Die Maschinisten hatten die Kessel schnell entladen, die Feuer gelöscht und den Dampf entweichen lassen.

Kurz vor 18 Uhr wurde der Generator überflutet. Die Stromversorgung brach zusammen, der Schiffsfunk, für den ein Notstromaggregat fehlte, verstummte. Es war nicht mehr möglich, den holländischen und den britischen Frachter darüber zu informieren, dass die Gefahr einer Kesselexplosion gebannt war.

Die *Principessa Mafalda* verfügte über vierzehn Rettungsboote. Zwölf davon waren auf dem Bootsdeck, dem Deck 1, platziert, die beiden anderen ein Deck tiefer auf dem einstöckigen Aufbau über dem Speisesaal der zweiten Klasse am Heck. Zusätzlich lag dort ein Stapel mit sechs Flößen. Diese Notboote erwiesen sich allerdings als unbrauchbar. Laut Zeugenaussagen waren sie verstellt durch unbewegliche Hindernisse wie Lüfter, die sämtlichen Bemühungen widerstanden, sie aus dem Weg zu räumen. Vielleicht verhinderten auch Rost, Farbschichten oder Salzkrusten, dass die Flöße gelöst und zum Einsatz gebracht werden konnten.

Von der Brücke aus versicherten Kapitän und Offiziere durch ein trichterförmiges Sprachrohr, dass keine Gefahr bestand, und forderten Fahrgäste und Besatzung auf, Ruhe zu bewahren.

Die Boote wurden abgedeckt, an den Davits, den drehbaren Kränen, ausgeschwenkt und vor der Schiffswand in eine Position gebracht, die den Einstieg vom Deck aus erlaubte. Passagiere aller Klassen drängten sich ebenso wie Mitglieder der Besatzung in die Boote. Dabei herrschte das Recht des Stärkeren, dem Kapitän und den Offizieren gelang es trotz gezückter Revolver vorerst nicht, Frauen und Kindern den Vortritt zu verschaffen. Nach der Beladung wurde versucht, die an Bug und Heck an Tauen hängenden Boote in waagrechter Stellung an den unteren Decks vorbei Stück für Stück hinunterzumanövrieren, auf dem Wasser aufzusetzen und von den Seilen zu lösen.

Da sich die *Mafalda* nach links neigte und die Passagiere sich davor fürchteten, unter die überhängende Schiffswand zu geraten, drängten sie sich in die Boote auf der rechten Seite, die jedoch schwieriger abzufieren waren.

»Die Seile des ersten Bootes, das ausgesetzt wurde, rissen, noch bevor das überfüllte Rettungsboot das Wasser berührte«, fasst Giuseppe Trevisani in seiner Reportage für den *Europeo* die Zeugenberichte zusammen. Ein Teil der Leute, die ins Wasser fielen, ertrank sofort, andere wurden später von anderen Booten aufgenommen oder konnten über die Treppenstufen des Fallreeps und an ausgehängten Strickleitern wieder an Bord gelangen.

Diejenigen Boote, die das Wasser erreichten, boten jedoch ebenso wenig Sicherheit. »Vom Schiff aus konnte man sehen, wie ein Boot ums andere mit Wasser volllief, kenterte, kippte und seine menschliche Fracht im Wasser verteilte«, schreibt Trevisani. »Dieses schreckliche Schauspiel war auch der Grund, weshalb sich die Offiziere nach dem ersten Ansturm nicht mehr darum sorgen mussten, die Leute von den Booten fernzuhalten, sondern Mühe hatten, die Leute überhaupt zum Einsteigen zu bewegen. Und daher verharrten auch viele Passagiere besonders der ersten Klasse bis zum Schluss auf dem Schiff und starben.«

In zwei der überfüllten Barken kam es zu Streit, als die Überseekoffer, die syrische und libanesische Passagiere mit sich führten, ins Wasser geworfen wurden, um ein Kentern zu verhindern. Die Boote kenterten trotzdem.

Die Rettungsboote der *Mafalda* waren in einem derart miserablen Zustand, dass fast alle lange vor dem Dampfer untergingen. Sie waren nicht dicht, sondern durchlässig wie Körbe, da sich zwischen den Planken im Lauf der Zeit Spalten gebildet hatten. Oft fehlte auch der Stöpsel zum Verschluss des Abflussloches am Bootsboden. Sobald das Boot aufgesetzt hatte, sprudelte Wasser durch die Öffnung im Boden,

Kellner mussten vom Schiff aus Flaschenkorken zum Verstopfen der Löcher hinunterwerfen. Die Boote hielten sich teilweise nur wegen der unter den Sitzen eingebauten Luftkästen eine Weile über Wasser.

Viele, die nicht schon auf dem Bootsdeck einen Platz in einem Rettungsboot hatten ergattern können, sprangen einfach ins Wasser, in der Hoffnung, schwimmend zu einem seetüchtigen Boot zu gelangen. Auch die beiden Afrikaner, die im Hafen von Saõ Vicente als blinde Passagiere an Bord gekommen waren, sprangen. Der eine verschwand unter Wasser und tauchte nicht mehr auf. Der andere schaffte es, sich in ein Boot zu retten, wo er augenblicklich an ein Ruder gesetzt wurde. Entlang der Flanke der *Mafalda* war das Wasser so dicht mit Menschen besetzt wie ein Schwimmbad im Sommer – Menschen, die schwammen, strampelten, ertranken, starben oder schon tot waren.

Eines der Boote, die sofort untergingen, war die Nummer vierzehn. Die Boote mit geraden Nummern waren auf der linken Seite angebracht, wo das Abfieren leichter vonstattenging als steuerbord. Giobatta Figari, der einundzwanzigjährige Hilfssteward aus dem ligurischen Camogli, der mit seinem Kollegen eben noch Pasta gegessen hatte, hatte versucht, sich in Nummer vierzehn in Sicherheit zu bringen, und schwamm nach dem schnellen Untergang des untauglichen Rettungsmittels mit ruhigen Zügen zu einem der Schiffe, die zu Hilfe gekommen waren und im Abstand von wenigen hundert Metern bereitstanden.

Eine der seltenen Fotografien, die den Untergang dokumentieren, zeigt, dass die Boote auf der linken Seite fast gleichzeitig ausgesetzt wurden: Zwei der Rettungsboote haben soeben den Wasserspiegel erreicht, bei beiden sind noch die gespannten Tragseile zu sehen, die von den Davits zu den beiden Enden der Boote führen. Ein drittes, das gerade hinuntergelassen wird, hängt mit gesenkter Spitze auf halbem Weg vor dem Hauptdeck schräg in der Luft. Zwei weitere werden bereits weggerudert und entfernen sich mit zahlreichen Personen an Bord vom Mutterschiff, das achtern schon deutlich tiefer liegt.

In einem der ersten Rettungsboote, die erfolgreich zu Wasser gelassen wurden, saßen vornehmlich Kellner und zwei Schwarzhemden. Das Boot bewegte sich auf die *Alhena* zu. Staatspolizist Ferdinando Campera kämpfte sich zur Kommandobrücke durch und fragte Kapitän Gulì, wie es um die *Mafalda* stehe.

»Commissario«, antwortete Gulì, »wir gehen unter.«

Darauf erkundigte sich Campera, ob er und seine Begleiter die Kästen mit den Staatsanleihen in die Rettungsboote mitnehmen dürften.

»Wie Sie wünschen, Commissario.«

Also lud Campera einen ersten Kasten in ein Boot, das gerade zum Abfieren bereit gemacht wurde. Doch bevor Campera und Maresciallo Semino, einer seiner Begleiter, zusteigen konnten, wurde das Boot von syrischen Emigranten und anderen Passagieren der dritten Klasse regelrecht gestürmt und anschließend unverzüglich meerwärts manövriert. Die beiden Polizisten rannten auf das nächstuntere Deck und sprangen, um ihren wertvollen Kasten nicht aus den Augen zu verlieren, vom Hauptdeck in das ohnehin schon überfüllte Boot, das vor dem Schiff hing. Im Wasser kippte das Boot. Campera wurde mehrmals von Schiffbrüchigen, die nicht schwimmen konnten, unter Wasser gezogen, konnte sich befreien und einen Schwimmring ergreifen, der mit *Principessa Mafalda Genova* beschriftet war. Er entfernte sich möglichst schnell aus dem Gefahrenbereich in der Nähe des Dampfers und schwamm Zug um Zug auf die *Empirestar* zu.

Wie Campera versuchte auch Zirkusdirektor Vollrath das Unglücksschiff rasch zu verlassen.

> »Ich spürte den Ernst«, berichtet er. »Ich machte mich leicht auf Hose und Hemd, holte die Schwimmweste aus der Kabine. Als ich zurückkam, hatten die Mannschaften und die Auswanderer die Boote der ersten Klasse erobert. Organisiert, eingeteilt war überhaupt nichts. Die beiden ersten Boote, die vorschriftsmäßig besetzt mit Passagieren heruntergelassen wurden, sackten weg, weil die Stricke rissen. Ich habe das Glück gehabt, mit dem zweiten Boot, das glücklich abkam, fortzukommen. Ich fuhr zwischen Stewards, Heizern, Musikern, ein paar syrischen Auswanderern. Wir stachen rechtzeitig ab, die Überbelastung war vermieden. Die Dünung war nicht erheblich, vom letzten Tage her abflauend, wo wir scharfen Wind hatten. Aber die Wellen kamen nicht über. Das Wasser im Boot kam von unten gesprudelt. Wir haben um das Leben Wasser geschöpft. Nichts paßte, nicht die Ruder, nicht das Steuer. Die Boote bestanden aus riesigen Brettern. Unser Boot konnte, als wir beim Rettungsdampfer waren, nicht mehr zurückfahren. Es war ersoffen bis zum Korkrande.«

Vollrath hatte es geschafft: »Als ich die Strickleiter zum Bord der ›Alhena‹ emporgeklettert war, schlug ich lang hin vor Erschöpfung. Aber ich hatte mein Leben.«

Von den Rettungsbooten der *Principessa Mafalda*, die bis zur *Alhena* oder der *Empirestar* gelangten, kehrte kaum eines zum Mutterschiff zurück. Eines der wenigen, das mehrmals hin und her fuhr, war das Boot Nummer vier, das unter dem Kommando des Zweiten Offiziers Attilio Bocca stand, der in der Kabine noch seinen Sextanten und das Buch mit den zur Positionsbestimmung benötigten Azimut-Tafeln geholt hatte, bevor er an Bord des Rettungsboots gestiegen war. Im Boot stellte er fest, dass die Pinne fehlte, mit der sich das Steuerruder bewegen ließ. Bocca bestimmte sechs Männer, die sich an die Ruder setzten, und einen, der mit einem Hut das eindringende Wasser abschöpfen musste. Mit lauter Stimme wies er Frauen und Kindern an, sich so zu verteilen, dass das Boot im Gleichgewicht blieb und nicht kenterte. Zweimal brachten Bocca und seine Seeleute Schiffbrüchige zur *Alhena*, einmal zur *Empirestar*.

Als Bocca Nummer vier wieder zur *Mafalda* zurück navigiert hatte, wurde er von Simone Gulì bemerkt. In offensichtlicher Unkenntnis des Zustands seiner Rettungsboote wunderte sich Gulì, dass er nur jeweils Boccas Boot zurückkehren sah. Er formte die Hände vor dem Mund zu einem Trichter und rief hinunter: »Bocca, weshalb kommen die anderen Boote nicht zurück?«

Bocca zögerte mit der Antwort. Er wollte die Passagiere, die sich noch auf der *Mafalda* befanden, nicht weiter verunsichern.

»Weshalb kommen sie nicht zurück?«, wiederholte Gulì.

Bocca, der in der Barke stand und sich mit einer Hand auf den Bootsrand stützte, fixierte Gulì, wies mit dem Zeigefinger ins Wasser und deutete, ohne durch auffälliges Gestikulieren die Aufmerksamkeit der sich noch auf dem Schiff befindenden Passagiere auf sich zu ziehen, mit schwachen Auf- und Abwärtsbewegungen des Unterarms an, dass die anderen Boote untergegangen waren.

In vier Fahrten mit Nummer vier konnte Attilio Bocca rund hundertfünfzig Personen in Sicherheit bringen.

Andrea Botto, der Auswanderer aus dem südwestlichen Piemont, gab seiner Frau Margherita die Hälfte des wenigen Geldes, das sie bei sich hatten. Sie küssten sich leidenschaftlich.

Als die untergehende Sonne bereits den Ozean berührte, wurden die Mutter und die beiden Kinder von einem befreundeten Italoargentinier zu einem Boot gerufen, das noch über letzte freie Plätze verfügte. Andrea begleitete seine Familie über die Stufen des Fallreeps, das schräg zum Wasser hinunterführte, zum eigentlich schon vollen Boot. Zuerst sollten nur die Töchterchen aufgenommen werden, dann zog der Offizier, der für das Boot zuständig war, seine Pistole und befahl zwei jungen Männern, ihre Plätze an Frauen abzutreten. Das Boot legte ab und fuhr zur *Alhena*.

Um halb sieben ging die Sonne unter. In den Tropen dauert die Dämmerung kurz. Um sieben Uhr waren bereits die ersten Sterne zu sehen. Die Nacht war dunkel. Den Funkern der *Mafalda* gelang es, mittels einer Batterie den Betrieb wieder aufzunehmen. Sie meldeten den umliegenden Schiffen um 19.50 Uhr, dass sich immer noch zahlreiche Personen an Bord befanden, und baten, alle verfügbaren Rettungsboote auszusenden, da die *Mafalda* über keine Barken mehr verfügte.

Nach zweistündigem Schwimmen erreichte Commissario Ferdinando Campera um acht Uhr endlich die *Empirestar*.

Schiffbrüchige kletterten auf den Kiel der gekenterten Rettungsboote und hielten sich an allem fest, was schwimmen konnte. Überlebende berichteten, dass das Gefährliche nicht die Wellen waren, sondern die Menschen, die nicht schwimmen konnten und sich an den Schwimmenden festklammerten. Einige der Schiffbrüchigen, die auf dem Meer trieben, fielen Haien zum Opfer.

Auch Ruggero Bauli hatte schließlich die Schwimmweste übergestreift und sich ins Wasser begeben. Er konnte nicht schwimmen. Er legte sich als »toter Mann« auf den Rücken und ließ sich von den Wellen tragen, bis er von einem Rettungsboot aufgefischt wurde.

Unterdessen trafen weitere Schiffe beim sinkenden Dampfer ein – zuerst die 1906 gebaute *Formosa*, dann die große, ebenfalls französische *Mosella* und schließlich die *Rosetti* aus Großbritannien. »Die Nacht näherte sich«, berichtet ein Überlebender im deutschsprachigen *Argentinischen Tageblatt*, »und in der Dunkelheit erkannten wir den französischen Dampfer ›Formosa‹, der sich mit voller Geschwindigkeit näherte und einige hundert Meter von uns anhielt. Nach einem schönen Manöver, das uns begeisterte, passierte er auf etwa zwanzig Meter den Bug der ›Mafalda‹.«

Die Seenotrettung lag nun vollständig in den Händen der Schiffe, die zu Hilfe geeilt waren: »Die anderen Dampfer«, hält Vollrath fest, »mußten die Rettungsarbeiten besorgen, sie hatten die Mannschaften und die Boote, die verläßlich waren. Die Helden dieses furchtbaren Tages waren die Kapitäne Smoolenaars von der holländischen ›Alhena‹ und der Kapitän Allemand von der französischen ›Formosa‹. 540 Schiffbrüchige nahm der kleine holländische Frachtdampfer auf.«

Auch Passagiere beteiligten sich an den Rettungsaktionen – teilweise unter Einsatz des eigenen Lebens. Von Fritz-Henning von Lücken, der sich von den eindringlichen Warnungen eines mitreisenden Ingenieurs nicht hatte überzeugen lassen, die *Mafalda* in Barcelona zu verlassen, ist überliefert, dass er ertrank, nachdem er einem Mädchen seinen Schwimmring abgetreten hatte.

Andere suchten im Innern des sinkenden Schiffs nach hilflosen Passagieren und begleiteten sie zu den Rettungsbooten.

Auch Jacques Bille versuchte sich nützlich zu machen. Seiner Schwester Anne-Marie, die schon seit einigen Monaten in Argentinien weilte, gelang es, unter den Überlebenden, die in Buenos Aires eintrafen, zwei Italiener ausfindig zu machen, mit denen sich ihr Bruder auf der *Mafalda* angefreundet hatte. Sie erzählten ihr, dass sie sich zu dritt um eines der Rettungsboote gekümmert hatten, für die sich kein Besatzungsmitglied verantwortlich fühlte. Sie schauten, dass die Barke nicht überladen wurde, und schöpften Wasser. Doch die beiden Italiener verloren Jacques im Verlauf der Ereignisse aus den Augen. Sie konnten der Schwester keine Auskunft darüber geben, wie er ums Leben gekommen war.

In der Dunkelheit begannen Diebe die Kabinen der ersten Klasse zu plündern. Helena Cyrino, eine junge, reiche Witwe aus Rio, die zusammen mit ihrem Bruder reiste, stellte fest, dass ihr ein Schmuckköfferchen mit unschätzbar wertvollen Juwelen, Kleider und selbst ein Grammophon gestohlen worden waren.

Andere, auch Mitglieder der Besatzung, machten sich über Weinflaschen und Spirituosen her und betranken sich.

Eine Weile lang machte das Gerücht die Runde, die *Mosella*, der größte der herbeigeeilten Dampfer, werde die *Mafalda* ins Schlepptau nehmen und nach Rio de Janeiro bringen. Das Heck der *Mafalda* sank unaufhörlich, die Krängung nach links wurde stärker und stärker.

Immer noch befanden sich zahlreiche Passagiere auf dem Schiff, viele vor Schreck wie gelähmt. Mehrere Passagiere erschossen sich, auch der Bruder von Helena Cyrino.

Weit weg die Lichter der Dampfer, die sich an der Rettung beteiligten.

Romeo Pillin, der Cellist des Schiffsorchesters, versuchte seinen Kollegen, den Kontrabassisten Usai, zu überzeugen, endlich über Bord zu springen. Der Bassist konnte nicht schwimmen. Das Wasser reichte bereits bis zum Deck. Rettungsboote waren keine in Sicht. Usai saß auf einer Bank und rauchte eine Zigarre. Mit ruhiger Stimme antwortete er: »Ja, ja, ich komme.« Er kam nicht.

Auch Mina verharrte, so heißt es, bis zum Schluss auf dem Schiff. Der 25. Oktober, den sie für ihren Glückstag gehalten hatte, wurde ihr Todestag.

Der dreiundzwanzigjährige Davide Campodonico, auf den die *Mafalda* nach dem Landgang auf Saõ Vicente hatte warten müssen, beeilte sich, in seiner Kabine den Fotoapparat und ein paar weitere Gegenstände in ein Köfferchen zu packen, und beleuchtete sich den Weg durch die schiefen Korridore mit *cerini*, Wachshölzchen, wie sie in Italien und Argentinien verbreitet waren. Das Schiff neigte sich immer stärker nach links. Im Licht der Streichhölzchen sah er die verstörten Gesichter der Passagiere, die auf den Gängen lagen. Der Arzt und Rancher Vincenzo Cherubini, der Campodonico acht Tage zuvor auf dem Ausflug in Mindelo begleitet hatte, und seine Nichte Velia waren darunter. Campodonico packte die dreiundzwanzigjährige Signorina Velia, mit der er sich während der Reise befreundet hatte, an der Hand und brachte sie, die den Onkel hinter sich herzog, nach draußen. Campodonico wusste, dass sie das sinkende Schiff so schnell wie möglich verlassen mussten. Obwohl beide Schwimmwesten trugen, waren Velia und besonders ihr Onkel nicht dazu zu bewegen. Als Campodonico den Ruf »Rette sich, wer kann!« vernahm, stürzte er sich ins Meer. Cherubini klammerte sich an die Reling und schrie: »Schufte! Mörder! Ihr habt uns betrogen!«

Die Scheinwerfer der fünf Schiffe, die einen Kranz um die *Mafalda* bildeten, beleuchteten mit gespenstischem Licht den Überlebenskampf der Schiffbrüchigen und warfen Schatten auf die bleichen Gesichter der Menschen, die im Meer herumtrieben. Im von Kohle und Öl verschmierten Wasser schwammen Teile von Möbeln und andere

Bruchstücke des untergehenden Schiffs, das seine Karriere achtzehn Jahre zuvor als Luxusdampfer begonnen hatte.

Chef-Ingenieur Silvio Scarabicchi begab sich in seine Kabine und erschoss sich. Gulì hatte keinen Revolver mehr. Seine Ordonnanz hatte diesen schon am frühen Abend ins Meer geworfen – in der Hoffnung, der Kapitän würde, statt sich umzubringen, das Schiff im letzten Augenblick doch noch verlassen. Simone Gulì soll bis zum Schluss auf der Brücke gestanden haben – mit einer elektrischen Taschenlampe in der Hand. Seinen dritten Schiffsuntergang überlebte er nicht.

Helena Cyrino zog sich aus und sprang als eine der Letzten ins Wasser.

Andrea Botto, der sich bis dahin noch nicht hatte überwinden können, das Schiff zu verlassen, ließ sich endlich an einem Tau ins Wasser gleiten. Er hatte Angst. Seine Haare sträubten sich, die blaue Mütze flog davon. Er zwang sich, ruhig und regelmäßig zu atmen. Dank der Schwimmweste konnte er sich über Wasser halten. Botto griff nach einem Leintuch, das neben ihm im Wasser lag, was sich als wenig hilfreich erwies, dann stieß er auf einen Balken, an dem er sich festhalten konnte. Plötzlich sah Andrea Botto in der Dunkelheit, wie sich der Bug der *Principessa Mafalda* aufstellte, bis er senkrecht in die Höhe ragte und der Hauptmast waagrecht vom Vorschiff abstand. Nach einem Augenblick der Stille schrien wie aus einem Mund alle Menschen auf, die sich noch auf dem Schiff befanden. Nach dem Schrei knallte und krachte alles, was im Schiff barst und fiel und stürzte und auseinanderbrach. Im ganzen Lärm und Getöse war deutlich der Flügel zu hören, der durch das Salondeck flog, aufschlug und zersprang.

Dann sank das Schiff, gut vier Stunden nach dem Verlust des Propellers, in die Tiefe.

Mit dem Heck voran verschwand die *Principessa Mafalda* im Meer – mit ihrer stählernen Schale, ihren Aufbauten und Masten, den Lüftern auf dem obersten Deck und den beiden schwarz-weiß-schwarzen Schornsteinen, mit ihren hölzernen Deckplanken, mit Ankern und Tauen, den Glaskuppeln über Wintergarten, Halle und Speisesaal, den mit Stuck, Täfelung, Gardinen, Gobelins und Teppichen ausgestatteten Räumen der Fahrgäste erster Klasse, den Mehrbettkabinen der zweiten Klasse, den Schlafsälen für die Frauen und Männer der dritten Klasse sowie den Unterkünften für die Besatzung, mit Kommandobrücke,

Funkkabine, Sanitätsstation, Dunkelkammer und Friseursalon, mit Badezimmern und Toiletten, Deckchairs, Rohrstühlen, Bettgestellen, Diwanen, Esstischen, Kommoden, Waschbecken, Spiegeltischchen, Deckenlampen und Tischlämpchen, Zimmerpflanzen, Koffern und Taschen, Ventilatoren und Aufzügen, Kochherden, Küchengeräten, Töpfen, Essgeschirr und Lebensmittelvorräten, mit Postsäcken und Frachtgut und tief im Schiffsbauch mit Kohlebunkern, Heizkesseln, gigantischen Mehrfach-Expansionsmaschinen, zwei Antriebswellen und einem Propeller. Und mit Kapitän Gulì auf der Brücke, dem Bassisten Usai, Signorina Velia, ihrem verzweifelten Onkel und Dutzenden von weiteren Menschen, die das sinkende Schiff nicht verlassen hatten.

In den Augen Andrea Bottos, der auf dem Meer trieb, schloss sich das Wasser über dem Bug der *Principessa Mafalda* wie der Schlund eines Wals, der einen kleinen Fisch verschluckt.

# MARCIA REALE

## *Presse und Prozesse*

Andrea Botto trieb in der dunklen Nacht auf dem Meer, unweit der Stelle, wo die *Principessa Mafalda* untergegangen war und nun rund dreizehnhundert Meter auf Grund sank. Er hatte Angst zu verdursten, zu verhungern oder Haien zum Opfer zu fallen. Er rief um Hilfe. Er hatte Glück – eine Barke der *Formosa* näherte sich ihm und nahm ihn auf. An Bord der *Formosa* erhielt Botto einen Schluck Cognac und fühlte sich wie neu geboren.

Helena Cyrino war eine gute Schwimmerin und bewegte sich aus eigener Kraft auf die *Formosa* zu. Von einem Ertrinkenden, der sich an ihr festhalten wollte, war sie fast erwürgt worden. Sie hatte sich befreien können und erreichte schwimmend schließlich den französischen Dampfer, wo ihr an Bord geholfen wurde und sie Kleider erhielt.

Die Scheinwerfer der Schiffe, die sich an der Bergung der Schiffbrüchigen beteiligten, strichen über das Wasser, die Besatzung der Rettungsboote vermied jedes überflüssige Wort und lauschte auf Hilferufe aus der Nähe und der Ferne. Die Suche ging noch in den frühen Morgenstunden weiter. Pillin, der Cellist, fand Rettung auf der *Mosella*, ebenso der Zweite Offizier Attilio Bocca, der mit Boot Nummer vier mehrmals zur *Mafalda* zurückgekehrt war.

Auch die *Rosetti* beteiligte sich an der Rettungsaktion. Im Morgengrauen fischten Seeleute der *Rosetti* die letzten Schiffbrüchigen aus dem Ozean – darunter Rosa Zambrino, die mit ihrem Söhnchen zu ihrem Mann reisen wollte, der seit einigen Jahren in Buenos Aires lebte. Zambrino hatte sich in einem der Boote der *Principessa Mafalda* zu retten versucht. Nach dem Untergang des lecken Bootes, dessen Ruder fehlten, war es ihr gelungen, sich und ihr zweijähriges Kind stundenlang schwimmend über Wasser zu halten.

Um sechs Uhr ging die Sonne auf, um acht Uhr stellten die Rettungskräfte die Suche ein.

Die *Empirestar*, die drei Tage zuvor in Santos gefrorenes Fleisch geladen hatte, gab die Geretteten an die *Formosa* ab und setzte ihre Fahrt in Richtung Europa fort. Die *Formosa* und die *Alhena* brachten mehrere hundert der Schiffbrüchigen nach Rio de Janeiro, darunter das Ehepaar Bulgarini, das auf seiner Fahrt über den Atlantik gleich zweimal in Seenot geraten war, sowie Davide Campodonico und den Bordfotografen Mario Boero. Die Passagiere der ersten und der zweiten Klasse wurden in Hotels untergebracht, die der dritten Klasse vorerst auf der Ilha das Flores, einer Insel in der Guanabara-Bucht gegenüber Rio, die für Aufnahme, Kontrolle und Abfertigung von Immigranten eingerichtet war. Überglücklich traf Andrea Botto dort seine Frau Margherita und die beiden Töchter wieder. Ebenso seine Schwägerin und seinen Neffen – doch Andreas Bruder Vincenzo war ums Leben gekommen. Weitere Überlebende wurden von der *Mosella* nach Salvador de Bahia und der *Rosetti* nach Pernambuco gefahren.

Dank drahtloser Telegrafie erreichte die Nachricht vom Untergang der *Principessa Mafalda* Europa schon am Morgen nach dem Schiffbruch: »Obwohl die Zeitungen die Nachricht vom Untergang der ›Mafalda‹ erst am Mittwochnachmittag veröffentlichen durften, hatte sich die Kunde in Genua am Mittwochvormittag wie ein Lauffeuer von Mund zu Mund, vom Zentrum der Stadt nach den abgelegensten Vororten verbreitet, und natürlich in der Hafenstadt den stärksten Eindruck gemacht, stammt doch die Mannschaft des verunglückten Schiffes fast ganz aus Genua. Es kam sofort zu einem Auflauf vor der Hafendirektion und vor dem jetzt an der Piazza del Ferrari, dem Mittelpunkt von Genua, gelegenen Sitz der Schiffahrtsgesellschaft, wo die Bestätigung der Katastrophe erst um Mittag bekanntgegeben wurde«, berichtet die *Neue Zürcher Zeitung*. »Große Erleichterung löste dann die Meldung aus, daß fast alle Schiffbrüchigen gerettet wurden.«

Auch am Donnerstag wird das Ausmaß der Katastrophe in Italien verschwiegen: »Fast alle der 1208 Personen an Bord gerettet«, titelt etwa *La Stampa* am 27. Oktober. Am folgenden Tag wird die Zahl der Todesopfer im *Corriere della Sera* mit 34 angegeben, während die internationale Presse die Anzahl der Toten und Vermissten bereits in der Größenordnung von gut dreihundert sieht. Schließlich gibt die Navigazione Generale Italiana die Opferzahl mit 314 an. Neuere Studien schätzen, dass beim Untergang der *Mafalda* noch einige Menschen mehr umgekom-

Noch bevor der Untergang der *Principessa Mafalda* offiziell bekanntgegeben wurde, versammelten sich Angehörige der Mannschaft in Genua vor dem Verwaltungsgebäude der Navigazione Generale Italiana, um Näheres zum Schiffsunglück zu erfahren.

men sind: Von insgesamt 1255 Personen, die sich auf dem Dampfer befanden, sollen 324, also rund ein Viertel, den Tod gefunden haben. Von den 287 Besatzungsmitgliedern haben 255 (89 %) überlebt, von den 821 Passagieren der dritten Klasse 593 (72 %), während 58 (61 %) von den 95 Passagieren der zweiten Klasse mit dem Leben davonkamen und 25 (48 %) von den 52 Personen in der ersten Klasse.

Der Palazzo della Navigazione an der Genueser Piazza De Ferrari, seit 1925 Hauptsitz der Reederei (und heute Sitz der Regierung der Region Ligurien), wurde tagelang von Angehörigen belagert, wie etwa der Berner *Bund* berichtet: »Das Gebäude der Schiffahrtsgesellschaft ist von einer angstvollen Menge Frauen umgeben, von denen einige bereits seit drei Tagen ausharren in der Hoffnung, daß noch Nachrichten von ihren Lieben eintreffen.«

Dem offiziellen Italien kam der Untergang der *Principessa Mafalda*, des langjährigen Flaggschiffs der italienischen Handelsflotte, höchst ungelegen. Zum einen standen die Feierlichkeiten zum fünfjährigen Jubiläum der faschistischen Machtübernahme beziehungsweise des Marschs auf Rom vor der Tür, ein Anlass, bei dem die Leistungsfähigkeit und Geschlossenheit einer erneuerten Nation zelebriert werden sollten. Zum andern stellte das an den Untergang der *Titanic* erinnernde Debakel des ehemaligen Luxusdampfers die Glaubwürdigkeit einer Seefahrernation in Frage, die für sich beanspruchte, eine dominierende Rolle im Mittelmeer und darüber hinaus einzunehmen. Italien sah sich als führende Seemacht und lancierte immer größere Handelsschiffe – am 10. November, zweieinhalb Wochen nach dem Untergang der *Mafalda*, unternahm die *Augustus*, das bislang größte Motorschiff der Welt, unter dem Kommando des ehemaligen *Mafalda*-Kapitäns Francesco Tarabotto seine Jungfernfahrt, die von Genua nach Südamerika führte. Die Konzentration der N.G.I. auf kostspielige, prestigeträchtige Neubauten band Ressourcen, die offenkundig bei der Instandhaltung älterer Schiffe fehlten. Schon auf ihrer dritten Fahrt in Richtung Südamerika musste die *Augustus* übrigens wieder umkehren, noch bevor sie den Atlantik erreichte, da zwei der vier Maschinen ausfielen.

Dionigi Biancardi, der Direktor der Navigazione, der viele Jahre zuvor in seiner damaligen Funktion als Leiter des Lloyd Italiano Guglielmo Marconi an Bord der *Mafalda* begrüßt hatte, wies im Namen der Gesellschaft jegliche Verantwortung für die Tragödie kategorisch von sich. Die *Principessa Mafalda*, erklärte er am 1. November im *Corriere della Sera*, habe Genua fahrtüchtig und in einwandfreiem Zustand verlassen. Zudem sei das Schiff im August eben erst im Dock genauestens überprüft und revidiert worden. Bis zum Unglückstag sei die letzte Fahrt reibungslos verlaufen, taugliche Rettungsmittel seien in ausreichender Zahl vorhanden gewesen.

Die überlebenden Italiener wurden angewiesen, sich keinesfalls kritisch zu den Vorgängen auf dem Unglücksschiff zu äußern und jedwede Bemerkung zu vermeiden, die dem Ansehen Italiens schaden könnte.

Statt die Hintergründe des Untergangs auszuleuchten, besang die italienische Presse das heroische Verhalten einiger Protagonisten. Die beiden Funker, die umgekommen waren, wurden zu Helden stilisiert, wobei unklar bleibt, inwiefern die professionelle Erfüllung ihrer Aufgabe als Funker als herausragende Leistung zu werten ist. Kapitän Simone Gulì wurde zugutegehalten, dass er bis zum Schluss an Bord blieb, und nachgesagt, er habe »Viva Italia!« gerufen, bevor die Wellen über ihm zusammenschlugen, und die Musiker des Schiffsorchesters sollen die *Marcia Reale*, die italienische Nationalhymne, intoniert haben, als die *Mafalda* unterging.

Am 2. November wurden diejenigen Schiffbrüchigen, die auf der *Mafalda* nach Santos, Montevideo und Buenos Aires hatten fahren wollen – und das war der Großteil der Passagiere –, von der *Duca degli Abruzzi*, die bis 1924 unter dem Kommando von Simone Gulì gestanden hatte, in Rio abgeholt.

Ruggero Bauli, mittellos wie so viele Opfer des Schiffsuntergangs, entschied sich, in Rio zu bleiben und zu arbeiten, bis er sich die Weiterfahrt nach Buenos Aires aus eigenen Mitteln leisten konnte. Er hatte im Großen Krieg den Führerschein erlangt und suchte sich eine Beschäftigung als Chauffeur. Nach ungefähr einem Jahr zog er in die argentinische Metropole, wo er sich acht Jahre, bald in leitender Funktion, als Konditor betätigte, bevor er nach Italien zurückkehrte und schließlich in Verona den auf Backwaren spezialisierten Betrieb gründete, der heute noch seinen Namen trägt und Panettone und Pandoro in die ganze Welt exportiert.

Die Besatzungsmitglieder, die den Untergang überlebt hatten, wurden an Bord der *Conte Verde* nach Italien gebracht. An der Stelle, wo die *Principessa Mafalda* gesunken war, hielt das Dampfturbinenschiff zum Gedenken an die Opfer an. Ein Kranz wurde ins Meer geworfen, die 224 Geretteten streckten ihren Arm zum faschistischen Gruß, und Commissario Ferdinando Campera entdeckte zwischen anderen Relikten der *Mafalda*, die im Wasser schaukelten, eine der Kisten, die er nach Südamerika zu bringen beabsichtigt hatte. Mit einem Boot, das zu Wasser gelassen wurde, konnte die Kiste mit den Staatsanleihen geborgen werden.

Am 11. November, wenige Stunden nachdem die *Augustus* zu ihrer ersten Transatlantikfahrt aufgebrochen war, traf die *Conte Verde* in Genua ein. Im Hafen wurde der Dampfer des Lloyd Sabaudo von Renzo Durand de la Penne, dem Direktor dieser Reederei, erwartet.

Unter den Rückkehrern befand sich auch Armando Zaccaria, der erste Elektriker der *Mafalda*, der schon auf der Jungfernfahrt zur Crew des damals von Marchese Durand de la Penne geführten Luxusdampfers gehört hatte. Als Zaccaria an Land kam, rannte seine Frau auf ihn zu, unbeschreiblich erleichtert über das Wiedersehen, und der Elektriker drückte sie so heftig an sich, dass ihr zwei Rippen brachen und sie wochenlang ins Krankenhaus musste.

Auch die Frau des Bassisten des Schiffsorchesters, Alessandro Usai, befand sich in der Menge, die sich bei der Ankunft der *Conte Verde* im Hafen versammelt hatte, bemüht, keines ihrer fünf Kinder aus den Augen zu verlieren. Als sie unter den Männern, die an Land kamen, Carlo Bruschi entdeckte, stürzte sie sich auf ihn: »Bruschi, Bruschi, wo ist mein Mann?«

»Er kommt schon noch, auf einem anderen Schiff«, stammelte der zweite Geiger.

Doch Usai war tot. Auch Giuseppe Delvigo, der Pianist, war tot. Bruschi und Balardo, die beiden Geiger, hatten sich vermutlich im selben Boot wie Karl Vollrath auf die *Alhena* gerettet, lange bevor sie den Untergang mit der Nationalhymne hätten musikalisch begleiten können. Noch am selben Tag, als die *Conte Verde* Genua erreichte, wollte der Verband der Orchestermusiker die Mitglieder des Streichorchesters der *Principessa Mafalda* dafür auszeichnen, dass sie beim Untergang die *Marcia Reale* gespielt hatten. Bruschi lehnte ab, da dies nicht der Wahrheit entsprach.

»Was sollen wir jetzt machen? Die Medaillen liegen bereit. Wer weiß schon, dass es nicht stimmt? Jedenfalls stand es in der Zeitung und lässt Italien in einem guten Licht erscheinen.«

Bruschi sah nicht ein, weshalb er lügen sollte, *per fare bella figura all'Italia*, dann dachte er an die fünf Kinder des Kontrabassisten, die ihren Vater verloren hatten, und gab schließlich nach.

Die im März 1928 auszugsweise veröffentlichte amtliche Untersuchung des Untergangs kam laut der monatlich erscheinenden Hamburger Schifffahrtszeitschrift *Hansa* zu folgendem Ergebnis: »Eine rechtliche Verantwortung bestehe weder zu Lasten der ›Navigazione Generale Italiana‹, noch der an Bord befindlichen Personen, noch der Kontrollinstanzen, da es sich um eine in der Schiffahrt zwar seltene, aber immerhin mögliche Havarie handle; deren tragische Folgen seien durch mangelhafte Instandhaltung einiger Schotten-Schließvorrichtungen und durch ungerechtfertigte pessimistische Befunde über den Zustand des Schiffes verursacht worden. Die Personen, die hierfür eventuell zur Rechenschaft gezogen werden könnten, seien bei der Erfüllung ihrer Berufspflicht mit der ›Mafalda‹ untergegangen.«

Nachdem bekannt geworden war, was im Verlauf der letzten Reise und des Untergangs alles schiefgelaufen war, strengten die Angehörigen des deutschen *Mafalda*-Opfers Fritz-Henning von Lücken einen Prozess gegen die N.G.I. an. Doch das zuständige italienische Gericht wies die Klage ab und teilte den Standpunkt, dass der Reederei nichts vorzuwerfen sei und Kapitän Gulì, der nicht mehr behaftet werden konnte, die Verantwortung für das Missgeschick trug.

Für die Angehörigen der Opfer war es nur schwer nachzuvollziehen, weshalb die Reederei nicht einmal für die Zahlung von Schmerzensgeld zur Verantwortung gezogen werden konnte. Edmond Bille, der seinen Sohn Jacques verloren hatte, empörte sich, dass er als Autofahrer im Falle eines von ihm verursachten Verkehrsunfalls mit Todesfolge eine Genugtuung zu leisten hätte, die N.G.I., deren Fahrzeug hunderte von Menschen in den Tod gerissen hatte, jedoch ungeschoren davonkam.

Nach dem Untergang hatte Jacques' Familie tagelang gehofft, dass der junge lebensfrohe Walliser zu den Überlebenden zählte. Doch von Jacques kam kein Lebenszeichen mehr. Sein letzter Brief traf am 11. November aus São Vicente in Sierre ein, als bereits Gewissheit bestand, dass der Absender umgekommen war.

Edmond Bille entschloss sich Anfang Januar 1928, gemeinsam mit den Familien zweier anderer Schweizer Todesopfer, Edmond Grandjean und Wilhelmina Bucherer, gerichtlich gegen die Reederei vorzugehen. Da dies vor italienischen Gerichten aussichtslos erschien, versuchten die Familien Grandjean, Bille und Bucherer einen Gerichtsstand in der Schweiz zu erreichen, was ihnen in einem jahrelangen Prozedere auf raffinierte Weise schließlich auch gelang – dabei spielte das Rechtsmittel des Arrests, das der Sicherung von Vermögenswerten im Zusammenhang mit einer Geldforderung dient, eine zentrale Rolle.

Zuerst versuchte Carl E. Bucherer, Minas Witwer, »durch Erwirkung eines Arrestes auf das Guthaben der N.G.I. bei deren Generalvertreterin, d.i. der Schweiz-Italien A.G, den Gerichtsstand des Arrestes und damit eine Klagemöglichkeit gegen die N.G.I. herbeizuführen«, wie der Anwalt der Geschädigten erklärt. Dies scheiterte jedoch, da die N.G.I. über kein Guthaben bei ihrer Agentur in der Schweiz verfügte. Bucherer wurde daher verpflichtet, der N.G.I. 2000 Schweizer Franken zu bezahlen – dabei handelte es sich wohl um die Prozesskosten und eine Entschädigung. Bucherer verweigerte die Zahlung vorerst, worauf die N.G.I. in Luzern eine Betreibung einleitete. Anschließend überwies Bucherer die geforderte Summe an das Luzerner Betreibungsamt, gleichzeitig erwirkte der Anwalt von Grandjean, Bille und Bucherer einen Arrest auf diesen Betrag, der der N.G.I. zustand. Damit konnten die betroffenen Familien Entschädigungsansprüche gegen die N.G.I. in Luzern einklagen. Die Reederei rekurrierte bis vor die höchste eidgenössische Instanz, doch das Bundesgericht erklärte den Arrest am 18. September 1930 für rechtsgültig und bestätigte den Gerichtsstand Luzern.

Unterdessen hatte jedoch das Kassationsgericht, die höchste Gerichtsinstanz Italiens, der Klage von Lücken Recht gegeben, worauf sich die Reederei mit der Frau und der Mutter des Verstorbenen außergerichtlich auf die Zahlung einer Abfindung einigte.

Um in Luzern ebenfalls einem Gerichtsentscheid beziehungsweise einer Verurteilung zu entgehen, schlug das Rechtsbureau der N.G.I. auch den Familien von Wilhelmina Bucherer, Jacques Bille und Edmond Grandjean einen Vergleich vor. Die Geschädigten ließen sich darauf ein – über die Höhe der Entschädigung ist nichts bekannt. Da die N.G.I. eine Verurteilung um jeden Preis vermeiden wollte, ist anzunehmen, dass das Schmerzensgeld großzügig bemessen war.

Viele der Überlebenden litten unter posttraumatischen Belastungsstörungen. »Lorenzo Zeffrino Daverio«, berichtet Giuseppe Trevisani 1956 im *Europeo*, »ein Maurer aus der Region Varese, befand sich unter den Emigranten auf der *Mafalda*. Er zählt dreiundsiebzig Jahre und der Nervenschock, den er vor achtundzwanzig Jahren beim Untergang erlitt, machte ihn in der Folge arbeitsunfähig. Er blieb zehn Monate in Argentinien und musste dann nach Italien zurückkehren, denn er hatte Angst, alleine zu schlafen.«

Nach den Erinnerungen von Lorenz Hagenbeck war Karl Vollrath in der Nacht des 25. Oktobers ergraut.

»Das letzte Opfer eines Schiffbruchs«, titelten Zeitungen Anfang Mai 1929. Ernesto Lovato, der den Untergang der *Mafalda* überlebt hatte, beging in Rio de Janeiro Suizid. Der fünfundzwanzigjährige Italiener, der eine Arbeit als Nachtwächter in einer Wäscherei gefunden hatte, wurde auch nach mehr als anderthalb Jahren auf unerträgliche Weise von den schrecklichen Bildern und Szenen gequält, die er während des Untergangs erlebt hatte, und setzte seinem Leben am Morgen des 1. Mai ein Ende, indem er sich mit einem Revolver in die Stirn schoss.

Edmond Bille schenkte der Pfarrkirche von Chandolin im Val d'Anniviers unweit von Sierre 1935 ein Glasfenster, das Jakob zeigt, den Namenspatron seines verlorenen Sohnes, und Christophorus, den Schutzheiligen der Reisenden. Darunter steht: »À la mémoire de Jacques Bille, disparu en mer le 25 octobre 1927«, darüber geht in einem kleinen Rundglas die *Mafalda* unter.

2005 lancierte das nach Carl F. Bucherer, dem Schwiegervater von Wilhelmina Bucherer-Heeb, benannte Unternehmen Mimi zu Ehren eine luxuriöse, auf siebzig Exemplare limitierte und mit 528 Brillanten besetzte Armbanduhr im Art-déco-Stil: *Tribute to Mimi*.

Am 30. Oktober 1927, wenige Tage nach dem Untergang des nach ihr benannten Dampfers, gebar Prinzessin Mafalda ihren zweiten Sohn Enrico. Rechts im Bild der um ein gutes Jahr ältere Maurizio.

## MIT GÖRING AUF CAPRI

*Von Bulgarien nach Buchenwald*

Wie Prinzessin Mafalda die Nachricht vom Untergang der *Principessa Mafalda* aufgenommen hat, ist nicht überliefert.

Nicht nur die *Principessa Jolanda*, das Mafaldas älterer Schwester gewidmete Schwesterschiff der *Principessa Mafalda*, war auf Grund gelaufen, vor den Augen des Königspaars, auch zwei weitere Dampfer mit majestätischen Namen fielen während des Ersten Weltkriegs feindlichen Torpedos zum Opfer: Die *Regina Elena* und die *Principe Umberto* – beides rund 145 Meter lange Transatlantikliner der Navigazione Generale Italiana, die als Truppentransporter im Einsatz waren. Während die 1907 gebaute *Regina Elena* im Januar 1918 auf der Fahrt vom eritreischen Massaua nach Tripolis unweit der libyschen Küste versenkt wurde, ging die zwei Jahre jüngere *Principe Umberto* im Juni 1916 nach dem Beschuss durch ein U-Boot der österreichisch-ungarischen Marine unweit der albanischen Hafenstadt Vlora unter und riss über 1900 Soldaten und Besatzungsmitglieder in den Tod.

Als der Dampfer, der ihren Namen trug, unterging, stand Mafalda kurz vor der Geburt ihres zweiten Kindes: Sie gebar Enrico am 30. Oktober 1927 in Rom. »Prinzessin Mafalda«, notiert die *Neue Zürcher Zeitung* am 1. November, »die zweite Tochter des Königs von Italien, die mit einem Prinzen von Hessen verheiratet ist, hat einem Knäblein das Leben geschenkt.« In der Abendausgabe vom selben Tag befasst sich die *Zürcher Zeitung* mit denjenigen Schweizer Passagieren der *Principessa Mafalda*, die »noch nicht zum Vorschein gekommen sind«, und meldet den Verlust von 34 Postsäcken mit Briefen und 14 mit Paketen aus der Schweiz.

Enrico wuchs wie sein ein gutes Jahr älterer Bruder Maurizio sowohl in Italien als auch in Deutschland auf. Dort waren sie unter den Namen Moritz und Heinrich bekannt. Er veröffentlichte 1992 ein Buch mit Erinnerungen an seine »deutsch-italienische Jugend 1927–1947« –

eine der wenigen Quellen, die einen Einblick in das private Leben der hessisch-savoyischen Familie erlauben.

Die beiden Knaben hingen sehr an ihrer Mutter. »Meine Mutter«, schreibt Heinrich, »war immer bereit, uns gegenüber ›klein beizugeben‹, mein Vater weitaus weniger. Ich glaube, das Höchstmaß an mütterlicher Nachgiebigkeit uns Kindern gegenüber war eines Abends erreicht, als sie im Badezimmer erschien, um uns eine gute Nacht zu wünschen, ausgehfertig und in großer Garderobe.

Moritz und ich saßen in der Wanne, während unser Vater im Smoking bereits an der Haustür stand und nach ihr rief. Wir wollten sie aber auf keinen Fall gehen lassen und flehten und bedrängten sie so sehr, dass ihr schließlich nichts anderes übrigblieb, als selbst in die Wanne zu steigen – juwelenbehängt und im Abendkleid.«

Auch nach ihrer Heirat mit dem hessischen Prinzen trat Mafalda als Repräsentantin des italienischen Königshauses in Erscheinung, insbesondere bei Musik- und Sportereignissen. 1928 finden wir die Prinzessin anlässlich der Sommerolympiade in Amsterdam, wo sie dem italienischen Team, das auf dem Dampfer *Solunto* einquartiert ist, in Begleitung ihres Gemahls einen Besuch abstattet.

In späteren Jahren, schreibt Sohn Enrico, »entschloss sich meine Mutter, zu ihrer Zerstreuung Unterricht in klassischem Tanz zu nehmen, und ich durfte ihr dabei zusehen. Es kostete sie große Mühe und höchste Konzentration, doch sie war stolz auf das Ergebnis ihrer Anstrengungen.« Wurde sie schon anlässlich ihrer Heirat als Multiinstrumentalistin bewundert, die Klavier, Violine, Mandoline und Gitarre spielte, so entwickelte sie mit der Zeit – wieder nach Enricos Erinnerungsbuch – eine wahre Leidenschaft für die Harfe: »Sie brachte es darin zu beträchtlichem Können.«

Die Prinzessin besuchte regelmäßig die Oper in Rom, wo eine Loge für die königliche Familie reserviert war. Das Opernhaus, das lange Zeit privat geführte Teatro Costanzi, wurde 1926 von der Stadt übernommen, renoviert und im Februar 1928 als Teatro Reale dell'Opera wiedereröffnet. Emma Carelli, die Partnerin des in Italien und Südamerika tätigen Impresario Walter Mocchi, hatte die Oper seit 1912 mit großem Einsatz und Erfolg geleitet und gehofft, das Haus auch nach dem Umbau führen zu können, wurde jedoch Ende Juni 1926 per 31. Juli entlassen. Carellis Entlassung und die Übertragung des Managements der Oper an einen

Mann entsprach der Verfestigung des traditionellen Frauenbildes im faschistischen Italien – Frauen hatten auf leitende Positionen zu verzichten und sich auf dienende Funktionen zu beschränken. Ihre Aufgaben bestanden im Wesentlichen darin, den Männern das Leben zu verschönern, den Rücken freizuhalten sowie der Nation Nachwuchs zu liefern.

Weil sie eine Frau war, musste Emma Carelli, Walter Mocchis Partnerin, 1926 die Leitung der Oper in Rom aufgeben.

»Ich hatte drei Leidenschaften«, teilte Emma Carelli einem Freund mit, »Walter Mocchi, das Teatro Costanzi und dieses verdammte Auto, das mich eines Tages zerquetschen wird.«

Der ehemalige Linkssozialist Walter Mocchi, der 1926 der faschistischen Partei beigetreten und 1927 eine Beziehung mit der brasilianischen Sängerin Bidu Sayão eingegangen war, hatte Carelli verlassen. Aus der Oper wurde sie vertrieben, und als sie am 17. August 1928 in ihrem Auto von Siena nach Rom unterwegs war, kam sie im Alter von einundfünfzig Jahren bei einem Verkehrsunfall ums Leben.

Wie Mocchi blieb Guglielmo Marconi dem faschistischen Regime eng verbunden. 1923 trat er der faschistischen Partei bei, einige Jahre später übernahm er den Vorsitz des Nationalen Forschungsrats sowie der 1926 gegründeten Reale Accademia d'Italia, der auch Luigi

Pirandello angehörte. Als Marconi 1927 in zweiter Ehe Maria Cristina Bezzi-Scali heiratete, fungierte Benito Mussolini als Trauzeuge. Und als dem zehn Jahre später verstorbenen Erfinder bei der Villa Griffone, wo er aufgewachsen war, ein Mausoleum errichtet wurde, ließ der Duce, wie heute noch zu sehen ist, in großen Lettern in den Stein meißeln: »Mit seiner Erfindung prägte er eine Epoche der Menschheitsgeschichte«, anschließend signiert in kleineren Buchstaben: »Mussolini«.

In ihrer Marconi-Biografie *Marconi My Beloved* (it.: *Mio marito Guglielmo*) berichtet Maria Cristina von einem Besuch des savoyisch-hessischen Ehepaars auf der *Elettra* im Yachthafen von Genua im Frühling 1929. Marconi hatte die gut sechzig Meter lange Yacht, ein Dampfschiff, nach dem Großen Krieg erworben, zu einem Wohn- und Forschungsschiff umbauen lassen.

»Prinz Philipp von Hessen war ein unterhaltsamer Gesprächspartner«, schreibt Maria Cristina Marconi, und Mafalda, die ihr einen fröhlichen und wachen Eindruck machte, »schätzte die spezielle Atmosphäre an Bord«. Nach dem Essen zeigte Marconi seinen Gästen die Empfangs- und Sendeanlagen. Sie lauschten Signalen aus fernen Ländern. Philipp und Mafalda waren begeistert.

Philipp wurde im Herbst 1930, kurz nach den deutschen Reichstagswahlen, bei denen die Nationalsozialisten hinter der SPD zur zweitstärksten Partei wurden, Mitglied der Nationalsozialistischen Deutschen Arbeiterpartei – ein Schritt, der im Kreis des deutschen Adels bereits vor der Machtergreifung keineswegs ungewöhnlich war. Die NSDAP suchte die Unterstützung des Adels, um durch den Zuspruch der alten Obrigkeit gewissermaßen Salonfähigkeit zu erlangen, während sich die Vertreter des Adels durch den Beitritt attraktive Positionen in Gesellschaft und Armee versprachen. Zudem hegten Partei und ein Großteil des Adels eine konservative, antidemokratische und antisemitische Grundhaltung.

Philipp von Hessen trat auch der SA bei und pflegte eine enge Beziehung zu Hermann Göring, später auch zu Adolf Hitler. Nach der Machtergreifung der NSDAP 1933 trug Göring Philipp das Amt des Oberpräsidenten von Hessen-Nassau an, das dieser nach einigem Zögern übernahm. Als Oberpräsident hatte Prinz Philipp eher die Funktion eines Repräsentanten als eines Entscheidungsträgers, überhaupt wurde das Ehepaar Hessen nun gerne als Dekoration bei allerlei Anlässen eingesetzt, wie Karl Wolff, General der Waffen-SS, nach dem Krieg bemerkte: »Man hat sie häufig zu größeren Versammlungen und Kundgebungen geladen und ihnen dann dementsprechende Plätze zugeteilt, damit sie überall gesehen wurden.«

Prinz Philipp war nun hauptsächlich in Deutschland tätig. Auch Mafalda und die beiden Söhne verbrachten einen großen Teil ihrer Zeit in Kassel, bis die Prinzessin nach einer Lungenentzündung auf ärztlichen Rat hin das ihrer Gesundheit abträgliche deutsche Klima besonders im Winter mied und ihren Hauptwohnsitz 1937 wieder nach Rom verlegte.

Mafalda wurde durch ihre Heirat zur deutschen Staatsbürgerin, trat als zahlendes Mitglied der NS-Frauenschaft bei und nahm als Gattin des hessischen Oberpräsidenten und Vertrauten von Göring und Hitler eine wichtige gesellschaftliche Funktion im Dritten Reich ein, blieb aber nach wie vor auch eine Exponentin des italienischen Königshauses und zeigte sich weiterhin zu Sportanlässen oder politischen Kundgebungen.

1934 finden wir Mafalda in Begleitung ihrer beiden Söhne bei der Fußball-Weltmeisterschaft, auf der Ehrentribüne im Stadio Nazionale del Partito Nazionale Fascista in Rom, unmittelbar neben Benito Mussolini. Das Turnier wurde wie vorgesehen von der italienischen Mannschaft gewonnen, was allerdings nur dank zahlreicher absichtlicher Fehlentscheide einiger sehr parteiischer Schiedsrichter ermöglicht werden konnte. Im Viertelfinale hütete der »göttliche« Ricardo Zamora, der mit Carlos Gardel befreundet und 1926 mit einem Team aus Spanien auf der *Principessa Mafalda* nach Südamerika gereist war, das spanische Tor gegen Italien. Er rettete ein 1:1-Unentschieden über die Runden, obwohl er von seinen Gegnern dermaßen hart angegangen wurde, dass ihm die Ärzte mit Rücksicht auf seine dabei erlittenen Verletzungen verboten, das Wiederholungsspiel am folgenden Tag zu bestreiten. Dieses wurde von Italien 1:0 gewonnen. Der Schiedsrichter, ein Tessiner, verweigerte der spanischen Mannschaft zwei reguläre Tore sowie zwei Elfmeter und ließ beim einzigen anerkannten Treffer massive Behinderungen des spanischen Ersatztorhüters zu. Die Spanier standen nach den tätlichen Attacken der Italiener am Ende des Spiels gerade noch zu acht auf dem Feld – Einwechslungen waren damals nicht erlaubt.

Als Mussolini Anfang Mai 1936 vom Balkon des Palazzo Venezia den auf dem Platz versammelten hunderttausend Anhängern den Sieg über das im Oktober des Vorjahrs überfallene Äthiopien verkündete, waren, wie die *New York Times* bemerkt, Mafalda und ihre Schwester Maria gut sichtbar in einem der Fenster des Palastes platziert. Ihr Vater, König Vittorio Emanuele, wurde zum Kaiser von Abessinien ernannt – und sein Enkel Heinrich in Deutschland von Mitschülern als »Negerprinz« verspottet. Der Krieg gegen Äthiopien wurde von Italien mit äußerster Brutalität geführt. Rund eine Viertelmillion Menschen erlitten einen qualvollen Tod durch das von der italienischen Armee eingesetzte Giftgas, auf das zu verzichten sich Italien wie andere Nationen nach den schrecklichen Erfahrungen während des Ersten Weltkriegs verpflichtet hatte. Guglielmo Marconi, der sich im Herbst 1935 auf einer Südamerikareise befand, verteidigte vor amerikanischen Radiostationen und der internationalen Presse den Überfall auf das ostafrikanische Land, dem Italien nun die Zivilisation bringe. Auch nach der Besetzung der Hauptstadt Addis Abeba fielen tausende von Zivilisten den Massakern der Besatzungsmacht zum Opfer. Luigi Pirandello spendete die Medaille, die er 1934 anlässlich der Verleihung des Literatur-Nobelpreises erhalten hatte, für die im Rahmen des Kriegs veranstaltete Edelmetallsammlung.

Carlo Emilio Gadda behauptete in den sechziger Jahren, sich seit dem Krieg in Äthiopien vom Faschismus abgewandt zu haben. In der Tat verhöhnte er in seinem ab 1938 in Fortsetzungen erschienenen Roman *Die Erkenntnis des Schmerzes* den Faschismus als »Wach- und Schließgesellschaft«. Bis zur Absetzung Mussolinis unterließ es Gadda jedoch nicht, in seinen journalistischen Arbeiten dem Regime jeweils seine Reverenz zu erweisen.

Als Nationalsozialist und in die italienische Königsfamilie eingeheiratetes Mitglied des deutschen Hochadels übernahm Philipp eine wichtige Rolle als Brückenbauer zwischen der Führung des Dritten Reichs und dem faschistischen Italien. War es Philipp vor der Ernennung Adolf Hitlers zum Reichskanzler Ende Januar 1933 nicht gelungen, Mussolini zur Unterstützung der NSDAP und zum Empfang hochrangiger Parteigenossen zu bewegen, so konnte er im April 33 ein Treffen zwischen Benito Mussolini und Reichsminister Hermann Göring arrangieren, der Nummer zwei in der nationalsozialistischen Hierarchie. Göring traf mit einem Sonderflug in Rom ein und wurde auf dem Flughafen von Philipp von Hessen (in SA-Uniform) und Mafalda empfangen und in einer königlichen Staatskarosse zur Villa Polissena, dem italieni-

Mussolinis Staatsbesuch in Deutschland 1937: »Die Garanten des Friedens«. SA-Mitglied Philipp von Hessen spielte eine wichtige Rolle beim Aufbau der engen Beziehung zwischen den faschistischen Regimes Italiens und Deutschlands und der Achse Berlin–Rom.

schen Domizil der savoyisch-hessischen Familie, begleitet, wo Göring während seines Aufenthalts in Rom untergebracht war.

Trotz ideologischer Nähe war es nicht selbstverständlich, dass Italien und Deutschland aufeinander zugingen – im erst wenige Jahre zurückliegenden Krieg waren sich die beiden Länder als Feinde gegenübergestanden, und in aktuellen Fragen bestand Uneinigkeit. So arbeitete das nationalsozialistische Deutschland auf eine Vereinigung mit Österreich hin, während Italien Österreich als Pufferstaat sah, der den mächtigen Nachbarn im Norden auf Distanz hielt. In den dreißiger Jahren wurde Philipp von Hessen immer wieder beauftragt, zwischen der deutschen und der italienischen Führung zu vermitteln und Botschaften und Briefe hin- und herzubringen, häufig als Eilbote im Flugzeug.

Mit Göring war nicht nur Philipp, sondern auch Mafalda eng verbunden. Die beiden zählten zur Begleitung des frisch vermählten Paars Hermann Göring und Emmy Sonnemann, das 1935 eine Hochzeitsreise auf den Balkan unternahm, die der Stärkung der wirtschaftlichen und politischen Position Deutschlands in Südosteuropa diente. 1936 besuchten Mafalda, Philipp und die beiden Jungen Moritz und Heinrich die Görings in Carinhall, deren repräsentativem Anwesen. »Das Anwesen war sehr groß«, schreibt Heinrich in seiner Autobiografie, »ich erinnere mich an Wälder und Wiesen, wo es gewaltige Tiere von furchterregendem Aussehen gab, die mir bis dahin unbekannt gewesen waren. Mein Vater sagte, es seien Wisente – wilde Tiere; als von wilden Tieren die Rede war, fiel es meiner Mutter ein, uns vor einem jungen Löwen zu warnen, dem wir möglicherweise begegnen würden: Göring lasse ihn durchs Haus streifen, als wäre er ein Hund. ›Ich warne euch‹, sagte sie, ›passt auf! Das letzte Mal, als wir zu Besuch waren, hat das Löwenjunge mich angesprungen und den Ärmel meines Leopardenmantels abgerissen!‹« Und wirklich sprang der junge Löwe nach dem Essen durch den Saal und »beroch jeden der Anwesenden sehr gründlich. Zu Tode erschrocken klammerte ich mich an meine Mutter.«

Der Besuch auf Carinhall fand kurz nach der von Mafalda mitverfolgten Sommerolympiade in Berlin statt, zu deren Eröffnung eine von Richard Strauss komponierte olympische Hymne erklungen war. Im Jahr zuvor hatte Richard Strauss sein im November 1933 übernommenes Amt als Präsident der neu geschaffenen Reichsmusikkammer abgegeben (nicht zuletzt, weil er die Zusammenarbeit mit seinem nichtarischen Librettisten Stefan Zweig gerne weitergeführt hätte), er blieb jedoch ein Aushängeschild des Dritten Reichs und pflegte Kontakte zu den höchsten Kreisen des NS-Regimes. Als ihm der kunstsinnige Hans Frank 1943 geholfen hatte, die in der geräumigen Villa des Komponisten vorgesehene Einquartierung von obdachlosen Bombenopfern zu verhindern, bedankte sich Strauss mit einem Kanon beim Generalgouverneur des besetzten Polen, der 1946 in Nürnberg für seine Mitschuld am Tod von über drei Millionen Menschen erhängt wurde:

»Wer tritt herein so fesch und schlank?
Es ist der Freund Minister Frank.
Wie Lohengrin von Gott gesandt,
hat Unheil er von uns abgewandt.
Drum ruf ich Lob und tausend Dank
dem lieben Freund Minister Frank.«

1937 war Strauss für zwei Tage bei Philipp von Hessen zu Gast, als in Kassel eine seiner Opern aufgeführt wurde.

Im gleichen Jahr verbrachte das Ehepaar Göring ein paar Ferientage bei Philipp und Mafalda auf Capri, wo die beiden eine Villa besaßen. Auch Mafaldas Bruder, Kronprinz Umberto, traf sich mit den prominenten Urlaubern zum Essen. »Auf der einzig schönen Insel Capri«, heißt es in einer 1941 erschienenen Göring-Biografie, »umdrängt und umjubelt ihn die Bevölkerung derart, daß er sich ihrer Kundgebungen und ihrer Begeisterung kaum erwehren kann.«

Unmittelbar vor dem Einmarsch der Wehrmacht in Österreich übergab Adolf Hitler am 11. März 1938 Philipp von Hessen in der Reichskanzlei einen Brief, der Mussolini gegenüber den Anschluss Österreichs rechtfertigen sollte. Philipp flog nach Rom, überreichte Mussolini das Schreiben des Führers und rief Hitler noch in der gleichen Nacht um 22.25 Uhr an:

> Hessen: »Ich komme eben zurück aus dem Palazzo Venezia. Der Duce hat die ganze Angelegenheit sehr, sehr freundlich aufgenommen. Er lässt Sie sehr herzlich grüßen.«
>
> Hitler: »Dann sagen Sie Mussolini bitte, ich werde ihm das nie vergessen.«
>
> Hessen: »Jawohl.«
>
> Hitler: »Nie, nie, nie, es kann sein, was sein will ... Wenn die österreichische Sache jetzt aus dem Weg geräumt ist, bin ich bereit, mit ihm durch dick und dünn zu gehen, das ist mir alles gleichgültig.«
>
> Hessen: »Jawohl, mein Führer.«

Felix Weingartner, der noch wenige Wochen vor dem von ihm befürchteten Anschluss gelegentlich in Wien tätig war, gelang es, sich rechtzeitig in die Schweiz abzusetzen. Dort hat er seine fünfte und letzte Frau, die junge Dirigentin Carmen Studer, kennengelernt.

Als Adolf Hitler am 5. Mai 1938 zu einem Staatsbesuch nach Italien reiste, spielte der Hessenprinz schon im Vorfeld eine wichtige Rolle: »Philipp half bei Vorbereitungen und beim Ablauf und begleitete Hitler auf einigen Etappen. Immer wieder wurden Philipp und Mafalda vor aller Augen in unmittelbarer Nähe Hitlers, des Königs und Mussolinis platziert«, schreibt der Historiker Jobst Knigge in seiner Arbeit über Prinz Philipp, »Hitlers Sonderbotschafter für Italien«.

Im September 1938 nahm Hessen in München an den Verhandlungen teil, an welchen sich die Premierminister Englands und Frankreichs mit den Diktatoren Deutschlands und Italiens darauf einigten, dass die Tschechoslowakei das Sudetengebiet an Deutschland abzutreten hatte. Als Hitler später das annektierte Sudetenland besuchte, war der Hessenprinz im Gefolge.

Im Juni 1939 schließlich, kurz vor Ausbruch des Kriegs, besuchte Hitler Philipp und Mafalda in Kassel. Philipp bewunderte den Führer. Als Oberpräsident von Hessen-Nassau hatte er die Landesheilanstalt Hadamar der für die Tötung psychisch Kranker zuständigen Berliner Zentraldienststelle zu überschreiben, doch Philipp zögerte. Laut eigener Aussage im Verlauf des Entnazifizierungsverfahrens nach Kriegsende war ihm die gerade von kirchlichen Kreisen schon 1940 unüberhörbar geäußerte Kritik am Euthanasieprogramm bekannt. Schließlich wandte sich Hessen an Hitler persönlich, der ihm in der Reichskanzlei unter vier Augen erklärte, das Tötungsprogramm sei absolut nötig und ihm, Philipp, mangle es an der in Kriegszeiten notwendigen Härte.

Bis zum Sommer 1941 wurden 10 000 Menschen in grauen Bussen nach Hadamar gebracht und in der im Untergeschoss eingerichteten Gaskammer ermordet. Ihre Leichen wurden vor Ort kremiert. In den folgenden Jahren wurden in Hadamar mehrere Tausend Personen durch Hungerkost oder überdosierte Medikamente getötet.

Italien trat im Juni 1940 an der Seite Deutschlands in den Krieg ein – in einer Phase, als die Wehrmacht an allen Fronten erfolgreich war und es sich Mussolini vor dem vermeintlich kurz bevorstehenden Kriegsende nicht nehmen lassen wollte, sich an die Seite des sieggewohnten Verbündeten aus dem Norden zu stellen.

Der italienischen Armee, der es nach den Feldzügen in Libyen und Abessinien sowie der Unterstützung für General Franco im Spanischen Bürgerkrieg nicht gelungen war, die verlorenen Rüstungsgüter zu ersetzen, fehlte es allerdings an Schlagkraft.

Wie ihre Mutter im Ersten Weltkrieg unternahm Prinzessin Mafalda nun häufig Besuche bei Soldaten, die verletzt in den Lazaretten lagen. »Und stets war es ihr darum zu tun, die Verwundeten aufzumuntern«, berichtet Sohn Heinrich. »Ich erinnere mich daran, dass sie eines Tages – es war Sommer –, als sie wieder einmal ins Krankenhaus kam, einen Eisverkäufer mit seinem Wagen herbestellt hatte! Und wie sehr sie sich freute, ihn ins Krankenhaus hereinzuholen, ihn die Runde durch alle Zimmer machen, an alle Betten treten zu lassen, damit die bettlägerigen Patienten sich die Sorten auswählen konnten, die sie am liebsten hatten. Den Soldaten gefiel das sehr.«

Mafaldas Mann scheint während des Kriegs kaum mehr politische Missionen übernommen zu haben. Er war jedoch als Kunstagent für Hitler tätig und erwarb in Italien Gemälde für ein in Linz geplantes großes Museum, unter anderem von Meistern wie Tizian, Tintoretto und Canaletto.

Als die Streitkräfte der Alliierten im Juli 1943 in Sizilien landeten und Italien vom Süden her einzunehmen begannen, regte sich zunehmend Widerstand gegen Mussolini und das faschistische System, dessen Leistungsfähigkeit in keiner Weise der großmäuligen Rhetorik des Duce entsprach. Am 25. Juli 1943 beschloss der Große Faschistische Rat, Mussolini abzusetzen. Am gleichen Tag ließ Vittorio Emanuele den Diktator vor der königlichen Villa verhaften.

Titta Ruffo freute sich über den Sturz des Diktators. Der Bariton, der in Buenos Aires Carlos Gardels Talent entdeckt und gefördert haben soll und nach der Ermordung seines Schwagers, des sozialistischen Abgeordneten Giacomo Matteotti, nur noch außerhalb Italiens aufgetreten war, öffnete in seiner Florentiner Wohnung das Fenster und intonierte die Marseillaise. Ruffo war 1937 nach Denunziationen in Italien festgehalten worden, die unter anderem von Walter Mocchi unterzeichnet worden waren.

Mafalda hatte nichts geahnt von der bevorstehenden Verhaftung Mussolinis – laut dem Bericht ihres Sohnes Heinrich fiel sie aus allen Wolken, als sie davon erfuhr.

Philipp von Hessen verbrachte den Sommer 1943 im unter dem Namen »Wolfsschanze« bekannten Führerhauptquartier beim ostpreußischen Rastenburg. »Oft wurde er mitten in der Nacht von einem SS-Offizier geweckt und zu Hitler gerufen, der unter Schlaflosigkeit litt und sich zu unterhalten wünschte«, berichtet Prinz Heinrich. »Er traf ihn stets nervös und erregt an, offenbar nicht so sehr wegen der besorgniserregenden politischen Situation, als vielmehr wegen seiner zukünftigen Pläne für Linz, der oberösterreichischen Stadt unweit seines Geburtsortes. Er wollte sie zum Zentrum der Welt machen und ein spektakuläres Kunstmuseum dort einrichten.«

»Als der Prinz nach einigen Tagen wieder abfahren wollte, erklärte ihm Hitler unverblümt, daß er sich nicht aus dem Hauptquartier entfernen könne«, erinnert sich der damalige Rüstungsminister Albert Speer und ergänzt, dass Philipp nach wie vor mit »größter äußerer Höflichkeit« behandelt und von Hitler zu gemeinsamen Mahlzeiten eingeladen wurde.

Mitte August hatte Philipp die Gelegenheit, sich einige Minuten mit König Boris von Bulgarien zu unterhalten, der zu einer Lagebesprechung in der Wolfsschanze eintraf. Boris III. war mit Giovanna verheiratet, Mafaldas Lieblingsschwester. Bulgarien war zwar mit Deutschland verbündet, weigerte sich jedoch, der Sowjetunion den Krieg zu erklären und die im Lande ansässigen Juden den Vernichtungslagern zuzuführen.

Nach seiner Rückkehr erkrankte König Boris und fiel ins Koma. Als Mafalda vom Zustand ihres Schwagers erfuhr, fuhr sie unverzüglich mit dem Zug nach Sofia. Als sie dort ankam, war der König bereits tot. Er war am 28. August unter letztlich ungeklärten Umständen gestorben. Seine Witwe war bis zu ihrem Tod im Jahr 2000 der Überzeugung, dass ihr Mann einer Vergiftung zum Opfer gefallen war.

Als Mafalda nach ihrem Besuch in Bulgarien zurückkehrte, war Italien nicht mehr das gleiche Land, das sie wenige Wochen zuvor verlassen hatte. Denn am 8. September, 45 Tage nach der Absetzung Mussolinis, erfolgte die Bekanntgabe des Waffenstillstandes mit den Alliierten durch Marschall Pietro Badoglio, der als Nachfolger Mussolinis das Amt des Ministerpräsidenten übernommen hatte. Badoglio war einer der Verantwortlichen gewesen für die Gräuel der italienischen Streitkräfte in Libyen und Äthiopien.

Unmittelbar nach dem Waffenstillstand zerfiel Italien in drei Teile:

Der Süden befand sich unter alliierter Kontrolle. Dort hielten sich der König und Marschall Badoglio auf.

Im Norden entstand im Herbst 1943 die *Repubblica Sociale Italiana*, ein Marionettenstaat von Deutschlands Gnaden, als dessen Staatsoberhaupt und Regierungschef der von einem deutschen Einsatzkommando aus der Gefangenschaft befreite Benito Mussolini diente. Unterstützt wurde Mussolinis Sozialrepublik, deren Regierungssitz sich in Salò am Gardasee befand, unter anderem von ehemaligen Sozialisten. Walter

Mocchi engagierte sich für die Republik von Salò, ebenso Nicola Bombacci, der die Kommunistische Partei Italiens mitbegründet hatte und später zum Faschismus konvertiert war. Seine Leiche wurde am Ende des Kriegs zusammen mit den Leichen Mussolinis, dessen Geliebter Clara Petacci und einiger weiterer faschistischer Größen kopfüber am Dach einer Tankstelle auf dem Mailänder Piazzale Loreto aufgehängt. Mocchi, der das Manifest der Republik von Salò mitverfasst hatte, gelang es, nach dem Krieg nach Südamerika zu entkommen, wo er 1955 in Rio de Janeiro starb.

Mittelitalien schließlich wurde von der Wehrmacht besetzt. Am 10. September marschierten deutsche Truppen in Rom ein.

Mafaldas Heimreise von Bulgarien in das nun von der Wehrmacht besetzte Rom gestaltete sich im September 1943 schwierig. Sie reiste im Zug von Sofia nach Budapest, dann weiter im Flugzeug nach Pescara, von dort in einem Auto nach Chieti und schließlich wieder im Zug nach Rom, wo sie am 21. September eintraf. Am gleichen Tag besuchte sie ihre drei jüngsten Kinder, die der König vor seiner Flucht aus Rom im Vatikan untergebracht hatte: den sechzehnjährigen Heinrich sowie Otto und Elisabeth, geboren 1937 und 1940. Moritz, ihr ältester Sohn, befand sich als Flakhelfer in Kassel.

Am folgenden Morgen begab sich Mafalda zur deutschen Botschaft, wo ihr ein Telefongespräch mit Philipp auf einer sicheren Leitung in Aussicht gestellt worden war. Doch das Versprechen erwies sich als Falle. Prinzessin Mafalda wurde gezwungen, in einen vor der Botschaft bereitstehenden Wagen zu steigen, und anschließend nach Deutschland geflogen. Wenige Wochen später wurde sie nach Buchenwald gebracht und außerhalb des eigentlichen Konzentrationslagers in eine Baracke gesperrt.

Mafaldas Haft in dieser Isolierbaracke, in der sie die folgenden Monate ohne jeden Kontakt zu ihren Angehörigen verbringen musste, war hart. Doch anders als bei den Häftlingen des Konzentrationslagers bestand keineswegs die Absicht, die Prinzessin umzubringen. Sie zählte zu einer Kategorie von Häftlingen, die im damaligen Sprachgebrauch etwa als Sonder- oder Ehrenhäftlinge bezeichnet wurden – prominente Gefangene, denen eine Rolle als Geisel zukommen konnte. Sie hatte vergleichsweise viel Platz, verfügte über möblierte Räume, durfte Bücher lesen und erhielt mehr als genug zu essen und zu trinken.

Die Führung des Dritten Reichs glaubte offenbar, dass Mafalda wie Philipp, der aus Hitlers Kommandozentrale entfernt und ebenfalls zum Sonderhäftling wurde, gewusst hatten, dass Vittorio Emanuele Mussolini verhaften wollte (was vermutlich nicht zutraf); zudem hatte der Adel, der vor der Machtergreifung als Steigbügelhalter für die NSDAP umworben worden war, im Rahmen der völkischen Gleichschaltung längst seine elitäre Bedeutung eingebüßt. Hitler und Goebbels begriffen nicht, weshalb sich Mussolini vom italienischen Königshaus gängeln ließ, und hielten Mafalda aus ungeklärten Gründen für besonders intrigant. Goebbels bezeichnete nun die Prinzessin als »das größte Rabenaas des italienischen Königshauses«, und Hitler erinnert sich mit Widerwillen an den Empfang am königlichen Hof anlässlich eines seiner Besuche in Italien, als er statt mit Mussolinis Tochter Edda, die mit dem italienischen Außenminister Galeazzo Ciano verheiratet war, mit Mafalda Vorlieb nehmen musste: »Ich wollte die Gräfin Edda Ciano zu Tisch führen. Auf einmal platzt der Philipp herein mit seiner Mafalda, und dann auf einmal wurde das ganze Programm umgeschmissen. Große Aufregung. Ich musste also die Mafalda als Tischdame nehmen. Was geht mich die Mafalda an? Für mich ist die Mafalda die Gemahlin eines deutschen Oberpräsidenten, Punkt, Schluss, weiter nichts!«

Die Isolierbaracke, in der Mafalda eingesperrt war, lag zwischen den halbkreisförmig angeordneten Gebäuden der SS, die das Lager betrieb, und dem Wilhelm-Gustloff-Werk II, einer Rüstungsfabrik, in der ein Teil der Insassen aus dem Hauptlager zu arbeiten hatte.

Die sogenannte I-Baracke war von einer drei Meter hohen Palisadenwand umgeben und wurde von SS-Männern bewacht. Mafalda teilte sich die Baracke mit dem Ehepaar Tony und Rudolf Breitscheid, der als Fraktionsvorsitzender bis 1933 die SPD im Reichstag vertreten hatte. Ebenfalls in der Baracke lebte Maria Ruhnau, die Mafalda als Bedienerin zugeordnet war. Ruhnau, die mit ihren drei Töchtern in Danzig gelebt hatte, war als Zeugin Jehovas – damals als »Ernste Bibelforscherin« bezeichnet – 1939 in ein Konzentrationslager verschleppt worden. Ihr Mann Willy, der die internationale Öffentlichkeit über die Verfolgung der Religionsgemeinschaft in Danzig und in Deutschland aufmerksam gemacht hatte, war ebenfalls verhaftet worden. Er blieb verschollen, vermutlich wurde er umgebracht.

Tony Breitscheid wandte sich nach dem Krieg in einem Brief an Mafaldas Mutter und erstattete Bericht über ihr Zusammentreffen mit Mafalda: »Einen Monat nach Beginn unserer harten Sonderhaft traf eine Dame ein und belegte die andere Hälfte der Baracke. Sie war sehr niedergeschlagen. Man nannte sie Frau Weber. Einige Tage später erfuhren wir, dass sie in Wahrheit Prinzessin Mafalda von Hessen war, Ihre Tochter, Majestät. Sie weinte immerfort, und es gelang uns nicht, sie zu trösten; doch nach und nach, als sie begriffen hatte, dass unser Schicksal ähnlich dem ihren war, fasste sie Vertrauen zu uns und erzählte uns die Geschichte ihrer Verhaftung.«

Mafaldas Angehörige wurden nicht über den Verbleib der Prinzessin informiert. Sohn Heinrich wandte sich deshalb an Emmy Göring, deren ausweichende Antwort ihn nicht zu beruhigen vermochte:

> »Lieber Prinz Heinrich,
> es tut mir wirklich sehr leid, dass Sie und Ihre Geschwister eine so schwere Zeit durchmachen müssen.
> Zu Ihrer Beruhigung kann ich Ihnen sagen, dass Ihre Eltern in Deutschland sind und dass es ihnen gut geht. Ich kann verstehen, dass Sie sich Sorgen machen, wenn aber der Krieg beendet ist, wird wohl alles wieder gut werden.«

Eingesperrt in die Isolierbaracke gelangte Mafalda nur mit wenigen Personen in Kontakt, so etwa mit Häftlingen, die Holz für den Ofen brachten oder einen Graben anzulegen hatten, der den Insassen der Baracke bei einem Luftangriff Schutz bieten sollte. »Im August 1944 überflogen«, berichtet Tony Breitscheid, »die amerikanischen Flugzeuge das Konzentrationslager beinahe täglich. Der Grund waren die benachbarten Fabriken, die Rüstungsmaterial produzierten.

Wir hatten in der Nähe der Baracke einen offenen Graben, in den wir uns flüchteten. Am 24. August kamen besonders viele Flugzeuge, und so beschlossen wir, den Graben aufzusuchen. Die Prinzessin war zu meiner Linken, mein Mann zu meiner Rechten, und nach wenigen Minuten begann die Bombardierung. Drei Bomben fielen in unmittelbarer Nähe; die zweite verschüttete uns, die dritte setzte die Baracke in Brand. Ich hörte die Prinzessin laut beten; dann verlor ich das Bewusstsein und wachte erst im Lazarett wieder auf.

Mafalda als Opfer des Nationalsozialismus, 1995 ausgegebene Briefmarke. Im Vordergrund Wehrmachtssoldaten mit schwarz-weiß-rotem Wappenschild auf dem Stahlhelm.

Mein Mann war tot, die Prinzessin hatte überlebt und befand sich im selben Lazarett, doch ihr linker Arm war bis auf den Knochen verbrannt. Auch ich hatte Brandverletzungen, doch sie waren nicht tödlich. Die Prinzessin wurde von einem tschechischen Professor und dem Oberarzt des Lagers behandelt. Am Anfang hofften sie, ihren Arm retten zu können, doch zwei Tage später wurde es offensichtlich, dass der Arm amputiert werden musste. Die Prinzessin war einverstanden; sie war ruhig, sehr ihrem Schicksal ergeben. Ich versuchte sie zu trösten und sagte ihr, dass sie bald ihre Kinder wieder umarmen würde.

Die Operation wurde – wenn ich mich nicht irre – am 26. August durchgeführt, doch das Herz der unglücklichen Prinzessin war zu schwach, um die Narkose zu überstehen. In der Nacht vom 26. auf den 27. August starb sie mit einem Lächeln auf den Lippen. Wahrscheinlich dachte sie an ihre Kinder, die sie nie wiedersehen sollte.«

1995, ein halbes Jahrhundert nach Kriegsende, widmete die italienische Post Mafalda von Savoyen eine Briefmarke, die ihr Porträt vor den von Stacheldraht umgebenen Baracken des Konzentrationslagers Buchenwald zeigt: *I CAMPI DI CONCENTRAMENTO, MAFALDA DI SAVOIA*. Prinzessin Mafalda wird im Nachhinein zu einer Märtyrerin, die stellvertretend für die italienischen Opfer des Nationalsozialismus steht – eine eigenartige Interpretation der Rolle Mafaldas, die bis zu ihrer Verhaftung die faschistischen Systeme sowohl Italiens als auch Deutschlands repräsentiert und gestützt hatte: Mafalda war Mitglied der NSDAP, verbrachte mit dem befreundeten Ehepaar Göring Ferien, machte Adolf Hitler zum Paten ihres Sohnes Otto, signalisierte Benito Mussolini bei der Proklamation des Sieges über das brutal überfallene Abessinien königliche Unterstützung und flankierte den Duce bei unzähligen Auftritten, während ihr Mann, der sich gerne in seiner braunen SA-Uniform sehen ließ, ein enger Vertrauter Hitlers war, den Kontakt zwischen dem deutschen und dem italienischen Diktator vermittelt hatte und damit wesentlich an der Vorbereitung der Achse Berlin–Rom beteiligt war.

Im Bewusstsein ihres bevorstehenden Todes soll Mafalda einem italienischen Häftling kurz vor der Operation anvertraut haben, dass sie bei ihren Landsleuten nicht als Prinzessin, sondern als »italienische Schwester« in Erinnerung bleiben möchte: »Italiani, io muoio. Ricordatemi: non come una principessa ma come una vostra sorella italiana.«

# ANMERKUNGEN

## *Prinzessin Mafalda*

Vittorio Emanuele und die Geburt von Mafalda: Le Moal (2016), S. 134; *The New York Times,* 20.11.1902

Leben und Wirken Vittorio Emanueles: ausführlich in Le Moal (2016)

Montecristo, Flora und Fauna: http://montecristo2010.it

Montecristo, Graf Piero Ginori Conti und Vittorio Emanuele: Santini (2001)

Geschichte Italiens allgemein: v. a. Altgeld (2007) und Woller (2010)

Garibaldi: Hausmann (1999)

Rubattino: Mario Veronesi: »Rubattino, l'armatore dei Mille« –› http://win.storiain.net/arret/num177/artic3.asp; *Treccani. Dizionario Biografico degli Italiani* –› Rubattino, Raffaele

»Briganten«: Woller (2010), S. 19

Mocchi und Rudinì: De Maria (2012)

Malatesta und Rudinì: Malatesta (2009), S. 107

»anarchistischer Geist«: *Neue Zürcher Zeitung,* Nr. 128 (Erstes Abendblatt), 9.5.1898, S. 1

Aussage des Chefredakteurs des *Corriere della Sera:* Woller (2010), S. 30

*Zitat Malatesta (*»wesentlich und fraglos zweckdienlicher, nicht etwa die Person eines Königs zu töten, sondern sämtliche Könige …«): Malatesta (2009), S. 39

Bresci rettet Malatesta das Leben: *Treccani. Dizionario Biografico degli Italiani* –› Bresci, Gaetano

Zitat Barrère (»Dieses Volk liebt Luxus …«): nach Le Moal (2016), S. 127

König wird ans Ufer getragen, Enttäuschung über die Geburt einer weiteren Tochter: *The New York Times,* 20.11.1902

## *In der dritten Klasse nach Buenos Aires*

Fähre Neapel–Capri: Magnani Bosio (2010), S. 109. Auch Mafaldas Sohn Heinrich erwähnt die nach seiner Mutter benannte Fähre in seinen Lebenserinnerungen: Hessen (2011), S. 92

Piaggio: *Treccani. Dizionario Biografico degli Italiani* –› Piaggio, Erasmo

Geschichte italienischer Reedereien: Eliseo/Piccione (2001)

Bau der *Principessa Mafalda,* allgemeine Angaben zur Ausstattung und zur Geschichte des Dampfers: Campodonico (2014, Tragedie), Eliseo/Piccione (2001), auch Cuzzi (2017), Garosci (2010), Minella (2015)

Zitat *La Cultura Moderna* 1918: Eliseo/Piccione (2001), S. 212

Fracht (in Tonnen) für sämtliche Fahrten ab Genua 1909–1911 in Calamai (1912)

Anzahl Passagiere pro Klasse: *Rivista Marittima* (1909), davon abweichend Bruno (1916), S. 543; in der Werbung jeweils wieder etwas andere Angaben. Preise zweite und dritte Klasse: Minella (2015)

Anordnung Räume: Deckplan Piroscafo »Principessa Mafalda«, Lloyd Italiano (1909), zur Verfügung gestellt von Italian Liners Historical Society (https://www.italianliners.com/italian-liners)

Lucia Nebbiolo Gonella: alle Angaben nach Lupi (1983). Zitate: rund hundert Lire: S. 477; Dialog »Ja, wir sind zu zweit …«; auf einem Schiffstau: S. 476; »Sie sagte: ›Danke, mein Kind …‹«: S. 478; innerthalb einer Minute: S. 476

*Sirio*: Campodonico (2014, Tragedie)

Löhne Italien um 1890: Benigno/Salvemini (2002), Bd. 3. Löhne Benito Mussolini: de Luna (2000), S. 15 und S. 24

Emigranten senden eine Milliarde Lire nach Italien: Benigno/Salvemini (2002), Bd. 2

Menüpläne zur Verpflegung der Passagiere zweiter Klasse: Ministero degli Affari Esteri (1912)

Zahlen zu italienischen Siedlern und Siedlerinnen in Argentinien, Ausstellung von Landwirtschaftsmaschinen im Hotel de Inmigrantes: Fosanelli (2000)

## *Wireless*

Schachpartie *Principessa Mafalda – König Friedrich August:* Alle Züge in *Allgemeine Sport-Zeitung*, 15.5.1910, S. 586, im Netz auf ANNO. Die Partie wird wohl irrtümlicherweise auf 1909 datiert (9.–11.5.). – Es handelte sich bei dieser Partie nicht um die erste zwischen Ozeandampfern ausgetragene Fernpartie. Beispiele früherer Fernschachpartien zwischen Atlantiklinern: *Campania – Philadelphia: The New York Times*, 15.6.1902, 19.1.1903; *Lucania – Philadelphia: The New York Times*, 19.1.1903; Lengnick (1903)

Marconi: v. a. Raboy (2016) und Solari (1942), auch Kukan (1985)

Funker auf Transatlantikdampfern, Gehalt Marconi-Funker: Driessen (1999)

*Florida* rammt *Republic*: Campodonico (2014, Tragedie)

500 Tonnen Hilfsgüter auf der *Republic*: *Neue Zürcher Zeitung*, Nr. 25 (Erstes Morgenblatt), 25.1.1909, S. 3

Zitat aus Luigi Solaris Erinnerungsbuch zur Rettung der Passagiere und der Besatzung der *Republic*: Solari (1942), S. 157

»Besorgung des Materials« aus Bologna mithilfe eines Esels: Solari (1942), S. 18 f.

Hertz und Herz (Holman): *Neue Zürcher Zeitung*, Nr. 50 (Morgenblatt), 19.2.1902, S. 5

Godfrey Isaacs als »godsend«: Raboy (2016), S. 316; antisemitische Bemerkung zu Isaacs: Solari (1942), S. 163 f. – dort spricht Marconi auch von seiner »Abneigung gegen die jüdische Rasse«.

Marconis Aussagen zum Weltfunknetz und den fehlenden Erfahrungen mit Nord-Süd-Verbindungen: Solari (1942) S. 160 und 164 f.; zur Fahrt auf der Mafalda S. 165.

Lloyd Italiano 1910 und folgende Jahre: Eliseo/Piccione (2001), Campodonico (2014, Rotta), *Treccani. Dizionario Biografico degli Italiani* –› Piaggio, Erasmo

Noera als Kapitän der *Mafalda*: verschiedene Nummern der *Gazeta de Notícias* (Rio de Janeiro) im Zeitraum zwischen Juni 1910 bis Juni 1912

Zitat Henry Joseph Round: Marconi (2001), S. 160

Marconis Sonnenstich unter der Tropensonne: Solari (1942), S. 166

Fotos von Marconis Reise auf der *Mafalda*: Website *La Galena del Sur* –› https://lagalenadelsur.com/2012/01/08/1910-marconi-llega-al-rio-de-la-plata/

Antenne auf Kastendrachen in Bernal (bei Buenos Aires): Benavente (2008)

Zitat *New York Times* am 21. April 1912: Blom (2009)

Zitat aus »Wein und Brot«: Silone (2010), S. 233

## *Der Gesandte des Papstes*

Hauptquelle zu Genocchis Reise: Turvasi (1988). Weiter: *Treccani. Dizionario Biografico degli Italiani* –› Genocchi, Giovanni

»Schatten der Unwissenheit und des Irrglaubens«: Turvasi (1988), S. 1

Behinderung der Missionstätigkeit: Turvasi (1988), S. 2

Papst zu Tränen gerührt: Turvasi (1988), S. 9

Ansichtskarte mit Gummiboden im Wintergarten der Principessa Mafalda: https://genova.repubblica.it/cronaca/2012/10/22/foto/museo_galata-45070334/5/

»Ich schätze mich glücklich, ...«: Turvasi (1988), S. 13

Genocchis Besuch bei Theodore Roosevelt, Kommantar des Staatssekretärs Merry del Val zu Roosevelts Verhalten in Rom: *La Stampa*, 7.4.1910

Genocchi erfährt, dass Argentinier möchten, die Indianer sollen verschwinden: Turvasi (1988), S. 20

Salesianer: Turvasi (1988), S. 13

Geschichte Argentiniens: Riekenberg (2009), Carreras/Potthast (2010)

Antwort des Ona: De Agostini (1924), S. 274

Menéndez: Bayer (2010); »Para enriquecerse hay que despoblar«: Rampoldi (1998)

»Forscher, Viehzüchter und Militärs ...«: De Agostini (1924), S. 260

»nicht nur beschützt ...«: De Agostini (1924), S. 263

»Neben diesen Hauptursachen ...«: De Agostini (1924), S. 266

Karnevalsfiguren: De Agostini (1924), S. 267

Genocchis Reisebericht (Pampas): Turvasi (1988), S. 18 f.

Schneewände: Turvasi (1988), S. 21

»Es fehlte aber auch wirklich nichts ...«: Bastos (1987), S. 35

Arana, Kautschuk: Grimmig (2011), Nösterer (2012), Wasserstrom (2017)

Zitat aus Llosa (2012): S. 226 f.

Zahlen zur Kautschukproduktion: Jünger (1940)

Marconi und Leopold II.: Raboy (2016), S. 129

Brief an Giorgio Levi Della Vida: Turvasi (1988), S. 67

Enzyklika *Lacrimabili statu*, Wortlaut deutsch: http://www.kathpedia.com/index.php?title=Lacrimabili_statu_(Wortlaut)

Zur Missionsstation in La Chorrera: –› http://die-missionen.blogspot.ch/2013/10/die-franziskaner-im-peruanischen.html (Quellenangabe: *Die katholischen Missionen*,

1915. Vermutlich also aus: *Die katholischen Missionen. Illustrierte Monatsschrift* [Freiburg im Breisgau: Herder] 43 [Oktober 1914 bis November 1915])

1921 Auflösung des von 1912 bis 1920 von Superior Leo Sambrook, O.F.M., geleiteten kirchlichen Jurisdiktionsbezirkes Putumayo –› https://apostolische-nachfolge.de/willkommen-auf-https-apostolische-nachfolge-de/suedamerika-4-paraguay-bis-venezuela/

## *Schiffe versenken*

Vittoriano: Dickmann (1979); Opposition gegen Vittoriano: Weber (2010)

Mafalda bei Enthüllung Vittoriano: *Wiener Salonblatt*, Nr. 23, 10.6.1911, S. 5 (–› ANNO)

Ansprache des Königs: Le Moal (2016), S. 114

Truppentransporte Libyenkrieg: Arseni (2008)

Königskinder spielen Krieg: *The New York Times*, 22.10.1911

Gewalteskalation im Libyenkrieg: Woller (2010), S. 56

Evakuation nach Brooklyn: *The New York Times*, 2.9.1914

Livadic: *Pester Lloyd*, Nr. 297 (Morgenblatt), 25.10.1916, S. 11 (–› ANNO)

*Lusitania*: Jasper (2015)

Freiwillige aus Argentinien und Brasilien auf der *Mafalda*: Franzina (2015), Devoto (2007), *A Gazeta*, 3.6.1915 (brasilianische Zeitungen –› Biblioteca Nacional Digital do Brasil)

Lucia Nebbiolo 1916: Lupi (1983), S. 478

Taranto im Ersten Weltkrieg: Scionti (2015), Roberto Nistri: »Taranto nella grande guerra«, 4.11.2014 –› https://taranto.anpi.it/2014/11/04/taranto-nella-grande-guerra/

Tarent als »strategisches Herz des Italienisch-Türkischen Kriegs«: Scionti (2015), S. 25

Dass die *Principessa Mafalda* in Taranto als Unterkunft für alliierte Offiziere diente, wird regelmäßig erwähnt, allerdings nie mit einer Quellenangabe belegt. Auch Mauro Scionti, der über Apulien während des Großen Kriegs geforscht und publiziert hat, sind keine Dokumente zur in Tarent verbrachten Zeit des stillgelegten Dampfers bekannt (Auskunft per Mail). – *Mafalda* als Hilfskreuzer: *Gazeta de Notícias* (Rio de Janeiro), 3.6.1915; als schwimmendes Krankenhaus: *Gazeta de Notícias* (Rio de Janeiro), 23.4.1919

Untergang der *Leonardo da Vinci*, Folgen: Caroppo/Portacci (2017)

400 000 Verluste: Woller (2010), S. 70

»... kleine graue Automobile ...«: Hemingway (2017), S. 8 f.

Tagebuch Mafalda: Siccardi (1999), S. 49–52

## *1919, zurück in Rio*

Italiens Wirtschaft, Wirtschaftswunder Fiat: Woller (2010), S. 72

Entwicklung Ansaldo: de Luna (2000), S. 34

Kriegsverluste der italienischen Handelsmarine: Rübner (2005)

Verluste Lloyd Italiano, Übernahme Lloyd durch N.G.I.: Eliseo/Piccione (2001). – Andere Quellen datieren die Übernahme der Mehrheit der Aktien des Lloyd Italiano durch den N.G.I. bereits auf 1907: Oreste Calamai (Hg.): *Annuario della Marina Mercantile e delle Industrie Navali in Italia*, Genua: I.G.A. PR., 1912

Lucia Nebbiolo (Tische mit Tischdecken usf.): Lupi (1983), S. 479

300 bzw. 365 Lire: Campodonico (2014, Tragedie)

Parodi als Nachkriegskapitän: *Gazeta de Noticias* (Rio de Janeiro), 24.4. und 6.10.1919; *Correio da Manhã*, 11.1.1920

»... nicht einfach ein zehnjähriges Schiff«: Campodonico (2014, Tragedie), S. 76

Grippefälle im April 1919: *Jornal do Recife*, 23. und 24.4., 24.7.1919; *Gazeta de Notícias* (Rio de Janeiro), 23. und 24.4.1919

Rückkehrende Soldaten: *Jornal do Brasil*, 23. und 24.4., 4.7., 6.10.1919

Francisco Bruzio: s. auch *Jornal do Brasil*, 5. und 6.10.1919

D'Annunzios Flug nach Wien, Übersetzung letzte Zeilen –› http://www.reise-nach-italien.de/dannunzio-wien-1918.html

Malatesta zu revolutionärer Stimmung: Malatesta (2009), S. 141f.

Sánchez: Turnes (2010)

Anarchistische Bewegung in Argentinien Bayer (1978), Zitat S. 164

Aufstand in Patagonien, Prostituierte in San Julián: Bayer (2010)

315 aus Argentinien abgeschobene Anarchisten (1902–1919): Torreiro (1999), S. 234

Abschiebung vom 79 Maximalisten aus Argentinien auf der *Mafalda*: *Jornal do Recife*, 16.5.1919

Anarchisten in Brasilien, Fluchtversuch von Florentino de Carvalho, Nalepinski und José Sarmento Marques in Fischladekahn im Hafen von Recife: Dulles (1973)

Damiani, Zitate zu Gleichstellung, Frau und Heirat: Alves de Seixas (1992), S. 60 und S. 224

Damiani: *Treccani. Dizionario Biografico degli Italiani* –› Damiani, Luigi; Felici (2009) – dort S. 145 auch *La nostra musa*

Kontakt Malatesta–Damiani: Malatesta (2009)

Damiani in *Le Réveil Anarchiste/Il Risveglio Anarchico*: *Le Réveil Anarchiste*, 30.10.1926, *Il Risveglio Anarchico*, 27.8.1938 (beide –› e-newspaperarchives.ch)

## *Weingartner im Wintergarten*

Weingartners Reisetagebuch: Weingartner (1921). Weitere autobiografische Angaben: Weingartner (1928 und 1929)

Abfahrt in Wien: Weingartner (1921), S. 1

Revision, Drängerei: Weingartner (1921), S. 8

Zwangssterilisation USA, Schweiz: Pitzke (2012), Strebel (2011)

Zitat Huonker: Huonker (2003), S. 85

Zitat zu Principessa Mafalda, Ausfahrt: Weingartner (1921), S. 9

Dinner: Weingartner (1921), S. 10

Arbeiten, Sieglinde: Weingartner (1921), S. 11

Kulturkampf während des Ersten Weltkriegs, Zitat Thomas Mann: Jasper (2015), S. 154

»An die Kulturwelt«: https://ghdi.ghi-dc.org/docpage.cfm?docpage_id=1721&language=-german

Ouvertüre *Aus ernster Zeit*: Hanheide (2016)

Säbelrassler: *Signale für die Musikalische Welt* 42, S. 994

Sternenhimmel, Gibraltar: Weingartner (1921), S. 12 und S. 13

Aeroplan: Weingartner (1921), S. 18 f.

Kohlenkähne: Weingartner (1921), S. 21

Biografie Emilio Menada, Kohleschuten, *Milazzo* –› http://www.menada.it/archivi/emilio_1863/emilio_bio.htm

»Menada's Patent Bunker-Schuten«: Menada (o. J.); »The Biggest Coal Ship in the World«: *Popular Science Monthly* (New York), Bd. 89 (September 1916), Nr. 3, S. 392

Gulì als Kapitän Jungfernfahrt *Milazzo*, Brand auf zweiter Fahrt: *The New York Times*, 2.7. und 5.10.1916

Blauer Traum, Himmel hart wie Stahl: Weingartner (1921), S. 28 und 29; Tombola S. 25; Ankunft in Rio de Janeiro S. 29 f., Empfang durch Walter Mocchi S. 31

Mocchi: *Treccani. Dizionario Biografico degli Italiani* –› Mocchi, Walter; Paoletti (2015), auch Rutherford (2012), Giacometti (2013)

Mocchi auf *Mafalda* 1909: Paoletti (2015); auf *Mafalda* 1925: CEMLA

Carelli: *Treccani. Dizionario Biografico degli Italiani* –› Carelli, Emma; Rutherford (2012)

»Isoldes Liebestod ...«: Weingartner (1921), S. 58

Tramwaywagen: Weingartner (1921), S. 35; Leuchtkäfer S. 83 f.; Wintergarten S. 103; Wehmut und Zorn S. 115; Schiff führt Tanz auf S. 144

Besuch bei Präsident Balthasar Brum: Weingartner (1921), S. 145 ff.

Carelli erwartet Weingartners in Genua: Weingartner (1921), S. 153

Lucille Weingartners Tod, Nierenerkrankung, Tosca, Trauerkundgebung: *Salzburger Volksblatt*, Nr. 140, 23.6.1921, S. 3, und Nr. 143, 27.6.1921, S. 4; Reisetagebuch ausgeliefert am Tag nach Lucilles Begräbnis: *Prager Tagblatt*, Nr. 176, 19.7.1921, S. 2 (–› ANNO)

Wiener Musiker stellen sich Südamerikaner halbnackt vor: Weingartner (1929), S. 357

Roxo Betty Calisch: Weingartner (1929), S. 352

Strauss als Weingartners Erzfeind, auf der Reise verstorbene Philharmoniker: Wagner-Trenkwitz (2017), S. 79; Strauss als »Widersacher« Weingartners: Strasser (1974)

Orchester von unerhörter Schönheit: Grasberger (1967), S. 274

1923 verstorbene Philharmoniker: Hellsberg (2015), Merlin (2017)

Auftritte Philharmoniker mit Strauss: Werbeck (2014)

Brief Strauss aus Argentinien: Grasberger (1967)

Karl Knoll: *Neues Wiener Journal*, 4.9.1922

Begegnung Borovsky–Strauss: Doets (2017)

Strauss auf *Mafalda*: CEMLA (Ankunft in Buenos Aires); *O Paiz* (Rio de Janeiro), 1.9.1923 (Rückreise)

## *Alles gerinnt zur Erinnerung*

Für *Diario di bordo* ist keine deutsche Übersetzung greifbar, ebenso wenig für *Da Buenos Aires a Resistencia* – dieser Text fehlt in der deutschsprachigen Auswahl der *Meraviglie d'Italia* (*Die Wunder Italiens*, übers. v. Toni Kienlechner, Berlin: Wagenbach, 1998). So musste wohl oder übel der Versuch gewagt werden, die hier angeführten Abschnitte neu zu übertragen. Gaddas eigenwillige Interpunktion (Doppelpunkte, Klammern) wurde übernommen; Hinweis auf die Verwendung von *migrabondo* bei Eugenio Montale: *Dizionario Italiano Olivetti*

Lollobrigido: Abath (2013), S. 225

Zitat Citati: Abath (2013), S. 204

Gadda im Lager: Ansull (2014)

Calzaturificio di Varese –› http://www.thehistorialist.com/2011/01/historialist-presents-calzaturificio-di.html; Trolli-Testoni: Ahnenforschung ancestry https://www.ancestry.de

Geschichte Faschismus: de Luna (2000), Woller (2010), Schieder (2010)

Liste der im ersten Halbjahr 1921 erfolgten Überfälle: Candeloro (1996), S. 353, zitiert nach Wikipedia-Artikel *Squadrismo*

4000 Tote, darunter 600 Faschisten: Woller (2010), S. 90 f.

Gaddas Einstellung zum Faschismus: Abath (2013), S. 193 ff.; Robert S. Dombroskis Beitrag »Gadda e il fascismo«, in: *The Edinburgh Journal of Gadda Studies* –› https://www.gadda.ed.ac.uk/Pages/resources/archive/fascism/dombroskifasc.php

Kursaal Diana, Damiani: Malatesta (2009), Abath (2013), S. 194

Devoto: *Treccani. Dizionario Biografico degli Italiani* –› Devoto, Antonio

Compañía General de Fósforos: Devoto (2007)

Streichholzfabrik: *Der Mensch und die Maschine*, in: Gadda (1998), S. 83–90, hier S. 89 f.

»Ich war mit dem Montieren dieser Zentrale befaßt ...«: Gadda (1998), S. 92

Fußballclub Genoa in Südamerika: Massimo Prati: *Estate 1923 – La Tournée Sudamericana del Genoa* (Seconda parte). *Il calcio racconta* auf https://www.glieroidelcalcio.com, veröffentlicht am 22. August 2019; Resultate: http://www.rsssf.com/tablesg/genoa-satrip23.html

Gadda im Colón; wöchentliche Versammlungen des Fascio in Buenos Aires: Gadda (1987), S. 85

Mussolinis Ruf in Argentinien: Gadda (1984), S. 83

Minestra: Gadda (1987), S. 77

Seltsame Reise auf dem Ozean der Buchstaben: Ansull (2014), S. 287

»Alles wird zur Erinnerung ...«: Gadda (1939), S. 130

## *Harry Graf Kessler fährt nach Barcelona*

*Giulio Cesare, Duilio, Principessa Mafalda*: Campodonico (2014, Tragedie)

Zahlen zur Emigration aus Italien in die USA –› https://de.statista.com/statistik/daten/studie/1133595/umfrage/italienische-immigration-in-die-usa/

Zahlen zur Emigration aus Italien nach Argentinien: –› https://www.bpb.de/gesellschaft/migration/laenderprofile/203783/historische-entwicklung

Antriebswelle ersetzt: *L'Europeo* 536, S. 41

»Ballerina«: Minella (2015)

»Mittags um zwölf ...« Kessler (2017), S. 494

Kessler macht in der Schweiz Propaganda für die deutsche Kultur: Schwarzenbach (2017), dort auch die beiden Zitate aus Kesslers Tagebüchern 1915 und 1917

»Pauline, geheimnisvoll flüsternd ...« : Kessler (2017), S. 473

»Hier ist alles überfüllt ...«: Kessler (2017), S. 493 f.

Mussolini-Rede: Steininger (1997)

»Schöne Fahrt ...«: Kessler (2017), S. 494

Libyen-Krieg: Mattioli (2003)

Bedeutung der Hochzeit für Mussolini: *The New York Times*, 25.9.1925

Hochzeit Savoyen–Hessen: Hessen (2011), dort auch Englisch als gemeinsame Sprache, Treffen in Oper und Pläne-Zeichnen auf dem Weg nach Montecristo

Mafalda als moderne Frau: *The New York Times*, 21.9.1925

Merry del Val: *The New York Times*, 20.7.1925

Vorgeschichte Philipp: Petropoulos (2006)

»Nachts, im Golf du Lion …«; Ernest Ansermet: Kessler (2017), S. 494; Barcelona: S. 495

*La bellezza del mondo*: Martinelli/Bernardini (1996)

Vorstellungen Almirante in Südamerika: Solís (Montevideo): Salgado (2003); Teatro Cervantes (Buenos Aires) http://www.teatrocervantes.gob.ar/ –› suche Almirante; Teatro João Caetano (in Rio): Inserat *Correio da Manhã* (Rio de Janeiro), 16.6.1926

## *Die beiden Sizilianer vor dem Lüfterkopf*

Schiffe Südamerikatournee Pirandello & Co.1927: Saponaro/Torsello (2019) – dort auch Fotografie von Pirandello und Gulì. Weiteres Bild der beiden: *L'Europeo* 533, S. 10

Gulì: Alberini/Prosperini (2015), *L'Europeo* 539

*Palermo*: de la Fuente de Pablo/Haler (2017)

*Verona*: *L'Europeo* 539, https://en.wikipedia.org/wiki/SS_Verona_(1908), http://www.varesegrandeguerra.it/varesini-in-guerra/caduti-in-mare/

Biografie Pirandello: u. a. Camilleri (2001), dort S. 20 Zitat Sohn des Chaos

Zitate aus Booker T. Washington (1912): S. 144 und 164 f.

Kinderarbeit Schwefelgruben: Friedländer (1905), *Der Grütlianer* (1903)

Lynchmorde an Sizilianern in den Südstaaten: Deaglio (2019)

Antoniettas Mitgift-Rendite, Zitat »Das Bindemittel …«: Camilleri (2001), S. 163

Phantasie als kundige Magd: Pirandello (1997), S. 3; Aussagen des Vaters in »Sechs Personen suchen einen Autor«: S. 50

Abba: Ferrucci (2010), *Treccani. Dizionario Biografico degli Italiani* –› Abba, Marta (dort auch Angaben zum Lohn)

Lebenserinnerungen Abba: Saponaro/Torsello (2019), dort auch S. 32 Zitat »Überall warten junge Leute …« sowie Briefe von Marta Abba an den »Caro Maestro«

Beziehung Abba–Pirandello, Zitate aus Briefen: https://www.pirandelloweb.com/marta-abba-luigi-pirandello-l-ambiguo-gioco-delle-parti/

Zitate Pirandello zu Faschismus: Pirandello (2015), S. 237 (»Die Politik …«), Pirandello (1997), S. 118 (»… nicht mehr leeres Idol …«)

Aussagen Pirandellos gegenüber Journalisten in Buenos Aires: de Aldama (2015), Frassica (2010)

»Unser Programm ist einfach …«: Schieder (2010), S. 59

Gardel: Orgambide (2010)

Gardel im Tortoni: Collier (1986), Coen (2000), Clarke (2014); Dialog mit Pirandello frei nach Clarke

Gardel auf der *Mafalda*: López Reilly (2017) –› https://www.infobae.com/america/america-latina/2017/11/08/fama-mujeres-lujos-y-un-duelo-a-pistola-subastaran-ocho-cartas-de-carlos-gardel-a-su-amigo-intimo-jose-razzano/

Gardel und Zamora –› http://www.todotango.com/english/history/chronicle/283/Carlos-Gardels-liking-for-soccer/

Zamora und Team: *ABC* (Madrid), 5.6.1926, S. 2; »American Trip of RCD Español 1926« –› http://www.rsssf.com/tablese/espanyol-satrip26.html; Zamora als Kettenraucher: Meile (2016)

Erster Ingenieur und Bordfotograf heuern ab: *L'Europeo* 534, S. 22

## *Knall im Kielwasser*

Hauptquellen zur letzten Fahrt: *L'Europeo* 533–539, Campodonico (2014, Tragedie)

Ansichtskarten und Briefe von Jacques Bille: Dokumente der *Association Edmond Bille* im Staatsarchiv Wallis. – Auch Edmond Grandjean, ein weiterer Schweizer Passagier der zweiten Klasse, nutzte die Gelegenheit, in Barcelona eine Postkarte an seine Familie zu schicken, in der er von der bislang glücklichen Reise berichtete (»heureux voyage«). Dies geht aus einem Artikel hervor, der sich im Walliser Staatsarchiv unter den Dokumenten der *Association Edmond Bille* befindet, allerdings ohne dass ersichtlich wird, aus welcher Zeitung der ausgeschnittene Bericht stammt.

Jacques Bille und seine Familie: Bille (2008), Wyder (2008)

Ankunft Anne-Marie in Buenos Aires: CEMLA

Scarabicchi trinkt ein Gläschen mit dem Inspektor: *L'Europeo* 533, S. 12

Gulì isst mit Kommission zu Mittag, ebenso weitere Angaben von Vollrath zur Reise auf der *Mafalda* und zum Untergang: Vollrath (1928)

Verzögerte Abfahrt, Mina Bulter: *L'Europeo* 533

Syrer: Boos (2013), Schmidt (1920) – Zitate S. 22 –, *L'Europeo* 533

Angaben zu den Passagieren aus der Schweiz: *Neue Zürcher Zeitung*, Nr. 1811 (Morgenausgabe), 27.10.1927, S. 1 f.

Mimi/Mina Bucherer: Wähner (2005), Bucherer Montres S.A. (2013), Mina Bulter: *L'Europeo* 533, S. 10

Vollrath: Vollrath (1925), Rezension: *The New York Times*, 22.11.1925

Zitat aus Hagenbeck (1955): S. 161 f.

Der Zirkus Hagenbeck gastierte schon 1910 anlässlich der Jahrhundertfeier der argentinischen Unabhängigkeit in Buenos Aires – neben Lorenz Hagenbeck war Tigerbändiger Richard Sawade mit von der Partie (s. Hagenbeck [1955]). Sowohl Hagenbeck als auch Sarrasani unternahmen in den 1930er Jahren erneut Tourneen in Südamerika. – Während nach dem Untergang in Schweizer Zeitungen erscheinende Artikel Zürich als Vollraths Wohnort angeben, sind weder in den Adressbüchern der Stadt Zürich noch in den Nachweisen der Einwohnerkontrolle Hinweise auf Vollrath zu finden. »Wir haben aber schon oft die Erfahrung gemacht, dass früher gerne Kanton und Stadt Zürich verwechselt wurde. Es ist schon möglich, dass er seinerzeit in der Schweiz wohnhaft war, aber nicht in der Stadt Zürich, sondern irgendwo im Kanton Zürich«, schreibt eine Mitarbeiterin des Züricher Stadtarchivs auf Anfrage.

Zitate aus Vollrath (1925): finsterster Punkt S. 7, Zeit der Freuden, neun grausame Jahre S. 149 f., Weltwirtschaft S. 85, Türkenviertel S. 113, Frau in ständiger Abwehr S. 96

Fritz-Henning von Lücken: Kroener (2016), *L'Europeo* 536, S. 41

Campera, Zitat 15. Oktober: *L'Europeo* 535, S. 8

Fleisch über Bord: *L'Europeo* 534, S. 22

Campera, Zitat zu »Il Vampiro«: *L'Europeo* 535, S. 8

Alle Aussagen von Karl Arthur Vollrath zur letzten Fahrt und zum Untergang: Vollrath (1928)

24 Stunden in São Vicente: Vollrath (1928), S. 5 – nach anderer Quelle (*L'Europeo* 534, S. 22) nur 17 Stunden

Blinde Passagiere São Vicente: *L'Europeo* 535, S. 9

Bulgarini: *La Staffetta Riograndense* (Zeitschrift aus Garibaldi, Bundesstaat Rio Grande do Sul, Brasilien), 9.11.1927 (–› Biblioteca Nacional)

Landausflug Campodonico und Cherubini auf São Vicente: *L'Europeo* 537, S. 39

»Man promeniert sich durchs Leben ...«: Vollrath (1925), S. 169

Zäher Ochse, Huhn und Stockfisch: *L'Europeo* 534, S. 22

Fernando de Noronha, Botto: Garosci (2010), S. 32

Äquatorfest, Bordfotograf Boero: *L'Europeo* 534, S. 24. Zur Bordfotografie allgemein: Kiedel (1989)

Uhr mit Brillantenarmband: *L'Europeo* 533, S. 12

Reisegeschwindigkeit 17,5 Knoten, Garosci (2010), S. 32

Begrüßung *Empirestar* durch Schiffssignal: https://sites.google.com/site/mafaldasinking/some-experiences (Some Experiences –› Nicola Lynose)

Bauli: Bauli (2010), Sartori (1994). Bauli auf *Giulio Cesare*: CEMLA

Barbiersalon abgebildet in: N.G.I. (o. J.)

Streichorchester: *L'Europeo* 534, S. 24

## *Comandante, andemo a fundo*

Auch hier: Hauptquellen: *L'Europeo* 533–539, Campodonico (2014, Tragedie)

Zitate von Karl Arthur Vollrath: hier alle aus Vollrath (1928)

Liste der Überlebenden (nach *Corriere Mercantile*, 30.10.1927): Garosci (2010), S. 124–135; »Survivors and Victims«: Mikael Elinder/Oscar Erixson. *Every man for himself. Gender Norms and Survival in Maritime Disasters*, Uppsala: University of Uppsala, Department of Economics, April 2012 (Working Paper 2012:8), Appendix, S. 30 f. –› http://uu.diva-portal.org/smash/get/diva2:514872/FULLTEXT01.pdf

Kartenspieler: *L'Europeo* 534, S. 24

17 Kompartimente: Campodonico (2014, Tragedie), S. 80. Andere Quellen sprechen von 10 Kompartimenten und Schotten (z.B. *Neue Zürcher Zeitung*, Nr. 1811 [Morgenausgabe], 27.10.1927, S. 1)

Schotten steuerbar von Kommandobrücke aus: *L'Europeo* 536, S. 39

Klappe zum Steuerraum: *Hansa, Deutsche Schiffahrtszeitschrift* 64 (März 1928). Die Zeitschrift bezieht sich auf den amtlichen Untersuchungsbericht und gibt als Dimension der klappenartigen Tür »0.63 mal 60« an – ohne Maßangabe. Gemeint ist – laut der Reportage in *L'Europeo* 536, S. 42 f. – 63 cm mal 60 cm.

Scarabicchi seit drei Jahren auf der *Mafalda*, »Andemo a fundo – wir gehen unter«: *L'Europeo* 534, S. 25

Protokoll Funkverkehr: »The Sinking of the ›Principessa Mafalda‹« –› https://sites.google.com/site/mafaldasinking/the-telegraphic-record

Steward serviert Cognac: *L'Europeo* 534, S. 26

Figari isst Pasta: *L'Europeo* 534, S. 24

Andrea Botto: Garosci (2010), S. 32 ff.

Flöße: *L'Europeo* 537, S. 40

Seile des ersten Bootes: *L'Europeo* 534, S. 26

Kapitän mit Revolver: Bericht von Helena Cyrino in *Correio Paulistano*, 30.10.1927

Korken als Stöpsel: *L'Europeo* 535, S. 10

Afrikaner; Boot Nummer vierzehn: *L'Europeo* 535, S. 9

Fotografie *Mafalda* und Rettungsboote backbord: *L'Europeo* 533, S. 6 f.

Campera: *L'Europeo* 535, S. 8

Bocca, Nummer vier: *L'Europeo* 535, S. 11; 533, S. 12

Bauli: Bauli (2010)

Zitat zum »schönen Manöver« der *Formosa*: *Oberländer Tagblatt*, Nr. 280, 29.11.1927, S. 2 (nach Bericht aus *Argentinischem Tageblatt* vom 29.10.)
–› https://www.e-newspaperarchives.ch

Anne-Marie Billes Recherchen zu ihrem Bruder: mit Bezug auf die Berner Zeitung *Der Bund* in mehreren Zeitungen aus der französischen Schweiz rapportiert (*L'Express*, 23.1.1928; *Journal et feuille d'avis du Valais*, 24.1.1928; *La Sentinelle*, 24.1.1928), ohne Nennung der Namen von Anne-Marie oder Jacques Bille. Aus dem Zusammenhang wird jedoch eindeutig klar, dass es sich bei der Berichterstatterin um Anne-Marie Bille handelt – allein schon weil sie bemerkt, dass der Name ihres Bruders nicht einmal auf der von der Reederei publizierten Liste der Todesopfer zu finden ist.

Helena Cyrino: *O Malho* (Rio de Janeiro), 5.11.1927; *Correio Paulistano*, 30.10.1927

Pillin, Usai: *L'Europeo* 533, S. 6 f.

Campodonico, Velia, Onkel: *L'Europeo* 538, S. 39 ff. Velia heißt wohl eher Collentini (Liste –› https://sites.google.com/site/mafaldasinking/survivors-victims/first-class), nicht Cherubini (*L'Europeo*).

Ordonnanz wirft Gulìs Revolver weg: *L'Europeo* 534, S. 26

Gulì steht bis zum Schluss mit Taschenlampe auf der Brücke: *Feuille d'avis de Lausanne*, 29.10.1927

Flügel: *L'Europeo* 538, S. 41

Zeitpunkt des Untergangs: Die Angaben dazu widersprechen sich. Pierangelo Campodonico setzt den Untergang auf ca. 21.30 Uhr an, auch das Protokoll des Funkverkehrs weist auf diesen Zeitraum hin. Andererseits wird gelegentlich berichtet, dass sich das Schiff rund fünf Stunden über Wasser habe halten können, was auf einen späteren Zeitpunkt deuten würde.

## *Marcia Reale*

Zambrino: *O Malho*, 5.11.1927; *Il Pasquino Coloniale* (Saõ Paulo; San Paolo), 5.11.1927

Wege der Rettungsschiffe: s. etwa https://sites.google.com/site/mafaldasinking/home

Dritte Klasse auf Ilha das Flores: z. B. *O Jornal* (Rio de Janeiro), 1.11.1927

Auflauf auf der Piazza De Ferrari (... und nicht *del* Ferrari, wie die NZZ schreibt): *Neue Zürcher Zeitung*, Nr. 1816 (Abendausgabe), 27.10.1927, S. 2. – Der Palazzo an der Piazza De Ferrari wurde von der N.G.I. 1925 bezogen (Eliseo/Piccione [2001], S. 76).

34 Todesopfer: *Corriere della Sera*, 28.10.1927 (Magnani Bosio [2010], S. 104); gut 300 Opfer: *The New York Times*, 28.10.1027; 324 Tote: Campodonico (2014, Tragedie), S. 86

Frauen vor dem Palazzo della Navigazione: *Der Bund*, Nr. 474 (Mittags-Ausgabe), 1.11.1927, S. 3

*Augustus*: Eliseo/Piccione (2001), S. 80 – dabei wird die am 24. Februar aufgenommene Reise, die nach Barcelona abgebrochen werden musste, als zweite Fahrt bezeichnet; laut *Hansa* vom März 1928 handelte es sich um die dritte Fahrt.

*Duca degli Abruzzi* am 2.11. in Rio: Garosci (2010), S. 42

Bauli: Bauli (2010)

Camperas Kiste: *L'Europeo* 535, S. 8

Zaccaria: *L'Europeo* 536, S. 42, *L'Europeo* 537, S. 41

Frau Usai und Bruschi: *L'Europeo* 533, S. 7 f., im *Europeo* auch Fotos der überlebenden Offiziere und Matrosen auf der *Conte Verde*. Abfahrt *Conte Verde* in Rio: 31.10. (*Neues Wiener Journal*, Nr. 12.191, 1.11.1927, S. 7)

Amtliche Untersuchung: *Hansa, Deutsche Schiffahrtszeitschrift* 65 (3.3.1928), Nr. 9, S. 390

Prozess von Lücken: *L'Europeo* 536, S. 40 f.; *L'Europeo* 537, S. 37; Campodonico (2014, Tragedie), S. 86

Bille, Vergleich mit Autofahrer: Brief E. Bille an Anwalt André Wavre, 16.10.1928 (Staatsarchiv VS). – Immerhin waren jedenfalls den Schweizern die Sachschäden (versichertes und unversichertes Gepäck) durch die Schifffahrtsagenturen entschädigt worden; ebenso war eine Rückerstattung für den Fahrpreis der nicht zurückgelegten Strecke erfolgt (*Neue Zürcher Zeitung*, Nr. 1778 [Mittagausgabe], 2.10.1928, S. 2).

Arrest, Zitat: Schreiben des Advocaturbureaus Grüter an E. Bille, 2.4.1930 (Staatsarchiv VS)

Bundesgericht: Grüter an Bille, 7.5.1931 (Staatsarchiv VS)

Abfindung an Angehörige der drei Opfer aus der Schweiz: Nach Auskunft von Jörg G. Bucherer, dem Sohn von Wilhelminas Witwer Carl E. Bucherer und dessen zweiter Frau, ermöglichte die beträchtliche Summe die Übernahme der Firma Bucherer durch die Söhne des Firmengründers (telefonische Mitteilung im Januar 2020).

Daverio: *L'Europeo* 534, S. 25

Ernesto Lovato: *Diario Nacional* (Saõ Paulo), 1.5.1929 (–› Biblioteca Nacional); *La Sentinelle*, 7.5.1929 (–› E-Newspaper)

Glasfenster Chandolin: Wyder (2008)

*Tribute to Mimi:* Bucherer Montres S.A. (2013)

## *Mit Göring auf Capri*

Untergang *Regina Elena* und *Principe Umberto*: https://www.wrecksite.eu

Enricos Geburt: *Neue Zürcher Zeitung*, Nr. 1845 (Mittagausgabe), 1.11.1927, S. 2; Schweizer Passagiere: *Neue Zürcher Zeitung*, Nr. 1847 (Abendausgabe), 1.11.1927, S. 2

Mafalda in der Badewanne: Hessen (2011), S. 62

Olympiade Amsterdam 1928, Film Archivio LUCE: https://www.archivioluce.com –› »Amsterdam: rapide visioni delle Olimpiadi«

Tanz: Hessen (2011), S. 124; Harfe: Hessen (2011), S. 63 f.

Carelli, Mocchis politische Entwicklung, Carellis drei Leidenschaften: Rutherford (2012), Zitat S. 283

Mussolini als Marconis Trauzeuge: Trischler (2015)

Philipp und Mafalda auf der *Elettra*: Maria Cristina Marconi (2001), S. 191

Philipp von Hessen: Knigge (2009), Petropoulos (2006). Zitat Wolff: Knigge (2009), S. 8 f.

Mafalda zahlendes Mitglied NS-Frauenschaft: Petropoulos (2006), S. 102

Fussball-WM 1934, Zamora: Meile (2016)

Mafalda im Fenster des Palazzo Venezia: *The New York Times*, 6.5.1936

Abessinienkrieg: Mattioli (2010)

»Negerprinz«: Hessen (2011), S. 182

Marconi und Abessinien: Raboy (2016), S. 608

Gadda: z. B. Franz Haas: »Die Erkenntnis des Faschismus«, in: *Neue Zürcher Zeitung*, 20.3.2006

Görings Rombesuch: *The New York Times*, 11.4.1933

Besuch in Carinhall: Hessen (2011), S. 170 f.

Frank-Kanon: Anette Unger: »Dem lieben Freund Minister Frank«, BR Klassik 3.11.2017, https://www.br-klassik.de/audio/richard-strauss-kanon-hans-frank-garmisch-was-heute-geschah-1943-november-3-100.html; *Wiener Zeitung*, 21.3.2013: »Friedenstag für das Terrorregime«

Strauss in Kassel: Hessen (2011), S. 129

Göring auf Capri bedrängt: Gritzbach (1941), S. 270

Telefongespräch Hessen–Hitler: Knigge (2009), S. 29

Weingartner im Januar 1938 in Wien: Herzstark (2005) – dort auch ein Erlebnisbericht der Bombardierung des Umfelds des Lagers Buchenwald, bei welchem Mafalda verletzt wurde.

Hessen und Hitlers Staatsbesuch in Italien: Knigge (2009), S. 31

Hessen mit Hitler im Sudetenland: Petropoulos (2006), S. 186

Hadamar: Petropoulos (2006), S. 248 ff.; http://www.gedenkstaette-hadamar.de

Mafalda bringt Eisverkäufer in Krankenhaus: Hessen (2011), S. 139

Mocchi denunziert Ruffo: Rutherford (2012), S. 282

Mafalda fällt aus allen Wolken: Hessen (2011), S. 143

Philipp in Rastenburg: Hessen (2011), S. 144 f.; Albert Speer: *Erinnerungen*, Berlin: Ullstein, 2005, S. 320

Reise Mafalda nach Sofia und zurück nach Rom: Barneschi (1982), Siccardi (1999)

»Sonderhäftlinge«, Buchenwald: Hackett (1996), Koop (2010)

Hitler zu Mafalda bei Staatsbesuch: Knigge (2009), S. 32; auch Koop (2010), S. 171 (»Rabenaas«)

Ruhnau, Bibelforscher: Besier/Stokłasa (2018)

Brief Tony Breitscheid: Hessen (2011), S. 272 ff.

Hitler Ottos Pate: Petropoulos (2006), S. 77

»Vostra sorella italiana«: Barneschi (1982)

# LITERATUR UND QUELLEN

## *Abbildungen*

Bei sämtlichen Abbildungen handelt es sich um Ansichtskarten aus der Sammlung des Autors.

## *Dank*

Herzlichen Dank an alle, die mir bei der Arbeit geholfen haben: Mohamed Ahrabi (Übersetzung Menükarte *Duca degli Abruzzi*), Günter Bäbler (Recherchen zu Vollrath und Bucherer), Maria Cristina Bartolomei und Ursicin Derungs (zu Modernismus), Jörg G. Bucherer (zu Mimi/Mina Bucherer), Nicolò Capus (Presidente Italian Liners Historical Society), Mª Africa de Sangenís (Fotografien *Mafalda*-Reisende auf flickr), Roberto de Tomasi (Hilfe bei Übersetzung aus dem Italienischen), Markus Eichinger (Urgroßneffe von Karl Vollrath), Norbert Frei (Bestimmung der Rasse des Hündchens von Italia Almirante), Ariane Gigon (Entzifferung und Übersetzung der Briefe von Jacques Bille), Geneviève Grandjean-Bille (Nichte von Jacques Bille und Präsidentin der *Association Edmond Bille* – für die Erlaubnis, die im Staatsarchiv Wallis deponierten Dokumente einzusehen), Sarah Gretler (Bordfotografen-Buch), Barbara Haldimann – Stadtarchiv Zürich (Vollrath), Andreas Ineichen (Staatsarchiv Luzern – Entscheide des Obergerichts im Verfahren N.G.I. gegen die Angehörigen dreier Opfer aus der Schweiz), Mariann Lewinsky (Infos zu Film *La bellezza del mondo*), Christiane Mühlegger (Theatermuseum Wien – zum Brief, den Richard Strauss auf der *Principessa Mafalda* verfasst hat), Andreas Niederberger (Hilfe bei Suche nach demselben Brief), Bernhard Schmid (Fahrt nach Racconigi), Mauro Scionti (Auskunft zum Ersten Weltkrieg in Taranto). Herzlichen Dank besonders auch an die Verlegerin und alle Mitarbeiterinnen und Mitarbeiter des Verlags Klaus Wagenbach, die mit großer Sorgfalt und Kompetenz an der Produktion mitgewirkt haben – es war ein Vergnügen, gemeinsam mit ihnen aus dem Manuskript dieses Buch zu entwickeln!

## Literatur


Maike Albath: *Rom, Träume. Moravia, Pasolini, Gadda und die Zeit der Dolce Vita*, Berlin: Berenberg, 2013

Paolo Alberini/Franco Prosperini: *Uomini della Marina 1861–1946. Dizionario Biografico*, Rom: Ufficio Storico della Marina Militare, 2015

Celia de Aldama: »De Italia a la Argentina: las embajadas culturales de Luigi Pirandello«, in: *Perífrasis: Revista de Literatura, Teoría y Crítica* [online] 6 (2015), Nr. 12, S. 49–61, https://revistas.uniandes.edu.co/doi/epdf/10.25025/perifrasis201561204

Wolfgang Altgeld (Hg.), mit Beiträgen von Thomas Frenz, Angelika Gernert, Michael Groblewski und Rudolf Lill: *Kleine italienische Geschichte*, Stuttgart: Reclam, 2007

Jacy Alves de Seixas: *Mémoire et oubli. Anarchisme et syndicalisme révolutionnaire au Brésil*, Paris: Edition de la Maison des sciences de l'homme, 1992

Oskar Ansull (Hg.): *Die Baracke der Dichter. Carlo Emilio Gadda und Bonaventura Tecchi im Celle-Lager 1918*, Springe: zu Klampen, 2014

Alessandro Arseni: »La Marina Civile nella Guerra Italo-Turca«, in: *The Postal Gazette* 3 (März 2008), Nr. 3

Renato Barneschi: *Frau von Weber. Vita e morte di Mafalda di Savoia a Buchenwald*, Mailand: Rusconi, 1982

Sebasitião Bastos: *Mein Wald am Ufer des großen Flusses. Ein Amazonas-Indianer erzählt die Geschichte seines Lebens*, Bornheim-Merten: Lamuv, 1987

Alberto Bauli: »Ruggero Bauli: dal naufragio al successo«, in: Luciano Garibaldi/Giorgio Giorgerini/Enrica Magnani Bosio: *Principessa Mafalda Titanic italiano*, hg. v. Riccardo Garosci, Novara: De Agostini, 2010, S. 11ff.

Osvaldo Bayer: »Die argentinischen Anarchisten«, in: *Unter dem Pflaster liegt der Strand* 5 (1978), S. 155–195

Osvaldo Bayer: *Aufstand in Patagonien*, Aschaffenburg: Trotzdem bei Alibri, 2010

Juan Carlos Benavente: »El día en que nos comunicamos«, in: *Página 12* (Buenos Aires), 12.1.2008, https://www.pagina12.com.ar/diario/suplementos/futuro/13-1849-2008-01-12.html

Francesco Benigno/Biagio Salvemini (Hgg.): *Progetto storia 1650–1900. Percorsi interdisciplinari. Economia e società*, Bd. 2: *Produzione, consumi, mercati*, Rom: Laterza, 2002

Francesco Benigno/Biagio Salvemini (Hgg.): *Progetto storia 1900–2000. Tempi e problemi. Politica, istituzioni, società*, Bd. 3, Rom: Laterza, 2002

Gerhard Besier/Katarzyna Stokłasa (Hgg.): *Jehovas Zeugen in Europa – Geschichte und Gegenwart*, Bd. 3, Berlin/Münster: LIT, 2018

S. Corinna Bille: *Das Vergnügen, eine eigene neue Welt in der Hand zu halten*, herausgegeben und mit einem biographischen Nachwort versehen von Charles Linsmayer, Frauenfeld/Stuttgart/Wien: Verlag Huber, 2008

Philipp Blom: *Der taumelnde Kontinent. Europa 1900–1914*, München: Hanser, 2009

Tobias Boos: *Ethnische Sphären. Über die emotionale Konstruktion von Gemeinschaft bei syrisch- und libanesischstämmigen Argentiniern*, Bielefeld: transcript, 2013

Bucherer Montres S.A. (Hg.): *125 Years Swiss History of Time by Carl F. Bucherer*, Luzern 2013, https://issuu.com/carlfbucherer/docs/cfb_125years_book_de

Carlo Bruno (Hg.): *Sulle Condizioni della Marina Mercantile Italiana al 31 Dicembre 1914*, Rom: Officina Poligrafica Italiana, 1916

Nicla Buonasorte: »›Veniamo a fare fortuna…‹ Storie di italiani in Argentina«, in: Mu.MA

– Istituzione Musei del Mare e delle Migrazioni (Hg.): *Memoria & Migrazioni*, Bd. I: *Le migrazioni italiane oltreoceano*, Genua: Museo del Mare, 2014

Oreste Calamai (Hg.): *Annuario della Marina Mercantile e delle Industrie Navali in Italia*, Genova: I.G.A.P., 1912

Andrea Camilleri: *Der vertauschte Sohn*, Berlin: Wagenbach, 2001

Pierangelo Campodonico: »Rotta al Sudamerica: viaggi e bastimenti dei genovesi nell'traffico d'emigrazione. 1800–1914«, in: Mu.MA – Istituzione Musei del Mare e delle Migrazioni (Hg.): *Memoria & Migrazioni*, Bd. II: *Dalla terza classe ai barconi*, Genua: Museo del Mare, 2014, S. 4–21

Pierangelo Campodonico: »Tragedie dell'emigrazione italiana per mare: dal Perù all'Arandora Star«, in: Mu.MA – Istituzione Musei del Mare e delle Migrazioni (Hg.): *Memoria & Migrazioni*, Bd. II: *Dalla terza classe ai barconi*, Genua: Museo del Mare, 2014, S. 32–95

Giorgio Candeloro, *Storia dell'Italia moderna*, Bd. 8: *La prima guerra mondiale, il dopoguerra, l'avvento del fascismo*, Mailand: Feltrinelli, 1996

Carmela Caroppo/Giuseppe Portacci: *Disastro ambientale nel Mar Piccolo di Taranto durante la Prima Guerra Mondiale*, Consiglio Nazionale delle Ricerche, Istituto per l'Ambiente Marino Costiero, Talassografico »Attilio Cerruti«, Via Roma, 3 – 74123 Taranto, Italy 2017

Sandra Carreras/Barbara Potthast: *Eine kleine Geschichte Argentiniens*, Berlin: Suhrkamp, 2010

Terence Clarke: Coffee, Tango and Luigi Pirandello: Café Tortoni, Buenos Aires. https://terenceclarke.org/2014/09/30/coffee-tango-and-luigi-pirandello-caffe-tortoni-buenos-aires/

Leonardo Coen: »Quel sogno di Pirandello«, in: *La Repubblica*, 10.1.2000

Simon Collier: *The Life, Music and Times of Carlos Gardel*, Pittsburgh: University of Pittsburgh Press, 1986

Marco Cuzzi: »26 ottobre 1927, *Principessa Mafalda*«, in: Marco Cuzzi (Hg.): *Naufragi. Storia d'Italia sul fondo del mare*, Mailand: Il Saggiatore, 2017

Gigi Damiani: *La mia bella Anarchia*, Cesena: L'Antistato, 1953

Enrico Deaglio: *Eine wahrhaft schreckliche Geschichte zwischen Sizilien und Amerika*, übersetzt von Klaudia Ruschkowski, Bad Herrenalb: Converso, 2019

Alberto M. De Agostini: *Zehn Jahre im Feuerland. Entdeckungen und Erlebnisse*, Leipzig: F. A. Brockhaus, 1924

Pablo de la Fuente de Pablo/Pierre Haler: »Entre la literatura y la historia: *Un de Begur* de Josep Pla y el hundimiento del mercante *Palermo* a cargo del submarino *SM U 72* (1916)«, in: *Zeszyty Naukowe Uczelni Vistula* (ZNUV, Vistula University Working Papers), 52 (2017), Nr. 1, S. 122–138

Giovanni de Luna: *Benito Mussolini*, 4. Aufl., Reinbek bei Hamburg: Rowohlt, 2000

Carlo De Maria: »Fame e autorganizzazione alle origini del socialismo italiano (1879–1898)«, in: *Officina della Storia*, 8.2.2012

Fernando J. Devoto: *Storia degli Italiani in Argentina*, Rom: Donzelli, 2007

Elisabeth Dickmann: »Das Nationaldenkmal in Rom. Il Monumento a Vittorio Emmanuele II«, in: *kritische berichte. Mitteilungsorgan des Ulmer Vereins – Verband für Kunst- und Kulturwissenschaften e. V.*, Bd. 7 (1979), Nr. 1, S. 37–46

Jan Doets: *Moussia – une âme russe dans la tourmente du XXème siècle*, Éditions QazaQ, 2017

Barbara Driessen: *Tragödie der Technik, Triumph der Medien: Die Berichterstattung über den Untergang der Titanic in der zeitgenössischen deutschen und britischen Presse*, Münster: LIT, 1999

John W. F. Dulles: *Anarchists and Communists in Brazil, 1900–1935*, Austin: University of Texas Press, 1973

Maurizio Eliseo/Paolo Piccione: *Transatlantici. The History of the Great Italian Liners on the Atlantic*, Genua: Tormena, 2001

*L'Europeo* 533, XII. Jhg. (1956), Nr. 1, 1.1.1956: »Nate gemelle sotto cattiva stella«. 1. Teil des Artikels von Giuseppe Trevisani, der in sieben Folgen erscheint

*L'Europeo* 534, XII. Jhg. (1956), Nr. 2, 8.1.1956: »Annegavano nel mare calmo«

*L'Europeo* 535, XII. Jhg. (1956), Nr. 3, 15.1.1956: »Il segno della croce e giù nella tomba d'acqua«

*L'Europeo* 536, XII. Jhg. (1956), Nr. 4, 22.1.1956: »Una barricata di materassi contro la pressione dell'oceano«

*L'Europeo* 537, XII. Jhg. (1956), Nr. 5, 29.1.1956: »Riabbracciando la moglie un superstite le rupe due costole«

*L'Europeo* 538, XII. Jhg. (1956), Nr. 6, 5.2.1956: »La nave è in piedi«

*L'Europeo* 539, XII. Jhg. (1956), Nr. 7, 12.2.1956: »Gulì«

Isabelle Felici: *Poésie d´un rebelle. Poète, anarchiste, émigré (1876–1953)*. Lyon: Atelier de création libertaire, 2009

Carlo Ferrucci: *La musa ritrosa. Pirandello e Marta Abba*, Bologna: CLUEB, 2010

Ivano Fosanelli: *Verso l'Argentina. Emigrazione, insediamento, identità tra Otto e Novecento*, Locarno: Armando Dadò, 2000

Emilio Franzina: »Militari Italiani e Grande Guerra«, in: *Zibaldone. Estudios italianos*, Bd. III (Januar 2015), Nr. 1, S. 78–103

Pietro Frassica: *Her Maestro's Echo. Pirandello and the Actress Who Conquered Broadway in One Evening*, Leicester: Troubador, 2010

Ludwig Friedländer: *Erinnerungen, Reden und Studien*, zweiter Teil, Straßburg: Karl J. Trübner, 1905

Carlo Emilio Gadda: *Die Erkenntnis des Schmerzes*, übers. v. Toni Kienlechner, Leipzig: Reclam, 1988

Carlo Emilio Gadda: *Die gräßliche Bescherung in der Via Merulana*, übers. v. Toni Kienlechner, München/Zürich: Piper, 1986

Carlo Emilio Gadda: *Die Wunder Italiens*, übers. v. Toni Kienlechner, Berlin: Wagenbach, 1998

Carlo Emilio Gadda: *Lettere alla sorella 1920–1924*, hg. v. Gianfranco Colombo, Mailand: Rosellina Archinto, 1987

Carlo Emilio Gadda: *L'Ingegner Fantasia. Lettere a Ugo Betti 1919–1930*, hg. v. Guido Ungarelli, Mailand: Rizzoli, 1984

Carlo Emilio Gadda: *La Madonna dei Filosofi*, Turin: Einaudi, 1963

Carlo Emilio Gadda: *Le Meraviglie d'Italia*, Florenz: Parenti, 1939

Riccardo Garosci (Hg.): *Principessa Mafalda. Titanic italiano*, Novara: De Agostini, 2010

Diana Giacometti: *La figura dell'impresario musicale. Walter Mocchi e la costruzione di un'industria operistica fra Italia e Sud America*, Tesi di Laurea, Venezia: Università Ca' Foscari, 2013

Franz Grasberger (Hg.): *Der Strom der Töne trug mich fort. Die Welt um Richard Strauss in Briefen*, Tutzing: Hans Schneider, 1967

Martina Grimmig: *Goldene Tropen. Die Koproduktion natürlicher Ressourcen und kultureller Differenz in Guayana*, Bielefeld: transcript, 2011

Erich Gritzbach: *Hermann Göring. Werk und Mensch*, München: Zentralverlag der NSDAP, Franz Eher Nachf., 1941

*Der Grütlianer*. Centralorgan für die Interessen das Grütlivereins und der Socialdemokratischen Partei der Schweiz (Zürich), 7.7.1903

David A. Hackett (Hg.): *Der Buchenwald-Report. Bericht über das Konzentrationslager Buchenwald bei Weimar*, München: C.H. Beck, 1996

Lorenz Hagenbeck: *Den Tieren gehört mein Herz*, Stuttgart: Stuttgarter Hausbücherei, 1955

Stefan Hanheide: *Der Erste Weltkrieg im Konzertsaal. Kompositorische Reaktionen zwischen Patriotismus und kritischer Distanz*, Kiel 2016 (Kieler Beiträge zur Filmmusikforschung, 12, 2016)

Friederike Hausmann: *Kleine Geschichte Italiens von 1943 bis heute*, aktualisierte und erweiterte Neuausgabe, Berlin: Wagenbach, 1997

Friederike Hausmann: *Garibaldi. Die Geschichte eines Abenteurers, der Italien zur Einheit verhalf*, Berlin: Wagenbach, 1999

Clemens Hellsberg: *Philharmonische Begegnungen. Die Welt der Wiener Philharmoniker als Mosaik*, Bd. I, Wien: Braumüller, 2015

Ernest Hemingway: *In einem andern Land*, Hamburg: Rowohlt Taschenbuch, 2017

Curt Herzstark: *Kein Geschenk für den Führer. Schicksal eines begnadeten Erfinders*, Norderstedt: Books on Demand, 2005

Heinrich Prinz von Hessen: *Der kristallene Lüster. Meine deutsch-italienische Jugend 1927–1947*, Kronberg i.T.: Hessische Hausstiftung, 2011

Thomas Huonker: *Diagnose: »moralisch defekt«. Kastration, Sterilisation und Rassenhygiene im Dienst der Schweizer Sozialpolitik und Psychiatrie 1890–1970*, Zürich: Orell Füssli, 2003

Willi Jasper: *Lusitania. Kulturgeschichte einer Katastrophe*, Berlin: bebra Verlag, 2015

Alejandro Jiménez Escobar (Hg.): *Francisco Coloane en viaje. Antología Testimonial*, Santiago (Chile): Pehuén, 2003

Wolfgang Jünger: *Kampf um Kautschuk*, Leipzig: Wilhelm Goldmann, 1940

Harry Graf Kessler: *Tagebücher 1918–1937*, hg. v. Wolfgang Pfeiffer-Belli, Berlin: Insel, 2017

Sigrid und Klaus-Peter Kiedel: *Fernwehbilder. Hans Engelmeyer, Bordphotograph auf Passagierschiffen des Norddeutschen Lloyd 1930 bis 1939*, Hamburg: Ernst Kabel, 1989 (Schriften des Deutschen Schiffahrtsmuseums, Bd. 25)

Toni Kienlechner: »Der Verdummung getrotzt. Zum Tode von Carlo Emilio Gadda«, in: *Die Zeit*, Nr. 23, 8.6.1973

Jobst Knigge: *Prinz Philipp von Hessen. Hitlers Sonderbotschafter für Italien*, Berlin: Open Access der Humboldt Universität, 2009

Volker Koop: *In Hitlers Hand. Die Sonder- und Ehrenhäftlinge der SS*, Köln/Weimar/Wien: Böhlau, 2010

Sebastian Kroener (Hg.): *Das Hospital auf dem Palmenhof. Pionierarbeit im Siedlungsgebiet deutscher Einwanderer in Südbrasilien*, Norderstedt: Books on Demand, 2016

Adalbert Kukan: »Das Lebenswerk von Guglielmo Marconi (1874–1937)«, in: *Kultur & Technik. Zeitschrift des Deutschen Museums München*, 9. Jhg. (1985), H. 2, S. 90–98

Arthur Lengnick: »Die Entwicklung der drahtlosen Telegraphie«, in: k.u.k. Marine-technisches Komitee (Hg.): *Mitteilungen aus dem Gebiete des Seewesens* (Wien), Bd. XXXI (1903), H. III, S. 201–313

Frédéric Le Moal: *Vittorio Emanuele III*, übers. v. Pasquale Faccia, Gorizia: Libreria Editrice Goriziana, 2016

Andrés López Reilly: »Gardel íntimo: sus mujeres en París y un duelo a pistola. Rematan ocho cartas dirigidas a su amigo José Razzano«, in: *El País* (Montevideo), 8.11.2017

Cecilia Lupi: »›Trenta giorni di macchina a vapore‹. Appunti sul viaggio degli emigrati transoceanici«, in: *movimento operaio e socialista*, Jhg. VI (1983), Nr. 3, S. 475–480

Enrica Magnani Bosio: »Storia di un naufragio«, in: Riccardo Garosci (Hg.): *Principessa Mafalda. Titanic italiano*, Novara: De Agostini, 2010, S. 69–110

Errico Malatesta: *Ungeschriebene Autobiografie. Erinnerungen (1853–1932)*, hg. v. Piero Brunello/Pietro di Paola, übers. v. Egon Günther, Hamburg: Nautilus, 2009

Degna Marconi: *My Father, Marconi*, Toronto: Guernica, 2001

Maria Cristina Marconi: *Marconi My Beloved.* 2001 U.K. Centenary Edition, hg., erweitert und aktualisiert v. Elettra Marconi, Boston: Dante University of America Press, 2001

Vittorio Martinelli/Aldo Bernardini: *Il cinema muto italiano 1924–1931. I film degli anni venti*, Rom: Centro Sperimentale di Cinematografia, 1996

Aram Mattioli: »Libyen, verheißenes Land«, in: *Die Zeit*, Nr. 21, 15.5.2003

Aram Mattioli: *»Viva Mussolini!« Die Aufwertung des Faschismus im Italien Berlusconis*, Paderborn: Ferdinand Schöningh, 2010

Ralf Meile: 31.05.1934: » Goalie Zamora war Kettenraucher, sass im Knast und landet an der WM fast im Rollstuhl «, *watson.ch*, 31.5.2016

Emilio Menada: *Pontoni brevettati ad elevatori sistema »Menada«*. Pontons brevetèe à elevateurs sistème »Menada«. Menada's patent coaling lighters. Menada´s Patent Bunker-Schuten. Genua: H. Coe & Clerice, o. J., http://www.menada.it/archivi/emilio_1863/pontoni_menada.pdf

Christian Merlin: *Die Wiener Philharmoniker*, Bd. I: *Das Orchester und seine Geschichte von 1842 bis heute*, Wien: Amalthea, 2017

Massimo Minella: *Storie di navi e principesse che non fecero ritorno*, Genua: De Ferrari, 2015

Ministero degli Affari Esteri, Commissariato dell'Emigrazione (Hg.): *Bollettino dell'emigrazione* (Rom), (1912), Nr. 8

Navigazione Generale Italiana (N.G.I.) (Hg.): *S/S Principessa Mafalda*. – Prospekt mit zahlreichen Fotografien, spanisch, 21 Seiten

Julia Seraphine Nösterer: *Die Seringueiros in »A Selva«, »La Vorágine« und »Canaima«. Ausbeutung in der grünen Hölle*, Wien: Diplomarbeit Universität Wien, 2012

Pedro Orgambide: *Ein Tango für Gardel. Eine Romanbiographie*, Berlin: Wagenbach, 2010

Matteo Paoletti: *Mascagni, Mocchi, Sonzogno. La Società Teatrale Internazionale (1908–1931) e i suoi protagonisti*, Bologna: Dipartimento delle Arti, Alma Mater Studiorum, Università di Bologna, 2015

Jonathan Petropoulos: *Royals and the Reich. The Princes von Hessen in Nazi Germany*, Oxford/New York: Oxford University Press, 2006

Luigi Pirandello: *Angst vor dem Glück. Erzählungen*, übers. v. Hans Hinterhäuser, Zürich: Manesse, 2015

Luigi Pirandello: *Einer, keiner, hunderttausend*, übers. v. Piero Rismondo, Berlin: Propyläen, 1998

Luigi Pirandello: *Sechs Personen suchen einen Autor*, übers. v. Annika Makosch, Berlin: Propyläen, 1997

Luigi Pirandello: *Una giornata. Raconti. Wie ein Tag. Erzählungen*, 5. Auflage, übers. v. Ina-Maria Martens, München: dtv, 2017

Marc Pitzke: »Die verdrängte Schande. Zwangssterilisation in den USA«, in: *Der Spiegel*, 5.1.2012

Oreste Plath: *Geografía del mito y la leyenda chilenos*, 2. Aufl., Santiago de Chile: Nascimento, 1983

Marc Raboy: *Marconi: The Man Who Networked the World*, Oxford/New York: Oxford University Press, 2016

Guido Rampoldi: »Gran massacro in Patagonia«, in: *La Repubblica* (Rom), 9.4.1998

Michael Riekenberg: *Kleine Geschichte Argentiniens*, München: C. H. Beck, 2009

*Rivista Marittima* (Rom: Officina Poligrafica Italiana), Jhg. XLII, 2. Trimester 1909

Hartmut Rübner: *Konzentration und Krise der deutschen Schiffahrt. Maritime Wirtschaft und Politik im Kaiserreich, in der Weimarer Republik und im Nationalsozialismus*, Bremen: H. M. Hauschild, 2005

Susan Rutherford: »The Prima Donna as Opera Impresario: Emma Carelli and the Teatro Costanzi 1911–26«, in: Rachel Cowgill/Hilary Poriss (Hgg.): *The Arts of the Prima Donna in the Long Nineteenth Century*, Oxford/New York: Oxford University Press, 2012, S. 272–289

Susana Salgado: *The Teatro Solís. 150 Years of Opera, Concert, and Ballet in Montevideo*, Middletown, Connecticut: Wesleyan University Press, 2003

Aldo Santini: »Montecristo, l'isola del re solitario Vittorio Emanuele III la ebbe in dono con una stretta di mano dal marchese Ginori«, in: *Il Tirreno* (Livorno), 5.7.2001

Dina Saponaro/Lucia Torsello (Hgg.): *L'attrice ideale. Marta Abba nella vita e nell'arte di Luigi Pirandello*, Rom: De Luca Editori d'Arte, 2019

Michele Sartori: »Bauli, dal naufragio al pandoro«, in: *L'Unità*, 6.10.1994

Maria Gabriella di Savoia/Romano Bracalini: *Casa Savoia. Diario di una monarchia. 1861–1946: cronaca e storia nelle fotografie della Fondazione Umberto II*, Mailand: Mondadori, 2001

Wolfgang Schieder: *Der italienische Faschismus 1919–1945*, München: C. H. Beck, 2010

Ernst Wilhelm Schmidt: *Die agrarische Exportwirtschaft Argentiniens. Ihre Entwicklung und Bedeutung*, Jena: Gustav Fischer, 1920 (Probleme der Weltwirtschaft 33)

Robin Schwarzenbach: »Deutsche Kultur als Waffe. Mitten im Ersten Weltkrieg überrollen internationale Musik-, Theater- und Künstlertrupps die Schweiz. Deutschland und Frankreich setzen auf Kulturpropaganda im grossen Stil.«, in: *Neue Zürcher Zeitung*, 13.11.2017

Mauro Scionti: *La Puglia e la Prima Guerra Mondiale. Strutture e infrastrutture*, Bari: Mario Adda, 2015

Cristina Siccardi: *Mafalda di Savoia. Dalla reggia al lager di Buchenwald*, Mailand: Paoline, 1999

*Signale für die Musikalische Welt Nr. 42 (1920), 20.10.1920: »Felix Weingartner hat das Wort«*

Ignazio Silone: *Wein und Brot*, übers. v. Hanna Dehio, Köln: Kiepenheuer & Witsch, 2010

Luigi Solari: *Marconi im Privatleben und bei der Arbeit*, übers. v. Theodor Lücke, Leipzig: Paul List, 1942

Rolf Steininger: *Südtirol im 20. Jahrhundert*, Innsbruck: Studienverlag, 1997

Otto Strasser: *Und dafür wird man noch bezahlt. Mein Leben mit den Wiener Philharmonikern*, Wien/Berlin: Neff, 1974

Dominique Strebel: »Zwangssterilisation. Schweiz verweigert Wiedergutmachung«, in: *Beobachter*, 1.2.2011

Dolores Vieites Torreiro: »Inmigrantes galegos e anarquismo arxentino, (1880–1930)«, in: Pilar Cagiao Vila (Comp.): *Galegos en América e »americanos« en Galicia*, Santiago de Compostela: Xunta de Galicia, 1999, S. 217–254

Helmuth Trischler: »Experten im Fokus: Grobkonturen einer Wissensgeschichte Europas im langen 20. Jahrhundert«, in: Martin Kintzinger/Sita Steckel (Hgg.): *Akademische Wissenskulturen. Praktiken des Lehrens und Forschens vom Mittelalter bis zur Moderne*, Basel: Schwabe, 2015, S. 89–117

Antonio L. Turnes: *Florencio Sánchez. Los misteros de sua vida, pasión y muerte*, Montevideo: Granada, 2010

Francesco Turvasi, M.S.C.: *Giovanni Genocchi and the Indians of South America (1911–1913)*, Rom: Pontificia Università Gregoriana, 1988 (Miscellanea Historiae Pontificiae, Bd. 55)

Mario Vargas Llosa: *Der Traum des Kelten*, Berlin: Suhrkamp, 2012

Karl Arthur Vollrath: *La Plata Zick-Zack. Momente und Bilder aus dem Lande von Morgen*, Frankfurt an der Oder: Trowitzsch & Sohn, 1925

Karl Artur Vollrath: »Die Todesfahrt der ›Principessa Mafalda‹«, in: *Salzburger Volksblatt*, Nr. 69, 23.3.1928, S. 5 f.

Hans-Joachim Wagner: *Fremde Welten: die Oper des italienischen Verismo*, Stuttgart/Weimar: J. P. Metzler, 1999

Christoph Wagner-Trenkwitz: *Das Orchester, das niemals schläft. Die Wiener Philharmoniker*, Wien: Amalthea, 2017

Sigrun Wähner: »Hommage an außergewöhnliche Appenzellerin. ›Tribute to Mimi‹ heißt eine Luxusuhr, die Mimi Bucherer-Heeb (1899–1927) gewidmet ist«, in: *Appenzeller Volksfreund*, 25.10.2005

Booker T. Washington: *The Man Farthest Down. A Record of Observation and Study in Europe*, Garden City, New York: Doubleday, Page & Company, 1912

Robert Wasserstrom: »›Yo fuí vendida‹: Reconsidering Peonage and Genocide in Western Amazonia«, in: *Advances in Anthropology*, Bd. 7 (2017), Nr. 2, S. 35–54

Camilla Weber: *Camillo Cavour in den Schulbüchern des liberalen Italien. Nationale Selbstdarstellung im Geschichtsunterricht zwischen Risorgimento und Faschismus*, Frankfurt am Main: Peter Lang, 2010 (Italien – Geschichte und Gegenwart, Bd. 30)

Felix Weingartner: *Eine Künstlerfahrt nach Südamerika. Tagebuch Juni – November 1920*, Wien/Leipzig: Hugo Heller & Cie., 1921

Felix Weingartner: *Lebenserinnerungen*, Bd. 1, Zürich/Leipzig: Orell Füssli, 1928

Felix Weingartner: *Lebenserinnerungen*, Bd. 2, Zürich/Leipzig: Orell Füssli, 1929

Rudolf Th. Weiss: *Vittorio Emanuele III. Italien zwischen Demokratie und Faschismus*, Bern: Verbandsdruckerei-Betadruck, 1983

Walter Werbeck (Hg.): *Richard-Strauss-Handbuch*, Stuttgart/Weimar: J. B. Metzler und Carl Ernst Poeschel, 2014

Hans Woller: *Geschichte Italiens im 20. Jahrhundert*, München: C. H. Beck, 2010

Bernard Wyder: *Edmond Bille. Une biographie*, Genf: Édition Slatkine, 2008

## *Film*

*El botón de nácar.* R: Patricio Guzmán. Chile 2015. Atacama Productions. 82 Min.

## *Archive*

Italian Liners Historical Society: Fotos, Broschüren und Deckpläne zu *Principessa Mafalda*

Staatsarchiv Luzern (Akten zum Entscheid Obergericht zu Grandjean, Bucherer, Bille gegen N.G.I.)

Staatsarchiv Wallis, Sitten: Dokumente der *Association Edmond Bille*

Stadtarchiv Zürich (Suche nach Karl Arthur Vollrath)

## *Online-Archive*

ANNO, Austrian Newspaper Online –› https://anno.onb.ac.at

Biblioteca Nacional Digital do Brasil (Brasilianische Zeitschriften) –› http://memoria.bn.br/hdb/periodico.aspx

CEMLA, Centro de Estudios Migratorios Latinoamericanos (Suche nach Passagieren mit Ankunft im Hafen von Buenos Aires) –› https://cemla.com/buscador/

E-Newspaper Archives.ch –› https://www.e-newspaperarchives.ch

E-Periodica. Schweizer Zeitschriften online –› https://www.e-periodica.ch

Italian Liners Historical Society –› https://www.italianliners.com/italian-liners

Ships arrived to Argentina, »List of ships arrived to the Port of Buenos Aires« between 1882 and 1960 –› http://www.hebrewsurnames.com/ships

»The Sinking of the ›Principessa Mafalda‹« –› https://sites.google.com/site/mafaldasinking/home

*Treccani. Dizionario Biografico degli Italiani* –› https://www.treccani.it

Verweis auf weitere Internetquellen s. unten; alle hier genannten Websites wurden Ende Dezember 2020 (zuletzt) aufgerufen.

# PERSONENVERZEICHNIS


Abba, Marta 146, 153 f., 158, 161
Allemand, Kapitän der Formosa 193
Almirante, Giorgio 145
Almirante, Luigi 145, 153
Almirante-Manzini, Italia 144 f., 153
Almirante, Mario 145
Ansermet, Ernest 144
Antonelli, Sílvio 93, 97 f.
Antonio Starabba,
Marchese di Rudinì 10
Arana, Julio César 60, 63 f., 66 f.
Autuori, Leonidas 111

Bach, Johann Sebastian 120
Badoglio, Pietro 218
Baker, Josephine 159
Balardo, Geiger 202
Barrère, Camille 13
Bastos, Sebasitião 59
Batlle y Ordóñez, José 94
Bauli, Ruggero 178 f., 192, 201
Bayer, Osvaldo 95
Beccaris, Fiorenzo Bava, General 11
Beethoven, Ludwig van 119 f., 134
Behrends, Franz 118
Betti, Ugo 131, 135
Bezzi-Scali, Maria Cristina,
verh. Marconi 210
Biancardi, Dionigi 41, 200
Bille, Anne-Marie 163, 193
Bille, Edmond 163 f., 203, 205
Bille, Jacques 163 f., 166, 171, 173 f., 193, 203 ff.
Bille, S. Corinna (Stéphanie) 164
Bille-Mayor, Elisa 163 f.

Bocca, Attilio, Zweiter Offizier 191, 197
Bocchini, Arturo 172
Boero, Mario, Bordfotograf 177, 198
Boldracchi, Francesco 184
Bombacci, Nicola 219
Borges, Jorge Luis 157
Boris III. von Bulgarien 218
Borovsky, Alexander 119 f.
Borovsky, Maria, gen. Moussia 119
Botto, Andrea 177, 186 f., 191, 195 ff.
Botto, Margherita 186, 191, 198
Botto, Vincenzo 198
Botto, Maria und Angela (Töchter) 186
Braga, João Francisco, Bischof 89
Breitscheid, Tony 220 f.
Breitscheid, Rudolf 220
Bresci, Gaetano 11 ff., 113
Brum, Baltasar 94, 116
Bruschi, Carlo, Geiger 202
Bruzio, Francisco 89 ff.
Bruzio, Izabella 89
Bucherer, Carl Eduard 167, 203 f.
Bucherer, Carl F. 205
Bucherer, Ernst 167
Bucherer-Heeb, Wilhelmina, gen. Mina oder Mimi 167 ff., 178, 185, 194, 203 ff.
Bulgarini, Elsa 174 ff., 198
Bulgarini, Luigi 174 f., 198

Calisch, Roxo Betty 117
Camilleri, Andrea 151
Campera, Ferdinando 172 f., 178, 189 f., 192, 201
Campodonico, Davide 176, 194, 198

Campodonico, Pierangelo 87, 137
Canaletto 217
Carelli, Emma 112 ff., 116, 142, 208 f.
Caruso, Enrico 112, 159
Casement, Roger 60 f., 63 ff.
Cash, Johnny 39
Chaplin, Charlie 159
Cherubini, Vincenzo 176, 194
Chevalier, Maurice 159
Ciano, Edda 220
Ciano, Galeazzo 220
Citati, Pietro 123
Clinton, Bill 39
Cody, Samuel Franklin 42 f.
Cody, William Frederick (Buffalo Bill) 42
Collentini, Velia, Nichte Vincenzo Cherubinis 194, 196
Coty, François 125
Courbet, Gustave 94
Cyrino, Helena 193 ff., 197

Damiani, Luigi, gen. Gigi 93, 97 ff., 131
D'Amico, Salvatore 35
D'Annunzio, Gabriele 90
Dante Alighieri 62, 97
Daverio, Lorenzo Zeffrino 204
De Agostini, Alberto Maria 52 ff.
De Bosdari, Alessandro, Graf 93
De Bosdari, Gräfin 89, 93
de la Penne, Renzo Durand, Marchese 42, 147, 201
Delvigo, Giuseppe, Pianist 202
De Sica, Vittorio 144
Devoto, Antonio 131 f.
Devoto, Fernando J. 77
Dragut (eigentlich Turgut Reis), Admiral 7

Edward VII, König von England 39
Elena von Montenegro, Ehefrau von Vittorio Emanuele III 7, 13, 15 f., 81, 83
Elisabeth von Heesen 219

Fallaci, Oriana 183
Ferrer, Francisco 26 f., 95
Figari, Giobatta, Steward 178, 185, 189
Frank, Hans 214
Franz Ferdinand von Österreich-Este, Erzherzog 71

Gadda, Carlo Emilio 121 ff., 131 ff., 155, 212
Gadda, Clara 121, 127 f., 132, 134
Gadda, Enrico 125
Gardel, Carlos 157 ff., 211
Garibaldi, Giuseppe 8 f., 18 f., 41, 69
Genocchi, Giovanni 47 ff., 54 ff., 59, 61 ff., 143
Gigli, Beniamino 115
Ginori Conti, Piero, Graf 7 f.
Giolitti, Giovanni 69
Giovanna, Prinzessin von Savoyen, verh. m. König Boris v. Bulgarien 15, 218
Goodyear, Charles 49
Göring, Emmy 213, 221
Göring, Hermann 210 ff., 222
Grandjean, Edmond 166, 203 f.
Gulì, Simone, Kapitän der Mafalda 110, 147 f., 160, 165, 171 f., 174, 176, 184 f., 189, 191, 195 f., 201, 203
Guzmán, Patricio 55

Haber, Fritz 106
Haeckel, Ernst 106
Hagenbeck, Lorenz 168 f., 204
Hardenberg, Walter 60 f.
Hauptmann, Gerhart 106
Heinrich (Enrico) von Hessen 206 f., 212, 214, 216 f., 219, 221
Hemingway, Ernest 82
Hertz, Heinrich 37
Hitler, Adolf 130, 210 ff., 215 ff. 220, 222 f.
Holman, Josephine Bowen 38
Humbert-Droz, Jules 164
Huonker, Thomas 103
Isaacs, Godfrey 40

Jolanda, Prinzessin von Savoyen 12, 15, 17 f., 81, 83
Joyce, James 124
Kafka, Franz 94
Kessler, Harry, Graf 138 ff., 143 f.
Knoll, Karl 118
Kokoschka, Oskar 139

Leopold II., König von Belgien 61
Levi Della Vida, Giorgio 62
Liebermann, Max 106
Livadic 72, 74
Lorca, Federico García 159
Lord, Walter 183
Lovato, Ernesto 204
Lücken, Fritz-Henning von 171, 193, 203 f.

Macke, August 139
Madensky, Eduard 118
Mafalda, Prinzessin von Savoyen, verh. von Hessen 7 f., 12, 14 f., 17 f., 69, 70, 81 f., 142 ff., 207 f., 210 ff., 223
Mahler, Gustav 117
Malatesta, Errico 10 ff., 92, 99
Mandela, Nelson 39
Mann, Thomas 105 f.
Marco, Augustine 33
Marconi, Degna 43
Marconi, Guglielmo 32, 34, 36 ff., 61, 200, 209 f., 212
Marconi, Maria Cristina 210
Margherita von Genua, Ehefrau von König Umberto I 38
Maria Francesca, Prinzessin von Savoyen 15, 212
Matteotti, Giacomo 154, 159
Menada, Emilio 108 ff.
Menéndez, José María 52
Merry del Val, Rafael, Kardinalstaatssekretär 47, 50 f., 143
Meyerhofer, Robert 167
Mirbeau, Octave 94
Mocchi, Walter 10 f., 112 ff., 117 f., 142, 208 f., 217, 219
Moravia, Alberto 183
Moresco, Francesco, Erster Offizier 176, 184
Moritz (Maurizio) von Hessen 206 ff., 214, 219
Muhammad Ali 39
Mussolini, Benito 24, 75, 85, 129 f., 135, 140 ff., 154 ff., 210 ff., 215 f., 222

Nebbiolo Gonella, Lucia 22 ff., 77, 87, 174
Noera, Francesco, Kapitän 41 f., 147 f.

O'Brien, Beatrice, verh. Marconi 39
Olga von Griechenland 142
Otto (Ottone) von Hessen 219, 222

Parodi, Vittorio Emanuele, Kapitän der Mafalda 87 f., 147 f.
Paul von Jugoslawien 142
Petacci, Clara 219
Petrarca, Francesco 97
Philipp von Hessen, Prinz 141 ff., 210 ff.
Piaggio, Erasmo, Senator 17 ff., 41
Pillin, Romeo, Cellist 194, 197
Pirandello, Luigi 146 f., 149 ff., 160 f., 210, 212
Pissarro, Camille 94
Pius X., Papst 47, 50, 64 f.
Planck, Max 106
Porisi, Marianna 89
Porisi, Pasquale 89
Portulano, Antonietta, Ehefrau v. Luigi Pirandello 150

Raboy, Marc 36, 40
Raggio, Edilio 19
Razzano, José 159
Reschia, Luigi 184
Risler, Édouard 105, 111
Ritz, Cäsar 87
Roca, Elisa 33
Roca, Julio Argentino 131
Rodriguez Alves, Francisco de Paula 88

Röntgen, Wilhelm 106
Roosevelt, Theodore 50, 61
Round, Henry Joseph 42 f.
Rubattino, Raffaele 9, 19
Ruhnau, Maria 220
Ruhnau, Willy 220
Ruffo, Titta 158, 217
Ruspini, Angelo, Kapitän der Florida 35

Sacco, Nicola 100
Salandra, Antonio 76
Salomoni, Bordfotograf 160 f.
Sánchez, Florencio 94, 116
Sawade, Richard 168 f.
Sayão, Bidu 209
Scarabicchi, Silvio 161, 165, 183 f., 195
Schalk, Franz 117
Schmidt, Ernst Wilhelm 166
Schopenhauer, Arthur 102 f.
Semino, Maresciallo 190
Silone, Ignazio 45
Smoolenaars, Kapitän der Alhena 193
Solari, Luigi 36 f., 40, 42 f.
Sonnemann, Emmy, verh. Göring 213, 221
Sonnino, Sidney 76
Speer, Albert 218
Storni, Alfonsina 157
Strauss, Pauline 139 f.
Strauss, Richard 117 ff., 134, 139 f., 214 f.
Stuck, Franz von 106
Studer, Carmen 215

Tapparel, Catherine 164
Tarabotto, Francesco, Kapitän der Mafalda 42, 128, 148, 176, 200
Tintoretto 217
Tizian 217
Tolstoi, Leo 94
Toscanini, Arturo 112
Trevisani, Giuseppe 183, 188, 204

Umberto I, König von Italien 11, 13, 38, 113
Umberto, Kronprinz von Savoyen 12, 15, 17 f., 70, 81, 143, 215
Usai, Alessandro, Kontrabassist 194, 196, 202
Vanderbilt, Alfred Gwynne 75
Vanzetti, Bartolomeo 100
Vargas Llosa, Mario 59
Vittorio Emanuele II, König von Italien 9, 11, 69
Vittorio Emanuele III, König von Italien 7 f., 11, 13, 15, 39, 81 f., 130, 144, 163, 212, 217, 220
Vollrath, Karl Arthur 168 ff., 172, 174, 176 ff., 181, 184, 190 f., 193, 202, 204

Wagner, Richard 105, 115, 134, 170
Wagner-Trenkwitz, Christoph 117
Washington, Booker T. 150
Weingartner, Felix 101 ff., 105 ff., 110, 111, 112, 114 ff., 139, 215
Weingartner, Lucille 101 f., 104, 107, 111 f., 115 f.
Wilhelm II., deutscher Kaiser 142
Wolff, Karl, General der Waffen-SS 211
Woller, Hans 9, 71, 85

Yrigoyen, Hipólito 95

Zaccaria, Armando, Schiffselektriker 201 f.
Zambrino, Rosa 197
Zamora, Ricardo 159, 211
Zanella, Alessandro 93, 97 f.
Zola, Émile 94

Emser Straße 40/41 10719 Berlin www.wagenbach.de
Covergestaltung Julie August unter Verwendung
einer Originalpostkarte aus dem Fundus des Autors
Gesetzt aus der Scala und der Albra.
Einband- und Vorsatzmaterial von peyer graphic, Leonberg.
Umschlagmaterial von SALZER Papier, St. Pölten.
Gedruckt und gebunden bei Pustet, Regensburg.
Printed in Germany. 

ISBN 978 3 8031 3720 3